Tore in die Freiheit

Chagdud Tulku

Tore in die Freiheit

Der buddhistische Weg zum Glück

Aus dem Englischen übersetzt
von Hildegard Höhr
in Zusammenarbeit mit Theo Kierdorf

Theseus Verlag

Theseus im Internet: http://www.Theseus-Verlag.de

Bitte fordern Sie auch unseren Gesamtprospekt an.

Die Deutsche Bibliothek – CIP-Einheitsaufnahme
Gar-gyi-dba·n-phyug:
Tore in die Freiheit : der buddhistische Weg zum Glück / Chagdud Tulku.
Aus dem Engl. übers. von Hildegard Höhr in Zusammenarbeit mit Theo Kierdorf. –
Berlin: Theseus-Verl., 2000
Einheitssacht.: Gates to buddhist practice <dt.>
ISBN 3-89620-154-9

Titel der amerikanischen Originalausgabe: *Gates to Buddhist Practice*
Erschienen bei Padma Publishing
P. O. Box 279   Junction City, CA 96048-0279, USA

© 1993 by Padma Publishing

Copyright der deutschen Ausgabe
© 2000 by Theseus Verlag

Lektorat: Ursula Richard

Titelgestaltung: Morian & Bayer-Eynck, Coesfeld
unter Verwendung eines Fotos: © Padma Publishing
Gestaltung und Satz: AS Satz & Grafik, Berlin
Druck: Wiener Verlag, Himberg
Printed in Austria

ISBN 3-89620-154-9

Gedruckt auf alterungsbeständigem Papier mit chlorfrei gebleichtem Zellstoff

Inhalt

Vorwort 7

Danksagung 10

Teil I: Den Pfad der Freiheit entdecken

Das Drehen des Rades 11
Arbeit mit Anhaftung und Verlangen 15
Arbeit mit Zorn und Abneigung 27
Arbeit mit Unwissenheit 35
Das Alltagsleben als spirituelle Übung 42

Teil II: Die vier Gedanken, die den Geist dem Dharma zuwenden

Die Bedeutung der vier Gedanken 55
Der Lama 58
Der erste grundlegende Gedanke: Die kostbare
    Geburt als Mensch 60
Der zweite grundlegende Gedanke: Vergänglichkeit ... 68
Der dritte grundlegende Gedanke: Karma 75
Der vierte grundlegende Gedanke: Das Meer
    des Leidens 93
Wie man sich der Kontemplation über die vier
    Gedanken widmet 103

Teil III: Zuflucht und Bodhicitta

Zuflucht 117
Bodhicitta entwickeln 126
Bodhicitta des Wünschens und der Anwendung 139

Teil IV: Einführung in das Vajrayana

Offenlegung unserer ursprünglichen Natur 157
Glaube und Vertrauen 178
Gebet 183
Gespräch mit einem Schüler 187
Vorbereitung auf den Tod 195

Teil V: Auf dem Vajrayana-Pfad

Guru-Yoga 208
Einführung in die Große Vollkommenheit 223
Geist des Handelns, Natur des Geistes 231

Vorwort

Tore in die Freiheit ist der erste Band einer Reihe mündlicher Unterweisungen von Chagdud Tulku. Er macht darin westliche Leser auf seine unnachahmliche Weise mit traditioneller tibetischer Weisheit bekannt, wobei er Schritt für Schritt Grundlagen und Wesen des Vajrayana-Buddhismus untersucht und die Darstellung durch Geschichten aus seinem Geburtsland Tibet veranschaulicht.

Chagdud Tulku, der Sohn von Dawa Drolma, einer der bekanntesten weiblichen Lamas Tibets, wurde von vielen angesehenen Lamas unterrichtet. Er gehört der letzten Generation tibetischer Lehrer an, die den unermesslichen Reichtum der Lehren und Methoden des tibetischen Vajrayana vor der Festigung der kommunistischen Macht noch in Tibet selbst haben empfangen können. Im Jahre 1959 musste er aus seiner Heimat fliehen, und während der folgenden beiden Jahrzehnte diente er den nach Indien und Nepal geflohenen Tibetern als Lama und Arzt. Außerdem wirkte er beim Aufbau von Flüchtlingssiedlungen und an der künstlerischen Gestaltung neuer Klöster mit.

Der Abt der Chagdud Gonpa in Tibet, eines jahrhundertealten Klosters und eines der wenigen, die durch die Invasion der chinesischen Kommunisten nicht zerstört wurden, kam 1979 in die Vereinigten Staaten und gründet dort 1983 die *Chagdud Gonpa Foundation*, die zurzeit in Kalifornien, Oregon, Washington, Kanada und Brasilien insgesamt zwölf Zentren unterhält. Chagdud Tulku wurde amerikanischer Bürger und lebte im Hauptzentrum der *Chagdud Gonpa* in Trinity County in Nord-Kalifornien. Von dort aus bereiste er die Vereinigten Staaten, Asien, Europa, Australien und Südamerika, um zu lehren. 1996 siedelte Chagdud Tulku nach Südbrasilien über, wo er ein Retreat-Zentrum sowie den ersten traditionellen tibetischen Tempel Lateinamerikas aufbaute. Seit einigen Jahren leben er und seine Frau Chagdud Khadro vorwiegend dort in Khadro Ling in Brasilien. Seine Weisheit und sein Mitgefühl, gespeist aus einem großen Erfahrungsschatz sowie aus intensivem Studium und tiefer meditativer Einsicht, erfüllen seine Darlegung des Buddha-Dharma, die reich an Metaphern ist, kulturelle und religiöse Grenzen überspannt und zum Herzen des gewaltigen Gebäudes buddhistischer Lehren vordringt.

Seit Rinpoche in den Westen kam, haben durch seine Unterweisungen über das Vajrayana Tausende von Übenden Einsicht in die Natur des Geistes erlangt. Als Meister der tiefgründigsten Lehren des buddhistischen Pfades, der Lehren der Großen Vollkommenheit (*Dzogchen*), ist es ihm ein wichtiges Anliegen, das gesamte Spektrum der Vajrayana-Methoden zu vermitteln, um sie Übenden im Westen zugänglich zu machen. Allen, die dafür offen sind, ermöglichen seine von der Großen Vollkommenheit durchdrungenen Unterweisungen, die er mit Wärme und Humor vorträgt, einen Einblick in ihr wesenseigenes Gewahrsein.

In *Tore in die Freiheit* spricht Chagdud Tulku darüber, warum wir leiden und wie wir die Ursachen des Leidens auflösen und uns selbst und andere zur höchsten Freiheit führen können. Er beschreibt zahlreiche Methoden für den Umgang mit dem Geist im Alltagsleben, zur Zähmung von Zorn, Anhaftung, Unwissenheit, Eifersucht und Stolz, für die Übung konzentrierter und müheloser Meditation und für die Entwicklung von Weisheit und Mitgefühl. *Tore in die Freiheit* beleuchtet und erläutert grundlegende Themen des buddhistischen Denkens sowohl für Leserinnen und Leser, die den Buddhismus noch nicht kennen, als auch für Menschen, die diesem Pfad schon lange folgen. Das Buch eignet sich für Anhänger aller Religionen, für Menschen aller Berufe und Schichten. Es enthält spirituelle Wahrheiten, die einen unmittelbaren positiven Einfluss auf das Alltagsleben haben können, Wahrheiten, die unser Leben und unsere Interaktion mit anderen Menschen erheblich zu verändern vermögen, wenn sie mit dem erforderlichen Ernst und Nachdruck in die Praxis umgesetzt werden. Außerdem umfasst das Buch eine Einführung in das Vajrayana, den »Blitz-Pfad«, den Übende unter Anleitung eines entsprechend qualifizierten Lehrers beschreiten sollten.

Die in diesem Buch veröffentlichten Unterweisungen wurden mit Einverständnis von Rinpoche überarbeitet, um zu häufige Wiederholungen zu vermeiden. Die einzelnen Kapitel sind jeweils in sich geschlossene Einheiten, doch entspricht der Aufbau des Buches einer bestimmte Folge von Ideen, Themen und Praktiken. Begriffe und Ideen, die den Leserinnen und Lesern neu sein könnten, werden im jeweiligen Kontext erläutert.

Die Tiefe der hier vorgestellten Lehren wird bei wiederholtem Lesen und in noch stärkerem Maße durch die Anwendung der erläuterten Prinzipien immer klarer werden. Denn *Tore in die Freiheit* handelt nicht nur von der Philosophie der buddhistischen Religion sondern auch von der buddhistischen Übung, den Methoden, die Buddha Shakyamuni vor 2 500 Jahren lehrte. Diese Methoden haben den Geist derer, die sich ihnen mit Hingabe widmeten, transformiert.

Möge dieses Buch allen, die es lesen, zur Befreiung verhelfen. Mögen sie alle aus dem Kreislauf des Leidens befreit werden und zur wahren Natur ihres Geistes erwachen.

Danksagung

Diese Unterweisungen sind durch Chagdud Tulkus unendliches Mitgefühl, durch seine Güte und seine unermüdliche, hingebungsvolle Arbeit für die Befreiung aller Wesen entstanden und zur Veröffentlichung gelangt.

Besonderer Dank gebührt den Übersetzern: Richard Barron, der die Unterweisungen aus dem Tibetischen übersetzt hat, sowie Tsering Everest, Lisa Leghorn und Jane Tromge, die Rinpoches neuartiges und unnachahmliches Englisch für Menschen des Westens interpretierten.

Besonders gedankt sei auch Mary Racine, Kimberley Snow und Barry Spacks, die mit Lisa Leghorn, der Lektorin der ganzen Reihe, unermüdlich zusammengearbeitet haben, um aus unzähligen transkribierten Seiten das nun vorliegende Buch zu destillieren. Kimberley hat außerdem mit großer Geduld und Sorgfalt mehrere Fassungen des Manuskripts getippt und korrigiert. Prema Swearingen sei dafür gedankt, dass sie noch im letzten Augenblick Texte transkribiert hat, die für das Erscheinen des Buches letztendlich von entscheidender Bedeutung waren. Gedankt sei auch Richard Baldwin, der Teile des Materials bearbeitete, und Bob Tajima, der die Herstellung des Buches betreute. Auch die vielen, die beim Transkribieren der Vorträge halfen, vorläufige Fassungen des Manuskripts lasen und Verbesserungsvorschläge dazu machten, sowie Jane Tromge, die leitende Lektorin des Verlages Padma Publishing, seien an dieser Stelle ihrer Unterstützung wegen dankend erwähnt.

Teil I

Den Pfad der Freiheit entdecken

Das Drehen des Rades

Warum brauchen wir einen spirituellen Pfad? Wir leben in einer geschäftigen Zeit. Unser Leben ist mit unzähligen Aktivitäten ausgefüllt, von denen manche erfreulich sind, andere schmerzhaft, manche befriedigend und andere nicht. Warum sollten wir uns bei alldem auch noch Zeit für eine spirituelle Praxis nehmen?

Es gibt eine bekannte Geschichte über einen Mann aus dem Norden Tibets, der beschloss, sich zusammen mit Freunden auf eine Pilgerreise zum Potala-Palast in Lhasa zu begeben, der Residenz des Dalai Lama, einem sehr heiligen Ort. Eine solche Reise unternehmen Menschen in Tibet nur ein einziges Mal in ihrem Leben.

Da es zu jener Zeit in der Gegend, aus der der Mann kam, keine Autos und auch keine Fahrzeuge anderer Art gab, reisten die Menschen entweder zu Fuß oder zu Pferd. Dadurch dauerte es sehr lange, ein Ziel zu erreichen, und es war gefährlich, weite Reisen anzutreten, weil den nichtsahnenden Reisenden zahlreiche Wegelagerer auflauerten, um sie auszurauben. Aus diesen Gründen verließen die meisten Menschen in Tibet von ihrer Geburt bis zu ihrem Tode niemals ihre Heimat. Viele sahen nie in ihrem Leben ein festes Haus; sie selbst lebten in schwarzen, aus Yak-Haar gewebten Zelten.

Als die Pilgergruppe schließlich Lhasa erreichte, war jener Mann aus dem Norden vom Anblick des vielstöckigen Potala-Palastes mit seinen vielen Fenstern und dem spektakulären Ausblick über die

Stadt aus seinem Inneren völlig überwältigt. Um besser sehen zu können, steckte der Besucher seinen Kopf durch eine enge Fensterluke, drehte sich nach links und rechts und genoss den wundervollen Ausblick. Schließlich forderten seine Freunde ihn auf, mit ihnen zusammen den Rückweg anzutreten. Er versuchte, seinen Kopf aus dem Fenster zurückzuziehen, blieb jedoch im Fensterrahmen stecken. Da wurde er sehr nervös und mühte sich immer wieder vergebens, sich zu befreien.

Schließlich gab er auf und sagte zu seinen Freunden: »Kehrt ohne mich nach Hause zurück, und berichtet meiner Familie, die schlechte Nachricht sei, dass ich gestorben bin, die gute jedoch, dass dies im Potala-Palast geschehen ist. Könnte es einen besseren Ort zum Sterben geben?«

Weil auch seine Freunde sehr einfältige Menschen waren, dachten sie nicht lange über die Situation nach, sondern versprachen, die Bitte zu erfüllen, und machten sich dann auf den Heimweg. Nach einiger Zeit tauchte der Palastwächter auf und fragte den Mann: »Bettler, was machst du hier?«

»Ich sterbe«, antwortete dieser.

»Warum meinst du, dass du stirbst?«

»Weil mein Kopf festsitzt.«

»Wie bist du dort hindurchgekommen?«

»Ich habe meinen Kopf einfach so durchgesteckt.«

Darauf erwiderte der Wächter: »Dann zieh ihn doch genauso wieder heraus, wie er hineingekommen ist!«

Das tat der Mann und war frei.

So wie dieser Mann können auch wir uns befreien, wenn wir erkennen, dass wir gefangen sind, und nachdem wir uns befreit haben, können wir anderen helfen, ebenfalls in die Freiheit zu gelangen. Doch zunächst einmal müssen wir verstehen, wie wir in die Situation, in der wir uns befinden, hineingeraten sind.

Obwohl wir alle unser ganzes Leben lang Glück suchen und es

auch manchmal finden, ist dieses Glück doch stets nur von kurzer Dauer, und wir können an diesem Tatbestand nichts ändern. Es ist, als würden wir unablässig Pfeile auf das falsche Ziel schießen. Dauerhaftes Glück können wir nur finden, wenn wir ein anderes Ziel wählen. Wir müssen uns darauf konzentrieren, unser eigenes Leiden und das Leiden anderer aufzulösen, und zwar nicht nur zeitweilig, sondern dauerhaft.

Der Geist ist der Ursprung des Leidens wie auch des Glücks. Wenn wir ihn auf positive Weise nutzen, kann er uns helfen, Positives zu erreichen, und wenn wir ihn auf negative Weise nutzen, richtet er Schaden an. Zwar ist die Grundnatur aller Wesen anfangslose, unsterbliche Reinheit – das, was wir Buddha-Natur nennen –, doch erkennen wir dies nicht. Vielmehr unterliegen wir den Launen des gewöhnlichen Geistes, der sich auf und ab und im Kreis herum bewegt und der unablässig gute und schlechte, angenehme und schmerzhafte Gedanken hervorbringt. Und mit jedem unserer Gedanken, Worte und Taten säen wir einen neuen Samen. So sicher wie der Same einer giftigen Pflanze giftige Früchte hervorbringt und eine Heilpflanze heilend wirkt, erzeugen schädliche Handlungen Leiden und positive Handlungen Glück.

Unsere Taten werden zu Ursachen, und aus Ursachen entstehen natürlich Wirkungen. Alles, was in Bewegung gesetzt wird, erzeugt seinerseits eine dementsprechende Bewegung. Wirft man einen Kiesel in einen Teich, breiten sich ringförmig Wellen aus, die das Ufer erreichen und sich dann von dort aus wieder auf ihren Ursprung zubewegen. Wenn die Auswirkungen unserer Gedanken zu uns zurückkehren, fühlen wir uns wie hilflose Opfer: Wir leben doch nur unschuldig unser Leben, warum widerfahren uns da all diese schrecklichen Dinge? Was wir erleben, sind die zum Zentrum zurückkehrenden Wellenringe. Dies ist Karma.

Der gewöhnliche Geist ist ständig in Aufruhr. Wir können ihn und seine Wirkung auf unseren Körper und unsere Rede nicht beeinflussen. Er wirft uns auf und ab und hin und her, ein Ritt auf der Achterbahn der Wirklichkeit. Eigentlich ähnelt das Ganze sogar eher der Drehung eines Rades. Wir versetzen ein Rad in Bewegung und geben ihm mit jeder unserer Handlungen einen neuen Impuls. In dieser unablässigen Bewegung sind wir gefangen. So setzt sich unsere ständig im Kreis verlaufende Erfahrung der Wirklichkeit in all ihren Variationen Leben um Leben fort. Dies ist die Endlosigkeit von Samsara, dem Kreislauf der Existenzen. Dabei ist uns nicht klar, dass wir die Auswirkungen dessen erleben, was wir selbst verursacht haben, und dass unsere Reaktionen auf diese Auswirkungen ständig weitere Ursachen und Wirkungen erzeugen.

Da wir die unangenehme Lage, in der wir uns befinden, selbst verursacht haben, müssen wir auch selbst aktiv werden, um unsere Situation zu verändern. Wenn unser Haar glanzlos und fettig ist, können wir unser Aussehen nicht verbessern, indem wir den Spiegel, in den wir schauen, putzen. Ein Mensch, der an einer Gallenkrankheit leidet, hat ein verzerrtes Farbempfinden und sieht deshalb eine weiße Oberfläche – ob einen schneebedeckten Berg in der Ferne oder ein Stück weißes Tuch – leicht gelblich. Die einzige Möglichkeit, diese verfälschte Sichtweise zu korrigieren, besteht darin, die Krankheit, durch die sie verursacht worden ist, zu heilen. Der Versuch, lediglich die äußere Umgebung zu verändern, führt zu nichts.

Manche Menschen glauben, ihr Leiden könne nur durch Gott oder Buddha geheilt werden, also durch irgendeine äußere Instanz. Doch das ist nicht so. Der Buddha selbst hat zu seinen Schülerinnen und Schülern gesagt: »Ich habe euch den Pfad zur Freiheit gewiesen. Folgen müsst ihr ihm selbst.«

Wenn man den Geist auf positive Weise nutzt – beispielsweise um Mitgefühl zu entwickeln –, kann er viel Positives bewirken, und es mag dann so scheinen, als komme dieses Positive von Gott oder von Buddha. Tatsächlich jedoch handelt es sich um nichts weiter als die Auswirkungen der Samen, die wir selbst gesät haben. Und obwohl wir durch die Lehren des Buddha den Schlüssel empfangen, der es uns ermöglicht, unseren Geist zu verändern, zu zähmen und zu schulen, können wir dessen tieferes Wesen nur erschließen, wenn wir zu unserer Buddha-Natur mit ihren unbegrenzten Fähigkeiten in Verbindung treten.

Zurzeit erfreuen wir uns eines relativ guten Geschicks. Viele leiden erheblich stärker als wir. Sie leiden unter Kriegen, Krankheiten oder Hungersnöten und haben keine Möglichkeit, ihre Situation zu verändern; ihnen scheint kein Ausweg offen zu stehen.

Wenn wir uns die schreckliche Lage dieser Menschen vergegenwärtigen, manifestiert sich in unserem Herzen Mitgefühl, und wir werden dazu inspiriert, unsere eigene relativ glückliche Situation nicht ungenutzt verstreichen zu lassen, sondern sie für uns selbst und andere zu nutzen. Wir werden dann versuchen, etwas zu schaffen, das über vergängliches Glück, das innerhalb der nie endenden Kreisläufe des Leidens in Samsara kommt und geht, weit hinausführt. Nur wenn sich uns die wahre Natur des Geistes vollständig erschließt – indem wir Erleuchtung erlangen –, können wir dauerhaftes Glück finden und anderen helfen, es ebenfalls zu erfahren. Dies ist das Ziel des spirituellen Pfades.

Arbeit mit Anhaftung und Verlangen

Um zu verstehen, wie Leiden entsteht, müssen Sie üben, Ihren Geist zu beobachten. Lassen Sie zunächst einfach zu, dass er sich entspannt. Ohne an Vergangenheit oder Zukunft zu denken, ohne Hoffnung oder Angst wegen diesem oder jenem zu empfinden, lassen Sie ihn auf eine offene und natürliche Weise ruhen. In diesem Raum des Geistes gibt es kein Problem, kein Leiden. Dann wird Ihre Aufmerksamkeit von irgendetwas gefesselt – beispielsweise von einem Bild, einem Klang oder einem Geruch. Ihr Geist spaltet sich in einen inneren und einen äußeren Teil, in Eigenes und Anderes, in Subjekt und Objekt. Solange Sie das Objekt einfach nur beobachten, besteht immer noch kein Problem. Doch wenn Sie sich intensiver darauf einlassen, stellen Sie fest, dass das Objekt groß oder klein, weiß oder schwarz, rechteckig oder kreisförmig ist; und dann urteilen Sie darüber – indem Sie es beispielsweise als hübsch oder hässlich bezeichnen. Und nachdem Sie dieses Urteil gefällt haben, reagieren Sie darauf: Sie entscheiden, ob Ihnen dieses Objekt gefällt oder nicht.

Und damit beginnt das Problem, denn »Es gefällt mir« führt zu »Ich will es haben«, und »Es gefällt mir nicht« führt zu »Ich will es nicht haben«. Wenn uns etwas gefällt und wir es haben wollen, es aber nicht bekommen, leiden wir. Wenn wir etwas haben wollen, es auch tatsächlich bekommen und es dann wieder verlieren, leiden wir auch. Und wenn wir etwas *nicht* haben wollen, es aber nicht von uns fern halten können, leiden wir ebenfalls. Unser Leiden scheint durch das Objekt unseres Verlangens oder unserer Abneigung zu entstehen, aber das ist im Grunde nicht wahr. Tatsächlich leiden wir, weil unser Geist die Wirklichkeit in ein Subjekt und ein Objekt aufspaltet, also eine Dualität erzeugt, und sich dann darin verstrickt, etwas zu wollen oder nicht zu wollen.

Oft glauben wir, die einzige Möglichkeit, Glück zu finden, bestehe darin, dass wir die Kontrolle über die äußeren Umstände unseres Lebens erlangen, dass wir »reparieren«, was uns nicht in Ordnung zu sein scheint, oder dass wir uns von allem freimachen, was uns Schwierigkeiten bereitet. In Wahrheit liegt das Problem jedoch in unserer Reaktion auf die jeweiligen Umstände. Verändern müssen wir den Geist und die Art, wie er die Wirklichkeit erlebt.

Unsere Emotionen treiben uns in ständigem Wechsel durch Extremzustände: hin und her zwischen freudiger Erregung und Depression, zwischen guten Erfahrungen und schlechten, zwischen Glück und Traurigkeit. Unsere Emotionen sind die Nebenprodukte von Hoffnung und Angst, Anhaftung und Abneigung. Wir hegen Hoffnung, weil wir an etwas haften, das wir besitzen möchten. Wir haben Angst, weil wir Abneigung gegenüber etwas, das wir nicht wollen, verspüren. Indem wir unseren Emotionen folgen und auf unsere Erfahrungen reagieren, erzeugen wir Karma – eine nie endende Bewegung, die unausweichlich unsere Zukunft bestimmt. Wir müssen die extremen Ausschläge unseres emotionalen Pendels zur Ruhe bringen, um in uns ein ruhendes Zentrum zu finden.

Wenn wir zu einem anderen Umgang mit den Emotionen gelangen wollen, wenden wir zunächst das Prinzip, Eisen mit Eisen oder Diamanten mit Diamanten zu durchschneiden, an. Wir benutzen das Denken, um das Denken zu verändern. Ein zorniger Gedanke kann durch einen mitfühlenden Gedanken und Verlangen durch Kontemplation über Vergänglichkeit neutralisiert werden.

Im Fall der Anhaftung untersuchen wir zunächst das Objekt, an dem wir haften. Beispielsweise könnte es Ihnen durch große Anstrengung gelingen, berühmt zu werden, und Sie glauben, dies werde Sie glücklich machen. Doch dann reagiert jemand anderes auf Ihren Ruhm mit Eifersucht und versucht vielleicht sogar, Sie zu töten. So wird das, worauf Sie so angestrengt hingearbeitet haben, zur Ursache für Ihr eigenes Leiden. Oder Sie arbeiten sehr viel, um reich zu werden, weil Sie glauben, dies werde Sie glücklich machen, und dann verlieren Sie Ihr ganzes Geld. Nicht der Verlust von Reichtum selbst verursacht Leiden, sondern das Haften am Reichtum.

Wir können unsere Anhaftung verringern, indem wir uns die Vergänglichkeit vergegenwärtigen. Sicher ist, dass alles, woran wir haften, sich entweder verändern oder vergehen wird. Ein Mensch, der uns nahe steht, kann sterben oder weggehen, ein Freund kann zum Feind werden, ein Dieb kann unser Geld stehlen. Selbst unser Körper, an dem wir am stärksten hängen, wird eines Tages nicht mehr da sein. Dies zu wissen trägt nicht nur zur Verringerung unserer Anhaftung bei, sondern lässt uns auch das, was wir haben, in der Zeit, in der wir es haben, mehr schätzen. Beispielsweise ist gegen Geld an sich nichts einzuwenden, doch wenn wir daran haften, leiden wir, sobald wir es verlieren. Stattdessen können wir es schätzen, so lange wir es haben, uns daran erfreuen und es freudig mit anderen teilen, wobei wir uns ständig seiner Vergänglichkeit bewusst sind. Verlieren wir es dann tatsächlich, schwingt das emotionale Pendel nicht so stark in Richtung Traurigkeit aus.

Stellen Sie sich vor, dass zwei Menschen die gleiche Art Uhr am gleichen Tag im gleichen Geschäft kaufen. Der erste der beiden denkt:»Das ist eine sehr schöne Uhr. Sie wird mir sehr nützlich sein, aber sie wird nicht ewig funktionieren.« Der zweite denkt:»Das ist die beste Uhr, die ich jemals gehabt habe. Was auch immer geschehen mag, ich werde sie nicht verlieren und auch nicht zulassen, dass sie beschädigt wird.« Falls diese beiden Menschen ihre Uhren verlieren, wird der zweite über den Verlust viel aufgebrachter sein als der erste.

Wenn wir uns selbst zum Narren machen und wir irgendeiner Sache großen Wert beimessen, versuchen wir möglicherweise das, was wir so sehr wollen, gegen jeden Widerstand zu erkämpfen. Dabei halten wir das, worum wir kämpfen, für dauerhaft, wahr oder wirklich; doch das ist nie der Fall. Es ist vergänglich, es ist nicht wahr, es ist nicht von Dauer, und letztlich ist es nicht einmal wirklich.

Man könnte unser Leben mit einem Nachmittag in einem Einkaufszentrum vergleichen. Wir gehen durch die Geschäfte, lassen uns von unseren Wünschen und Begierden leiten, nehmen Dinge aus den Regalen und legen Sie in unseren Einkaufskorb. Wir gehen umher, schauen uns alles an und entwickeln Wünsche und Begierden. Wir sehen Menschen, die lächeln, gehen jedoch weiter unseres Weges und werden diese Menschen nie wieder sehen.

Von Verlangen getrieben, wissen wir die Kostbarkeit dessen, was wir bereits haben, nicht zu schätzen. Wir müssen uns darüber klar werden, dass die Zeit, die wir mit den uns nahe stehenden Menschen, mit unseren Freunden, mit unserer Familie und mit unseren Arbeitskollegen verbringen, sehr kurz ist. Selbst wenn wir hundertfünfzig Jahre alt würden, wäre dies nur sehr wenig Zeit, um uns all der Möglichkeiten, die wir als Menschen haben, zu erfreuen und sie zu nutzen.

Junge Menschen glauben, ihr Leben werde noch lange dauern; alte Menschen glauben, ihr Leben werde bald zu Ende gehen. Doch wir können nicht wissen, wie lang unser Leben tatsächlich sein wird. Es gibt viele starke und gesunde Menschen, die jung sterben, und viele alte, kranke und gebrechliche, die ewig weiterzuleben scheinen. Da wir nicht wissen, wann wir sterben, müssen wir lernen, das zu schätzen und zu akzeptieren, was wir haben, so lange wir es haben, statt an unseren Erfahrungen ständig etwas zu bemäkeln und unaufhörlich zu versuchen, unser Verlangen zu stillen.

Wenn wir uns Sorgen darüber machen, ob unsere Nase zu groß oder zu klein ist, sollten wir denken: »Was wäre, wenn ich keinen Kopf hätte? *Dann* hätte ich *wirklich* ein Problem!« Solange wir leben, sollten wir uns am Leben erfreuen. Wenn nicht alles genau so verläuft, wie wir es uns vorstellen, können wir das akzeptieren. Wenn uns die Tatsache der Vergänglichkeit wirklich völlig bewusst ist, entwickeln sich Geduld und Mitgefühl von selbst. Wir halten dann weniger beharrlich an der scheinbaren Wahrheit unserer Erfahrung fest, und unser Geist wird flexibler. Wenn uns klar ist, dass der Körper, in dem wir leben, eines Tages begraben oder verbrannt werden wird, erfreuen wir uns an jedem Augenblick, den wir haben, statt uns selbst und andere unglücklich zu machen.

Im Moment leiden wir an der »Ich-mein-mir-Krankheit«, einem Zustand, der durch Unwissenheit verursacht wird. Unsere Ichbezogenheit und unser um uns selbst kreisendes Denken sind sehr starke Gewohnheiten. Um sie zu verändern, müssen wir uns grundsätzlich umorientieren. Statt uns ständig mit dem »Ich« zu beschäftigen, müssen wir unsere Aufmerksamkeit auf »du«, »sie« oder »andere« richten. Wenn unsere Selbstbezogenheit abnimmt, wird auch unsere Anhaftung geringer, denn sie ist durch unsere starke Fixierung auf uns selbst entstanden. Indem wir unsere Aufmerksamkeit auf das richten, was außerhalb von uns liegt, wird uns letztlich klar, dass wir allen anderen Wesen gleichen. Unser Haften am eigenen Glück wird dann zum Streben nach dem Glück aller erweitert.

Bisher waren unsere Wünsche gewöhnlich sehr kurzsichtig, oberflächlich und egoistisch. Doch wenn wir schon etwas wünschen, sollten wir uns nicht mit weniger als der vollständigen Erleuchtung aller Wesen begnügen. Dies ist etwas, das zu wünschen sich lohnt. Die ständige Erinnerung daran, was zu wünschen sich wirklich lohnt, ist ein wichtiges Element der spirituellen Praxis.

Verlangen und Anhaftung verändern sich nicht über Nacht. Doch wird das Verlangen veredelt, wenn an die Stelle unseres Strebens nach weltlichen Dingen das Streben tritt, alles in unserer Macht Stehende zu tun, um allen Wesen zu helfen, unwandelbares Glück zu finden. Wir müssen die gewöhnlichen Objekte unseres Verlangens und Wünschens nicht aufgeben – Beziehungen, Reichtum, Ruhm –, doch wenn wir uns ihre Vergänglichkeit vor Augen führen, lässt unser Haften an ihnen nach. Indem wir uns unseres Glücks freuen, nachdem wir unsere Ziele erreicht haben, und wir uns trotzdem klar vergegenwärtigen, dass das Erreichte nicht von Dauer sein wird, entwickeln wir allmählich spirituelle Qualitäten. Wir begehen dann weniger schädigende Handlungen infolge unseres Anhaftens und erzeugen dadurch auch weniger negatives Karma. Stattdessen erzeugen wir mehr gutes Karma, und die positiven Qualitäten unseres Geistes werden allmählich stärker.

Wenn sich unsere Meditationsübung entwickelt, können wir irgendwann eine Methode erproben, die sich von derjenigen der Kontemplation unterscheidet – von der Methode, Gedanken mit Hilfe von Gedanken zu verändern: Wir können dann versuchen, die tiefere Wesensnatur oder das Weisheitsprinzip der Emotionen zu erkennen, während sie in Erscheinung treten.

Inmitten eines Angriffs des Verlangens – wenn etwas Ihren Geist gefangen hält und Sie glauben, es unbedingt besitzen zu müssen –, können Sie sich von diesem Verlangen nicht lösen, indem Sie versuchen, es zu unterdrücken. Stattdessen schauen Sie durch das Verlangen hindurch, indem Sie untersuchen, was es ist. Sobald es in Ihrem Geist auftaucht, können Sie sich fragen: »Woher kommt es? Wo verweilt es? Lässt es sich beschreiben? Hat es eine Farbe, eine Gestalt oder eine Form? Und wenn es verschwindet, wohin verschwindet es dann?«

Dies ist eine interessante Situation. Sie können zwar sagen, dass das Verlangen existiert, aber wenn Sie nach dieser Erfahrung suchen, werden Sie feststellen, dass Sie sie kaum dingfest machen können. Behaupten Sie hingegen, dass die Erfahrung *nicht* existiert, leugnen Sie damit die offensichtliche Tatsache, dass Sie Verlangen empfinden. Sie können weder behaupten, dass es existiert, noch, dass es nicht existiert. Sie können nicht sagen, dass es »beides« oder »keines von beiden« ist – dass es sowohl existiert als auch nicht existiert oder dass es weder existiert noch *nicht* existiert. Dies ist die Bedeutung der wahren Natur des Verlangens jenseits der Extreme des Vorstellungen entwickelnden Geistes.

Dass wir das Wesen einer Emotion bei ihrem Erscheinen nicht verstehen, bringt uns in Schwierigkeiten. Sobald wir ihr Wesen verstehen, löst sie sich gewöhnlich auf. Weder unterdrücken wir sie dann, noch fördern wir sie. Wir schauen uns nur genau an, was geschieht. Wenn wir ein Glas mit trübem Wasser eine Weile zur Seite stellen, setzen sich die Schwebstoffe ab, und das Wasser wird klar. Statt die Erfahrung des Verlangens zu beurteilen, schauen wir uns direkt ihre Natur an. Dies wird genannt: »Die Emotion auf ihrem eigenen Boden befreien.«

Jeder negativen Emotion oder jedem Geistesgift ist eine Reinheit eigen, die wir nicht erkennen, weil wir uns so sehr an ihre Erscheinung als Emotion gewöhnt haben. Die wahre Natur der fünf Geistesgifte – Unwissenheit, Anhaftung, Abneigung, Eifersucht und Stolz – sind die fünf Weisheiten. Ebenso wie man Gift medizinisch zur Heilung nutzen kann, lässt sich jedes Geistesgift, wenn man richtig damit umgeht, in seine Weisheitsnatur auflösen, was unserer spirituellen Praxis zugute kommt.

Wenn Sie sich inmitten der Agonie des Verlangens einfach entspannen, ohne Ihre Aufmerksamkeit davon abzuwenden, entsteht ein Raum des Geistes, der unterscheidende Weisheit genannt wird. Sie geben das Verlangen also nicht auf, sondern enthüllen seine Weisheitsnatur.

Frage: Ich verstehe nicht, was Sie damit meinen, dass man »eine Emotion auf ihrem eigenen Boden befreien« soll.

Antwort: Wenn eine Emotion auftaucht, haben wir die Gewohnheit, uns darin zu verstricken, sie zu analysieren und auf ihre scheinbare Ursache, das äußere Objekt, zu reagieren. Legen wir die Emotion stattdessen einfach offen – ohne Anhaftung oder Abneigung, Hass oder Verstrickung –, wird ihre Weisheitsnatur offenbar, und wir können diese erfahren. Wenn wir uns aufgeblasen und wie die Herren der Welt fühlen, sollten wir, statt unseren Stolz entweder zu genießen oder ihn nicht wahrhaben zu wollen, unseren Geist entspannen und die Wesensnatur des Stolzes, die Weisheit des Gleichmuts, erkennen.

Bei der Arbeit mit den Emotionen können wir verschiedene Methoden anwenden. Ist unser Geist in der Dualität versunken, können wir Eisen mit Eisen schneiden: Wir verwenden als Gegengift gegen einen negativen Gedanken einen positiven und bekämpfen das Anhaften an unserem Glück mit dem Streben danach, andere Menschen zum Glück zu führen. Wenn es uns gelingt, die dualistische Gewohnheit des Geistes zu lockern, können wir die wahre

Essenz, den »Grund« oder »Boden« einer Emotion erfahren und diese »auf ihrem eigenen Boden befreien«. Dadurch wird das Weisheitsprinzip der jeweiligen Emotion offenkundig: beim Stolz die Weisheit des Gleichmuts, bei der Eifersucht die Weisheit der allvollbringenden Tätigkeit, bei Anhaftung und Verlangen die unterscheidende Weisheit, bei Zorn und Abneigung die spiegelgleiche Weisheit und bei Unwissenheit die *Dharmadatu*-Weisheit, die alles umfassende Weisheit oder Weisheit der wahren Natur der Wirklichkeit.

Frage: Können Sie noch etwas mehr dazu sagen, wie die Kontemplation über Vergänglichkeit die Anhaftung verringert?

Antwort: Stellen Sie sich vor, dass ein Kind und ein Erwachsener am Meer zusammen eine Sandburg bauen. Der Erwachsene hält die Sandburg von Anfang an nicht für dauerhaft oder real und hängt deshalb auch nicht an ihr. Wenn eine Welle kommt und die Sandburg wegwäscht oder wenn andere Kinder die Burg zerstören, leidet der Erwachsene nicht darunter. Das Kind jedoch hält sie für ein reales Gebäude, das für alle Zeit bestehen bleiben soll, und leidet deshalb, wenn sie zerstört wird.

Wie dieses Kind machen auch wir uns vor, und zwar schon lange, dass unsere Erfahrung stabil und zuverlässig sei. Dadurch haften wir sehr stark daran und leiden, wenn sie sich verändert. Vergegenwärtigen wir uns hingegen unablässig die Vergänglichkeit aller Dinge, können uns die Phänomene von Samsara nie völlig zum Narren halten.

Wenn Sie sich vor Augen führen, dass Sie nicht mehr lange zu leben haben, wird Ihnen dies helfen. Sie werden dann denken: »Weshalb sollte ich mich in der Zeit, die mir noch bleibt, von Zorn oder Anhaftung bestimmen lassen, die nur noch mehr Verwirrung und Täuschung hervorrufen? Wenn ich das, was in Wahrheit vergänglich ist, zu ernst nehme und versuche, danach zu greifen oder es von mir weg zu stoßen, dann halte ich damit etwas fest, das gar nicht fest ist. Und dadurch verkompliziere und perpetuiere ich die Täuschungen Samsaras nur noch. Doch das werde ich *nicht* tun! Ich werde diese Anhaftung oder diese Abneigung, diesen Stolz oder diese Eifersucht für die Übung nutzen.« Spirituelle Übung beinhaltet mehr als Sitzen auf einem Meditationskissen. Wenn Sie ganz bei der Erfahrung von Verlangen oder Zorn sind, unmittelbar dort, wo der Geist aktiv ist, dann ist das der Ort der Übung, in jedem Augenblick, bei jedem Schritt, den Sie in Ihrem Leben gehen.

Frage: Wenn ich mir die Vergänglichkeit vergegenwärtige, wird meine Anhaftung dadurch tatsächlich etwas schwächer, aber ich frage mich, wie weit ich mit dem Loslassen der Dinge gehen sollte.

Antwort: Sie müssen sich genau überlegen, womit Sie sich zuerst befassen. Letztendlich mögen Sie alles loslassen, aber fangen Sie mit dem Loslassen der Geistesgifte an, beispielsweise mit dem Zorn. Statt zu denken: »Warum soll ich das Geschirr spülen? Es ist doch ohnehin vergänglich«, sollten Sie Ihren Zorn darüber, dass Sie spülen müssen, loslassen. Außerdem sollte Ihnen klar sein, dass auch alles, was im Geist auftaucht und Ihren Zorn entfacht, vergänglich ist. Auch der Zorn selbst ist vergänglich. Und wenn jemand zu Ihnen etwas sagt, das eine negative Wirkung auf Sie hat, so ist dies ebenfalls vergänglich. Werden Sie sich dessen bewusst, dass es sich um nichts weiter als Worte und Klänge handelt, also um nichts, was von Dauer ist.

Das Nächste, was Sie loslassen sollten, ist Ihr Beharren darauf, dass alles stets nach Ihrem Willen geschehen muss. Wenn Sie die Vergänglichkeit verstehen, spielt es keine so große Rolle, ob die Dinge sich so entwickeln, wie Sie sich ihren Vorstellungen gemäß eigentlich entwickeln sollten. Tun sie dies, ist das in Ordnung; wenn nicht, ist das auch okay.

Wenn Sie sich auf diese Weise der Übung widmen, wird Ihr Geist allmählich ausgeglichener. Er springt dann nicht mehr hierhin und dorthin, je nachdem, ob Sie bekommen, was Sie wollen, oder nicht.

Frage: Ist irgendetwas dagegen einzuwenden, dass wir uns glücklich oder traurig fühlen, dass wir unsere Emotionen spüren?

Antwort: Wenn wir Glück empfinden und uns vergegenwärtigen, dass dieses Glück vergänglich ist, dass es irgendwann verschwinden wird, dann hilft uns dies, unser Glück zu genießen und uns daran zu erfreuen, so lange es anhält. Gleichzeitig fixieren wir uns nicht mehr so stark auf das Glück und entwickeln ihm gegenüber keine so starke Anhaftung, und wir empfinden später auch keinen so starken Schmerz, wenn es verschwindet.

Ebenso sollten wir uns, wenn wir Schmerz, Trauer oder Verlust empfinden, daran erinnern, dass auch diese Dinge vergänglich sind, denn dadurch können wir unser Leiden verringern. Unser ständiges Gewahrsein der Vergänglichkeit hilft uns, unser Gleichgewicht zu bewahren.

Frage: Ist das Ich immer noch im Spiel, wenn wir den Fokus unserer Anhaftung ausweiten und die Bedürfnisse anderer darin einbeziehen?

Antwort: Wenn man Sie mit Seilen gefesselt hätte, in die viele Knoten geknüpft wären, müssten Sie, um sich zu befreien, die Knoten einzeln lösen, und zwar umgekehrt zur Reihenfolge, in der sie zuvor geknüpft wurden. Zuerst würden Sie den zuletzt geknüpften Knoten auflösen, dann den zweitletzten, und so weiter, bis Sie schließlich beim zuerst geknüpften ankämen, bei demjenigen, der Ihrem Körper am nächsten ist.

Wir sind durch viele Knoten gefesselt, darunter viele Arten von Anhaftung. Ideal wäre, wenn wir an keinem festhalten würden. Doch da dies nun einmal nicht der Fall ist, benutzen wir die Anhaftung, um die Anhaftung aufzulösen. Wir beginnen mit der Auflösung des letzten Knotens: Wir ersetzen die Anhaftung an unsere eigenen Bedürfnisse und Wünsche durch Engagement (Anhaftung) für das Glück anderer.

Wir müssen uns klar machen, dass egoistische Anhaftung früher oder später Probleme erzeugt. Wenn Sie an Ihren eigenen Bedürfnissen und Wünschen sehr stark haften, wenn Sie gern glücklich sind und nicht gern leiden, dann ist es für Sie eine Riesenkatastrophe, wenn irgendeine Kleinigkeit schief geht. Sie konzentrieren sich dann von morgens bis abends darauf und verschlimmern das Problem auf diese Weise noch. Der Riss in einer Teetasse wird Ihnen wie der Grand Canyon erscheinen, nachdem Sie ihn unter dem Mikroskop Ihrer unermüdlichen Aufmerksamkeit betrachtet haben.

Diese Konzentration auf sich selbst ist eine Art Meditation. Meditation beinhaltet, sich etwas immer wieder zu vergegenwärtigen. Wenn wir uns tugendhafte Gedanken immer wieder vergegenwärtigen und wir in der Natur des Geistes ruhen, kann dies zur Erleuchtung führen. Auf uns selbst zentrierte Meditation hingegen führt zu unendlichem Leiden. Wenn wir uns zu stark auf unsere eigenen Probleme konzentrieren, so kann uns dies sogar zum Selbstmord treiben, denn dadurch wird unsere Besessenheit von unserem eigenen Leiden unter Umständen so stark, dass uns unser Leben als unerträglich und ohne jeden Sinn und Zweck erscheint. Selbstmord ist die Schlimmste aller Lösungen, denn ein so extrem starkes Anhaften am Tod und an der Abneigung dem menschlichen Leben gegenüber kann uns die Tür zu einer erneuten Geburt als Mensch in der Zukunft verschließen.

Zunächst müssen wir also unsere Konzentration auf uns und unsere selbstbezogenen Gedanken verringern. Dazu vergegenwärtigen wir uns, dass wir nicht die Einzigen sind, die glücklich sein wollen – sondern dass alle dies wollen. Nun mögen andere zwar auch das Glück suchen, wissen aber vielleicht nicht, wie sie es erreichen können; hingegen können wir, nachdem wir ein gewisses Verständnis des spirituellen Pfades erlangt haben, ihnen vielleicht helfen und sie in ihren Bemühungen unterstützen. Natürlich werden wir auf Probleme stoßen. Schließlich sind wir Menschen. Doch brauchen wir diesen Schwierigkeiten keine Macht über uns zu geben. Jeder Mensch hat Probleme, und viele davon sind wesentlich größer als unsere eigenen. Indem wir uns dies vergegenwärtigen, erweitert sich unsere Perspektive so, dass sie das Leiden anderer einbezieht. Dadurch vertieft sich unser Mitgefühl, und unsere unablässige Konzentration auf uns selbst lässt nach. Dies kommt unserer Absicht, anderen zu helfen, und unseren Möglichkeiten, dies tatsächlich zu tun, zugute.

Bei körperlichen Krankheiten ist es nützlich, wenn wir uns an eine Medizin halten (also sozusagen an ihr »haften«), die uns wieder gesund macht. Doch nach unserer Heilung müssen wir uns von dieser Medizin lösen, weil uns andernfalls genau das, was uns geheilt hat, wieder krank macht. Im Augenblick benutzen wir die Medizin der Anhaftung, um anderen zu helfen und dadurch unser Haften an uns selbst aufzulösen. Wir benutzen die Anhaftung also, um die Anhaftung zu verändern. Wenn wir schließlich Erleuchtung erlangen, lösen wir die Anhaftung insgesamt auf.

Arbeit mit Zorn und Abneigung

Anhaftung und Zorn sind zwei Seiten der gleichen Münze. Aufgrund der Unwissenheit und der Spaltung des Geistes in Subjekt und Objekt versuchen wir entweder, nach dem, was wir als außerhalb von uns wahrnehmen, zu greifen, oder wir stoßen es von uns weg. Wenn wir etwas haben wollen, es aber nicht bekommen können, oder wenn jemand uns daran hindert zu erreichen, was wir erreichen zu müssen glauben, oder wenn etwas passiert, das nicht unseren Vorstellungen entspricht, erfahren wir Zorn, Abneigung oder Hass.

Doch diese Reaktionen bewirken nichts Positives, sie verursachen nur Schaden. Durch die drei Geistesgifte, Zorn, Anhaftung und Unwissenheit, erzeugen wir endloses Karma, endloses Leiden. Es heißt, dass kein Übel dem Zorn gleiche: Er ist von Natur aus destruktiv, feindselig. Da Zorn nie auch nur eine Spur von Glück erzeugt, ist er eine der mächtigsten negativen Kräfte.

Aus Zorn und Abneigung kann leicht Aggression entstehen. Viele Menschen, die von anderen verletzt wurden, haben das Bedürfnis, sich dafür zu rächen – Auge um Auge. Das ist eine natürliche Reaktion.»Wenn jemand mich anbrüllt, brülle ich zurück. Wenn jemand mich schlägt, schlage ich ihn ebenfalls. Das hat der Betreffende verdient.« Oder, noch extremer:»Dieser Mensch ist mein Feind. Wenn es mir gelingt, ihn zu töten, werde ich glücklich sein!«

Dabei machen wir uns nicht klar, dass plötzlich überall Feinde auftauchen, wenn wir Abneigung und Aggression freien Lauf lassen. Wir finden dann an anderen immer weniger, das wir mögen, und immer mehr, das wir hassen. Andere Menschen meiden uns, und wir isolieren uns immer mehr und vereinsamen. Manchmal sind wir so aufgebracht, dass alles, was wir sagen, von Hass erfüllt ist. Die Tibeter sagen:»Worte können zwar nicht töten, aber sie können das Herz verletzen.« Worte können äußerst schädigend wirken, und zwar sowohl durch den Schaden, den sie anderen tatsächlich zufügen, als auch durch die Wut, die sie hervorrufen. Häufig entsteht auf diese Weise ein Teufelskreis: Ein Mensch empfindet gegenüber einem anderen Abneigung und sagt deshalb etwas Verletzendes; der andere reagiert darauf, indem er ebenfalls etwas Verletzendes sagt. Die beiden heizen einander so lange ein, bis ein regelrechter Krieg mit Worten ausgebrochen ist. Dies kann natürlich auch auf nationaler und internationaler Ebene geschehen, wenn bestimmte Gruppen ihren Aggressionen gegenüber anderen Gruppen freien Lauf lassen und Nationen ihre Konflikte mit anderen Nationen austragen.

Wenn Sie Abneigung und Zorn nachgeben, dann ist das so, als hätten Sie beschlossen, jemanden zu töten, indem Sie ihn in einen Fluss werfen, und als würden Sie dann Ihre Arme um seinen Hals legen, mit ihm ins Wasser springen und mit ihm zusammen ertrinken. So vernichten Sie nicht nur Ihren Feind, sondern auch sich selbst.

Besser sollten Sie Ihren Zorn neutralisieren, indem Sie ihm mit Geduld begegnen, bevor er weitere Konflikte hervorrufen kann. Dabei ist es von Nutzen, wenn wir lernen, unsere eigene Verantwortung für das, was geschieht, zu erkennen. Im Augenblick verhalten wir uns so, als käme unsere Verbindung zu einem vermeintlichen Feind aus dem Nichts. In Wahrheit haben wir möglicherweise schon in einem früheren Leben hasserfüllt mit diesem Menschen gesprochen, ihn körperlich misshandelt oder ihm gegenüber zornige Gedanken entwickelt. Statt Fehler bei anderen zu suchen und unseren Zorn und unsere Abneigung auf Situationen und andere Menschen zu projizieren, von denen wir glauben, dass sie uns bedrohen, sollten wir uns besser mit dem wahren Feind beschäftigen. Dieser zerstört unser kurzfristiges Glück und hindert uns auf lange Sicht daran, Erleuchtung zu erlangen: Gemeint sind hier unser Zorn und unsere Abneigung.

Wenn wir uns so damit auseinander setzen, wird es nicht mehr zu Konfrontationen kommen. Es gibt keinen Kampf mehr, denn Sie nehmen die Person, mit der Sie zuvor gekämpft haben, nicht mehr als Feind wahr, und der wirkliche Feind ist besiegt – alles in allem ein wundervoller Lohn für ein wenig Bemühung. Sie werden nun mit geringerer Wahrscheinlichkeit in Situationen kommen, in denen sich zwischen Ihnen und Ihrem ehemaligen Feind Konflikte entwickeln können. So profitieren Sie beide davon.

Die Art, wie wir gewöhnlich über Dinge nachdenken, ist kontraproduktiv. Wenn uns jemand beleidigt, beschäftigt uns das meist lange, und wir fragen uns: »Warum hat er oder sie das nur zu mir gesagt?« und so weiter und so weiter. Es ist, als würde jemand einen Pfeil auf uns schießen, uns aber nicht treffen. Bleiben wir auf das Problem konzentriert, ist das so, als würden wir einen Pfeil nehmen, uns immer wieder selbst damit stechen und dabei sagen: »Er hat mich so sehr verletzt. Ich kann einfach nicht verstehen, warum er das getan hat.«

Stattdessen sollten wir die Methode der Kontemplation nutzen, um unsere Art, über Dinge nachzudenken, zu verändern und dadurch auch unsere Gewohnheit, zornig zu reagieren. Da es am Anfang schwer ist, inmitten eines Streits klar zu denken, üben wir dies zunächst allein zu Hause, indem wir uns Streitigkeiten und neue Arten, auf sie zu reagieren, vorstellen. Stellen Sie sich beispielsweise vor, dass irgendjemand Sie beleidigt. Der Betreffende ist wütend auf Sie, schlägt Sie oder greift Sie auf andere Weise an. Sie denken: »Was soll ich tun? Ich werde mich verteidigen – ich werde mich rächen. Ich werde ihn aus meinem Haus werfen.« Probieren Sie einmal eine andere Methode aus. Sagen Sie sich: »Dieser Mensch macht mich zornig. Aber was ist Zorn? Er ist eines der Geistesgifte, die negatives Karma und damit starkes Leiden erzeugen. Auf Zorn mit Zorn zu reagieren ist so, als würde man einem Verrückten, der von einer Klippe springt, folgen. Muss ich mich genauso verhalten wie er? Wenn es ein Zeichen seiner Verrücktheit ist, dass er sich so verhält, dann wäre es noch verrückter, wenn ich mich ebenso verhalten würde.«

Denken Sie daran, dass diejenigen, die sich Ihnen gegenüber aggressiv verhalten, sich damit nur selbst Leiden einhandeln und sich durch ihre Unwissenheit in eine missliche Situation bringen. Sie glauben, was sie täten, sei zu ihrem eigenen Besten, sie würden etwas korrigieren, das falsch sei, oder sie würden Schlimmes verhindern. Tatsächlich ist ihr Verhalten von keinerlei Nutzen. Sie gleichen einem Menschen, der Kopfschmerzen hat und diese durch Hammerschläge auf seinen eigenen Kopf zu vertreiben versucht. In ihrem

Unglück beschuldigen sie andere, die daraufhin ebenfalls wütend werden und kämpfen, was das Ganze noch verschlimmert. Wenn wir über ihre Situation nachdenken, wird uns klar, dass sie eher unser Mitgefühl wecken sollten, als zum Objekt unserer Beschuldigungen und unserer Wut zu werden. Wenn wir uns dies vergegenwärtigen, werden wir versuchen, sie vor weiterem Leiden zu bewahren, so wie wir es bei einem ungezogenen Kind tun, das immer wieder auf die Straße läuft und uns schlägt und kratzt, wenn wir versuchen, es zurückzuholen. Statt uns von denjenigen, die Schaden verursachen, abzuwenden, sollten wir bedenken, dass sie Glück suchen, aber nicht wissen, wie sie es finden können.

Auch die Rolle des Feindes ist nicht von Dauer. Ein Mensch, der Sie heute verletzt, kann morgen Ihr bester Freund sein. Ihr augenblicklicher Feind könnte in einem früheren Leben sogar Ihre Mutter gewesen sein, die Sie geboren, aufgezogen und sich um Sie gekümmert hat.

Indem wir uns immer wieder dieser Art von Reflexion widmen, lernen wir, auf Aggression mit Mitgefühl zu reagieren und Zorn mit Güte zu begegnen.

Eine andere Möglichkeit ist, dass wir uns das illusionäre Wesen unseres Zorns und des Objekts unseres Zorns vergegenwärtigen. Wenn beispielsweise jemand zu Ihnen sagt: »Du bist ein schlechter Mensch«, können Sie sich fragen: »Werde ich dadurch schlecht? Wenn ich tatsächlich ein schlechter Mensch wäre und irgendjemand würde zu mir sagen, ich sei gut, würde ich dadurch dann gut werden?« Wenn jemand behaupten würde, Kohle sei Gold, würde die Kohle dann dadurch zu Gold werden? Und wenn jemand behaupten würde, Gold sei Kohle, würde das Gold dann dadurch zu Kohle? Dinge verändern sich nicht einfach deshalb, weil irgendjemand dies oder jenes sagt. Warum sollte man derlei Gerede so ernst nehmen?

Setzen Sie sich einmal vor einen Spiegel, schauen Sie sich Ihr Spiegelbild an, und beleidigen Sie es: »Du bist hässlich. Du bist schlecht.« Und dann loben Sie es: »Du bist wunderschön. Du bist gut.« Was Sie auch sagen mögen, das Bild bleibt, wie es ist. Lob und Tadel sind nicht an und für sich wahr. Ebenso wie ein Echo, wie ein Schatten, wie eine bloße Spiegelung verfügen sie über keine Macht, die uns helfen oder schaden könnte.

Üben wir auf diese Weise, wird uns allmählich klar, dass es den Dingen an Beständigkeit mangelt, so wie einem Traum oder einer Illusion. Wir entwickeln dann einen Geisteszustand, der mehr Raum lässt und weniger stark auf Dinge reagiert. Entsteht dann Zorn in uns, können wir, statt sofort zu reagieren, den Zorn anschauen und uns fragen: »Was ist das? Weshalb werde ich rot und zittere? Wo ist es?« Dann werden wir feststellen, dass Zorn keine Substanz hat, dass er kein *Ding* ist, das wir finden können.

Sobald wir erkannt haben, dass wir den Zorn nirgendwo finden werden, können wir den Geist sein lassen. Wir unterdrücken den Zorn nicht, verdrängen ihn nicht, lassen uns aber auch nicht von ihm hinreißen. Wir lassen den Geist einfach in ihm ruhen. Wir bleiben bei der Energie selbst – wir sind uns ihrer einfach und auf natürliche Weise bewusst, ohne an ihr zu haften und ohne Abneigung gegen sie zu entwickeln. Wenn wir uns so verhalten, werden wir feststellen, dass Zorn ebenso wie Verlangen im Grunde nicht das ist, wofür wir ihn gehalten haben. Wir beginnen, die Natur des Zorns zu erkennen, uns über seine Essenz klar zu werden, die spiegelgleiche Weisheit ist.

Es mag einfach klingen, dies zu tun, aber das ist es nicht. Wenn der Zorn uns packt, »fliegen« wir – in die eine oder in die andere Richtung. Unser Geist fliegt dahin, wir fliegen zu einem Urteil, zu einer Reaktion, zu diesem oder zu jenem, und auf diese Weise verstricken wir uns völlig in das, was uns verärgert hat. Wir haben unsere Gewohnheit, auf diese Weise zurückzuschlagen, unzählige Male verstärkt, Leben um Leben. Wenn unser Verständnis der Essenz des Zorns nur oberflächlich ist, werden wir es nicht auf Situationen des realen Lebens anwenden können.

Es gibt eine berühmte tibetische Geschichte über einen Mann, der im Retreat meditierte. Jemand kam des Wegs und fragte ihn: »Worüber meditierst du?«

»Geduld«, antwortete der Mann.

»Du bist ein Narr!«

Diese Bemerkung machte den Meditierenden so wütend, dass er sofort einen Streit anfing – was natürlich bewies, dass es mit seiner Geduld nicht weit her war.

Nur wenn wir diese Methoden unablässig und systematisch anwenden, Tag für Tag, Monat für Monat, Jahr für Jahr, wird es uns gelingen, unsere tief verwurzelten Gewohnheiten aufzulösen. Dieser Prozess mag geraume Zeit in Anspruch nehmen, aber wir werden uns dadurch definitiv verändern. Sehen Sie doch, wie schnell wir uns zum Negativen hin verändern. Wenn wir glücklich sind und jemand sagt oder tut etwas, das uns nicht gefällt, sind wir blitzschnell gereizt. Sich auf positive Weise zu verändern erfordert Disziplin, Übung und Geduld. Das tibetische Wort für Meditation ist mit dem Verb »vertraut werden mit« oder »sich gewöhnen an« verwandt. Durch Anwendung einer Vielzahl von Methoden werden wir mit anderen Seinsweisen vertraut.

Ein Sprichwort lautet: »Selbst einen Elefanten kann man auf verschiedene Arten zähmen.« Durch kunstfertigen Umgang mit Stachelstöcken oder Haken kann man dieses riesige und starke Tier sehr sanft führen. Es heißt, wenn Elefanten bei festlichen Anlässen geschmückt würden, seien sie sehr fügsam und in der Lage, sich so zu bewegen, als gingen sie auf Eierschalen. Auch in einer großen Menschenmenge lassen sie sich dann sehr willig führen. Etwas Großes und Schwerfälliges lässt sich mit geeigneten Mitteln sehr gut lenken. Ebenso kann man auch den Geist, der oft schwerfällig und wild ist, mit Hilfe der richtigen Methoden zähmen.

Der Unterschied zwischen der Art, wie sich ein weltlich orientierter Mensch in seinem Leben verhält, und dem Verhalten eines spirituell Übenden ist, dass ersterer die Phänomene stets wie durch ein Fenster anschaut und die äußere Erfahrung beurteilt, wogegen ein spiritueller Mensch die Erfahrung als Spiegel benutzt, um immer wieder detailliert den eigenen Geist zu betrachten und so herauszufinden, wo seine Stärken und Schwächen liegen und wie er die einen entwickeln und die anderen beheben kann.

Um zu wissen, was uns in der Zukunft erwartet, brauchen wir keinen Hellseher. Wir brauchen uns nur unseren eigenen Geist anzuschauen. Wenn wir ein gutes Herz und positive Absichten anderen gegenüber haben, werden wir dauerhaftes Glück finden. Ist unser Geist hingegen mit gewöhnlichen egoistischen Gedanken, mit Zorn und mit schädlichen Absichten anderen gegenüber angefüllt, müssen wir damit rechnen, dass uns eine schwierige Zukunft erwartet.

Wenn wir unseren Geist immer wieder überprüfen und gegen die in Erscheinung tretenden Gifte ständig Gegengifte einsetzen, werden wir einen allmählichen Wandel beobachten. Nur wir selbst wissen wirklich, was sich in unserem Geist abspielt. Andere können wir leicht belügen. Es ist nicht schwer, den Eindruck zu erwecken, eine dicke Ledertasche sei voll; doch erst wenn sich jemand darauf setzt, stellt der Betreffende fest, ob die Tasche wirklich voll ist. Ebenso können wir stundenlang in Meditationshaltung sitzen, doch wenn in dieser ganzen Zeit giftige Gedanken unseren Geist erfüllen, geben wir nur vor, uns der spirituellen Übung zu widmen. Wir sollten uns selbst gegenüber ehrlich sein und die Verantwortung für das, was wir in unserem eigenen Geist sehen, übernehmen, statt andere zu verurteilen. Und dann sollten wir ein geeignetes Heilmittel anwenden, um eine Veränderung herbeizuführen.

Frage: Ist es falsch, wenn ich Zorn gegenüber den Verantwortlichen von Kriegen empfinde, in denen so viele Menschen verletzt werden?

Antwort: Wenn ein Mord geschieht, verdient der Mörder ebenso unser Mitgefühl wie der Ermordete. Durch seinen plötzlichen Tod begleicht der Ermordete eine karmische Schuld, und dadurch wird sein Karma gereinigt. Der Mörder hingegen sät die Samen für ein unvorstellbares zukünftiges Leiden, das wesentlich größer ist als das Leiden seines Opfers, und dies ist ihm nicht einmal bewusst. Ganz sicher verdienen sowohl das Opfer als auch der Täter unser Mitgefühl.

Eines der größten Anliegen unserer Zeit ist der Weltfrieden. Auf dieses Ziel arbeiten zahlreiche Gruppen und Einzelne hin, und diese Aktivität entspringt einer über jeden Zweifel erhabenen, edlen Absicht. Wenn dabei jedoch Aggression ins Spiel kommt, wenn wir für den Frieden *kämpfen*, wenn eine Gruppe zu einer anderen sagt: »Weil ihr euch nicht für den Frieden in der Welt einsetzt, werden wir euch vernichten«, geben wir dadurch dem Zorn Nahrung, dem Urheber allen Unfriedens. Stattdessen sollten wir Mitgefühl entwickeln und uns in jeder Hinsicht hilfsbereit verhalten.

Der Erfolg unserer Bemühungen um den Weltfrieden hängt davon ab, wie wir als Einzelne auf Situationen reagieren. Indem wir Zorn, Hass, Abneigung und Aggression zum Ausdruck bringen, verschlimmern wir die Probleme nur. Deshalb reicht es nicht aus, erhabene Ideale nur zu entwickeln, wir müssen sie auch während unseres ganzen Lebens beherzigen und verkörpern.

Arbeit mit Unwissenheit

Wenn wir nach den Ursachen unserer Verwirrung und unseres Leidens forschen, stoßen wir auf das Problem der fundamentalen Unwissenheit. Der Grund für unser starkes Leiden, für unsere zahlreichen Probleme und für unser unablässiges Umherwandern in Samsara, im Kreislauf der Existenzen, ist, dass wir uns unserer wahren Natur nicht bewusst sind. Dieser Mangel an Gewahrsein kommt in unserer Projektion und Erfahrung der Welt der Phänomene zum

Ausdruck, die uns als fest und aus verschiedenen Elementen zusammengesetzt erscheinen. Wir unterliegen ständig dem Eindruck, dass es ein »Ich« gibt, das allem, was nicht »Ich« ist, gegenübersteht. Aufgrund dieser dualistischen Tendenz unseres Geistes trennen wir unsere Erfahrung von uns ab und fällen Urteile über die Objekte, die wir wahrnehmen. Und dadurch entstehen Anhaftung und Abneigung, die Karma und unendliches Leiden erzeugen. Dualistisches Festhalten, emotionale Verwirrung, Gewohnheit, Karma und dessen Früchte sind allesamt zwangsläufige Folgen dieses Mangels an Gewahrsein.

Weil wir die wahre Natur unseres Körpers, unserer Sprache, unseres Geistes, unserer Umgebung sowie der Vergangenheit und der Zukunft nicht kennen, nehmen wir die alltäglichen Geschehnisse für bare Münze, so wie wir, während wir träumen, unsere Träume für wahr halten. Beim nächtlichen Träumen sind wir in einem gewissen Sinne verwirrt, denn wir glauben, dass wir uns tatsächlich an einem bestimmten Ort befinden und dort bestimmte Dinge tun, beispielsweise ein Auto fahren, etwas bauen oder auch vor einem Tiger davonlaufen.

Wir erinnern uns im Traum an die Vergangenheit und können, an sie anknüpfend, eine Zukunft projizieren. Himmel, Erde, Atmen, Schlucken – alles wirkt sehr real auf uns. Tatsächlich schlafen wir in einem Bett, und es geschieht nichts. Doch während wir träumen, leben wir in der Wirklichkeit des Traums. Wenn uns ein Traumtiger jagt, laufen wir, so schnell wir können, um unser Leben zu retten.

Sobald wir aufwachen oder wenn uns im Traum bewusst wird, dass wir träumen, löst sich unsere Verwirrung auf. Der Tiger verliert seine Macht über uns, und wir fürchten uns nicht mehr vor ihm, weil uns klar wird, dass unser eigener Geist diese ganze Erfahrung produziert hat. Solange wir träumen und der Macht der Verwirrung unterliegen, bleiben Hoffnung und Furcht bestehen; denn die Konsequenzen des Traumgeschehens erscheinen uns unausweichlich.

Doch wenn wir uns unseres Träumens bewusst geworden sind, löst sich unsere Verwirrung auf, und es gibt keine Hoffnung und Furcht mehr.

Tatsächlich ist die gesamte Existenz, ob es sich um das Leiden von Samsara oder um die glückselige Erfahrung des Nirvana handelt, ebenso unwirklich wie unsere Träume. All dies ist unwirklich, unwahr. Es ist ein nie endendes, prächtiges Schauspiel der Illusionen.

Unser Leben, von unserer Geburt bis zu unserem Tode, gleicht einem einzigen langen Traum. Und jeder Traum, den wir nachts träumen, ist ein Traum in einem Traum. Vielleicht haben Sie schon einmal nachts geträumt und sind dann aufgewacht und haben jemandem erzählt: »Ich hatte einen wundervollen Traum.« Sie machen Kaffee, sind bereit, zur Arbeit zu gehen, doch dann klingelt plötzlich der Wecker, und Sie wachen wirklich auf. Sie waren also vorher ganz und gar nicht wach, sondern haben nur geträumt, Sie seien wach. Dies wird falsches Aufwachen genannt, und es handelt sich dabei um einen Traum über den Wachzustand. Genau das tun wir an jedem Morgen unseres ganzen Lebens. Im Traum des Lebens glauben wir, wir seien wach, doch in Wahrheit träumen wir weiterhin. Es ist, als hätte unser Wecker noch nicht geklingelt.

Wir sind Träumende, und wir erleben die kurzen nächtlichen Träume innerhalb unseres langen Lebenstraums und diesen im noch längeren Traum samsarischen Werdens. Man hat uns gelehrt, unsere alltägliche Erfahrung als real und wahr anzusehen, und wenn etwas geschieht, das für uns schwierig ist, leiden wir. Außerdem hat man uns beigebracht, dass unsere Träume eine Illusion seien; deshalb leiden wir unter unseren Albträumen gewöhnlich weniger als unter den Ereignissen unseres alltäglichen Lebens. Die Traumwelt kommt und geht; sie ist eindeutig vergänglich; deshalb halten wir sie nicht für real. Doch das Gleiche gilt auch für die Alltagsrealität. Auch sie ist unbeständig. Der einzige Unterschied zwischen beiden ist ihre Dauer.

Das Wissen, dass unsere Realität nicht die ganze Wahrheit der Existenz ist, befreit uns vom Leiden. Wir stehen nicht mehr unter der Macht unserer Ängste und Anhaftungen. Doch verfällt unser Geist beim nächsten Akt dieses Tagtraums leicht wieder dem Bann seiner alten Annahmen. Plötzlich taucht eine hübsche Frau oder ein wundervoller Mann auf, und schon glauben wir wieder an jenen Traum und beharren erneut darauf, dass er die Wirklichkeit ist. Wieder haben wir uns zum Narren gehalten; die Illusion hat sich nicht völlig aufgelöst, sondern war nur einen Augenblick lang erschüttert. Wir haben zwar für kurze Zeit die tiefere Wesensnatur unserer Erfahrung erkannt, doch war diese Erkenntnis nicht von Dauer.

Wir benötigen eine Methode, die uns ständig daran erinnert, dass wir nur träumen, damit wir unsere Verwirrung wirklich durchbrechen können, statt nur einen flüchtigen Blick auf die Wahrheit zu werfen und sie im nächsten Moment wieder zu vergessen. Wir müssen unserer falschen Ansicht der Wirklichkeit klar und entschieden ein Ende machen. Dies setzt allerdings voraus, dass wir die Realität unserer Erfahrung erkennen. Ebenso wie die wahre Natur des nächtlichen Traums lässt sich auch die wahre Natur der Wirklichkeit mit den Kategorien des Vorstellungen entwickelnden Denkens und des Verstandes nicht erfassen: Sie liegt jenseits von »ist« oder »ist nicht«.

Wenn wir beispielsweise einen großen Klumpen Gold finden und nicht in der Lage sind, seinen Wert richtig einzuschätzen, schmälert Letzteres diesen Wert nicht im Geringsten. Ebenso wenig erhöht der Gedanke, dass dieses Gold sehr wertvoll ist, den Wert des Goldklumpens. Das Gold ist einfach das, was es ist. Wenn wir seinen Wert kennen, können wir ihn nutzen. Kennen wir ihn nicht, benutzen wir den Goldklumpen vielleicht als Türstopper oder als Buchstütze.

Die Grundnatur unseres Geistes ist Gold, doch erkennen wir dies nicht. Die Frucht des spirituellen Pfades ist das vollständige Erkennen dieses Goldes; der Pfad ist unsere Methode, dieses Ziel zu erreichen und dadurch offenkundig zu machen, was ohnehin eine Tatsache ist.

Die erste Phase der Meditationsmethode des Traumyoga besteht darin, während des Träumens zu erkennen, dass wir träumen. Das nächste Ziel ist, sich dieser Erkenntnis fortwährend bewusst zu bleiben. Dadurch entwickeln wir die Fähigkeit des kreativen Umgangs mit dem Traum. Wenn Sie von einem einzelnen Ballon träumen und es Ihnen gelingt, Ihr Gewahrsein der Natur des Traums aufrecht zu erhalten, können Sie so viele Ballons in Erscheinung treten lassen, wie Sie wollen. Aus einem einzelnen Menschen können auf die gleiche Weise viele werden, und die ganze Welt verändert sich so. Durch das Traumyoga lernen wir auch, in Träumen Dinge zu vergrößern und zu vervielfältigen. Außerdem lernen wir, im Traum zu reisen, weil wir nicht mehr von der falschen Wahrnehmung des Traums beherrscht werden. Wenn wir die Natur des Traums erkennen, können wir ihn auch beherrschen.

Genauso verhält es sich in unserer Alltagsrealität, vom Augenblick unserer Geburt bis zu unserem Tode. Viele Menschen haben das wahre Wesen dieser Art, das Leben zu erfahren, realisiert. In der buddhistischen Tradition werden sie *Mahasiddhas* genannt. Auch in anderen Traditionen haben Menschen einen so hohen Entwicklungsstand erreicht, dass sie nicht mehr an die für die Wirklichkeit normalerweise gültigen Gesetze gebunden sind. So ist Jesus beispielsweise über das Wasser gegangen. Menschen, die einen besonders hohen Grad der Realisation erreicht haben, können Fußabdrücke in festem Gestein hinterlassen oder durch die Luft fliegen. Was für uns heiß ist, ist für sie nicht heiß, was für uns kalt ist, ist für sie nicht kalt, und was für uns fest ist, ist für sie nicht fest. Da sie die Wirklichkeit bezwungen haben, hat diese keine Macht mehr über sie.

Die wahre Natur unserer Existenz zu kennen und sich dieses Wissens ständig bewusst zu sein ist das Mittel, durch das wir Erleuchtung erlangen. Erleuchtung ist nichts Neues, nichts, was wir neu schaffen. Erleuchtung bedeutet einfach, dass wir in uns entdecken, was schon da ist. Es ist die vollständige Erkenntnis unserer eigenen Wesensnatur, die *Buddha* oder auf Tibetisch *sang gyay* genannt wird. *Sang* bedeutet »makellos«, und *gyay* bedeutet »vollständige Realisation«. So wie der Mond allmählich aus der Dunkelheit auftaucht und größer wird, treten aus der Unwissenheit allmählich die Qualitäten der Wesensnatur des Geistes in Erscheinung.

Ebenso wie Wasser, dessen natürlicher Zustand flüssig ist, sich in Eis verwandelt, wenn es gefriert, erscheint auch die wahre Natur des Geistes – die Gott, Buddha oder Vollkommenheit genannt werden kann – anders, wenn sie durch Verwirrung und Täuschung verdunkelt wird. Der Buddha ist ebenso wenig irgendwohin verschwunden wie das zu Eis gefrorene Wasser. Schmilzt das Eis, nimmt das Wasser seine natürlichen Eigenschaften wieder an. Nachdem die Verdunkelungen des Geistes entfernt worden sind, wird unsere wahre Wesensnatur sichtbar.

Im Augenblick können wir unsere wahre Natur nicht sehen, weil wir durch unseren Glauben an den Traum, den wir Leben nennen, gefesselt sind. Allerdings stehen uns als Träumenden gewisse Wahlmöglichkeiten offen. Wir können gute und schlechte Lebensträume schaffen. Wenn wir unsere Lebensträume zum Positiven wenden wollen, müssen wir sie verändern. Bleibt unser Geist hingegen seinen alten Gewohnheiten überlassen, bringt er nicht unbedingt bessere Träume hervor.

Wir können uns aber auch dafür entscheiden, nicht weiter zu träumen und stattdessen aufzuwachen. Vollständig aufzuwachen bedeutet, die größere Wahrheit, die uns innewohnende reine Natur von Körper, Sprache und Geist zu erkennen. Allerdings erwachen wir nicht automatisch aus unserem tiefen Schlaf, nur weil wir aufwachen wollen. Vielmehr benötigen wir dazu entsprechende Methoden, und diese müssen wir natürlich auch anwenden.

Weisheit – das Bewusstsein der eigenen wahren Natur – ist ein geeignetes Gegengift gegen Unwissenheit, gegen Nichtwissen. Dies ist die Leuchte, die die Dunkelheit aus unserem Geist vertreibt. Der buddhistische Pfad bringt uns zu einem Ort des Weisheitswissens statt des gewöhnlichen Wissens, das unsere alltäglichen Aktivitäten bestimmt.

Weisheit können wir auf drei Arten erlangen. Erstens kann uns jemand, der mehr als wir versteht, mit etwas bekannt machen, das über alles, was wir jemals kennen gelernt haben, weit hinausreicht. Doch eine solche Unterweisung nur zu hören, auch wenn sie sehr ausführlich ist, reicht allein nicht aus, um uns von dem, was wir gelernt haben, zu überzeugen. Blinder Glaube hat keinen sonderlichen Wert, weil wir zunächst einmal verstehen müssen, was wir gelernt haben. Erst danach können wir alle unsere Fähigkeiten in den Dienst der Übung stellen.

Zweitens können wir, nachdem wir die Lehren in aller Ausführlichkeit vernommen haben, unseren Intellekt und unsere Intelligenz einsetzen, um nachzudenken, zu hinterfragen und zu prüfen, ob das, was wir gelernt haben, wahr ist, und um festzustellen, ob es seinen Zweck erfüllt. Im Laufe dieses Kontemplationsprozesses tauchen Fragen auf. Wir stellen sie, erhalten Antworten und denken über diese erneut nach. Wenn wir nicht forschen und prüfen, wenn wir unsere Zweifel nicht auflösen, gleicht unsere spirituelle Übung dem Versuch, mit einer Nadel zu nähen, die an beiden Enden eine Spitze hat: Wir werden nicht weit damit kommen. Durch Kontemplation gelangen wir zu einem Ort tiefen Verstehens, zu einer Gewissheit, die das Resultat kontemplativer Weisheit ist – im Gegensatz zu rein intellektuellem Wissen, dem bloßen Sammeln von Tatsachen.

Wenn wir diese kontemplative Weisheit schließlich immer wieder auf unsere Erfahrung anwenden, wird sie intuitiver und verwandelt sich in meditative Weisheit. Meditation ist ungeheuer wichtig, wenn wir unsere Unwissenheit auflösen wollen, weil sogar tiefes Verstehen in Vergessenheit geraten kann. Durch Meditation wird die uns innewohnende Weisheit völlig offenkundig.

Das Alltagsleben als spirituelle Übung

Das Thema der Meditation im täglichen Leben möchte ich mit einigen Bemerkungen über persönliche Erfahrungen und über meine Ausbildung in Tibet einleiten. Ich wurde dort im Alter von zwei Jahren als *Tulku* erkannt, als jemand, der mehrere Wiedergeburten zum Wohle anderer zu nutzen vermochte. Deshalb erwartete man von mir, dass ich etwas ganz Besonderes würde. Im Alter von fünf Jahren lernte ich Lesen und Schreiben. Ich hatte einen eigenen Lehrer, was einerseits ein sehr großes Glück war, weil Tag für Tag von morgens bis abends jemand bei mir war und mich unterrichtete. Andererseits machte ich dadurch bei jedem Fehler und wenn ich etwas, das ich bereits gelernt hatte, wieder vergaß, schmerzhafte Bekanntschaft mit dem Stock.

Schon als kleines Kind lernte ich tiefgründige spirituelle Lehren kennen, entweder in einer Gruppe oder im Unterricht meines persönlichen Lehrers. Ich befasste mich schon damals mit dem Wesen der absoluten und der relativen Wahrheit. Auch machte ich erste Bekanntschaft mit der Tatsache der Vergänglichkeit. Es gab einmal eine Zeit, in der unser Universum nicht existierte. Dann entstand es allmählich, und im Laufe der Zeit altert es und löst sich irgendwann wieder auf. Auch unser Körper war einmal nicht da. Jeden Tag wird er älter, und eines Tages wird er nicht mehr existieren. Unsere gesamte Erfahrung ist der Vergänglichkeit unterworfen. Diese Wahrheit zu erkennen ist für die Entwicklung einer spirituellen Perspektive ausschlaggebend.

Als ich mit dieser Lehre zum ersten Mal in Kontakt kam, widersetzte ich mich ihr sehr heftig. Ich wollte sie ganz einfach nicht hören. Ich dachte, ja, natürlich verändern sich die Jahreszeiten, die Menschen und das Leben – aber wen interessiert das schon? Ich zumindest hatte nicht viel Lust, dieser Tatsache allzu viel Aufmerksamkeit zu schenken. Doch im Alter von neun Jahren hatte ich diese Lehre schon viele Male gehört und auch mit der Kontemplation über die Vergänglichkeit begonnen, so dass ich ein – wenn auch noch geringes – Verständnis ihrer Wesensnatur entwickelte.

Dadurch änderte sich zunächst nichts Drastisches für mich. Ich merkte nur, dass mein Greifen, mein Verlangen nach den Dingen, denen gegenüber wir normalerweise Anhaftung entwickeln, ein wenig nachließ. Diese sehr subtile Veränderung basierte auf der Erkenntnis, dass die Dinge nicht ganz so real waren, wie sie mir zuvor erschienen.

Diese Veränderung meiner Sichtweise half mir sehr, als meine Mutter starb; ich war damals erst elf Jahre alt. Ebenso nützlich war sie mir, als ich zwölf Jahre alt war und mein Bruder starb, und als ich dreizehn war und mein hoch geschätzter Hüter und Lehrer mich verlassen musste. Diese Erfahrungen des Todes und der Trennung waren für mich nicht leicht, doch machte die Veränderung der Sichtweise, die durch meine Kontemplation über Vergänglichkeit eingetreten war, diese schmerzlichen Erlebnisse erträglicher und half mir später auch, mit dem Verlust meines Klosters und meines Heimatlandes fertig zu werden.

Ich erkannte, dass unser Schmerz über den Verlust von Besitz und über die Trennung von lieb gewonnenen Menschen um so stärker ist, je wichtiger und unverzichtbarer uns diese zuvor erschienen. Deshalb ist die Kontemplation über Vergänglichkeit so wichtig.

Von ebensolcher Wichtigkeit ist es, sich bewusst zu machen, wie glücklich wir uns schätzen können, einen menschlichen Körper zu haben. Die meisten von uns halten ihre Existenz als Menschen für eine Selbstverständlichkeit. Wir stumpfen gegenüber der natürlichen Freude, eine menschliche Form zu haben, ab. Wir verfügen nicht alle über das Auge der Weisheit, doch diejenigen, die es haben, berichten, dass es auch andere Daseinsbereiche als den des Menschen gibt. Die besten Möglichkeiten jedoch bietet uns eine Geburt im Reich der Menschen. In anderen Bereichen mögen wir einen Körper haben, der dem äußeren Anschein nach dem des Menschen vorzuziehen ist, doch können wir darin niemals das erreichen, was uns als Menschen möglich ist, weil wir in jenen anderen Daseinsbereichen einfach nicht über die zum Erzielen von Fortschritten erforderlichen Fähigkeiten verfügen.

Manchmal ist Menschen nicht klar, welche unvergleichliche Chance sie haben, denn sie empfinden ihr Leben als enttäuschend oder sehr anstrengend. Sie verlieren das Interesse daran, ihre menschlichen Fähigkeiten und Möglichkeiten zu nutzen. Doch das ist ein schwerer Fehler. Die Chancen, die dieser menschliche Körper uns im Augenblick eröffnet, sind so groß, dass es eine unvorstellbare Verschwendung wäre, sie aufgrund von Enttäuschungen oder Schwierigkeiten zu übersehen.

Es ist so, als würden Sie sich ein Boot leihen, um einen Fluss zu überqueren, und dann, statt es sofort zu benutzen, vergessen, dass es nicht Ihr Eigentum ist und Sie es nur geliehen haben. Wenn Sie es nicht nutzen, solange es Ihnen zur Verfügung steht, wird es Ihnen nie gelingen, den Fluss zu überqueren, denn früher oder später müssen Sie das Boot zurückgeben, und damit ist Ihre Chance, das andere Ufer zu erreichen, ungenutzt verstrichen.

Unser menschlicher Körper ist ein kostbares Fahrzeug, das wir gut und ohne zu zögern nutzen sollten. Der höchste Sinn und Zweck einer kostbaren Geburt als Mensch ist der spirituelle Fortschritt. Sind wir zu einer weiten Reise nicht in der Lage, können wir zumindest einen gewissen Fortschritt erzielen; besser noch: Wir können anderen helfen, sich weiterzuentwickeln. Das absolute Minimum ist, andere Menschen nicht unglücklich zu machen.

Wir haben nicht viel Zeit im Leben. Es ist so ähnlich wie beim Picknick an einem Sonntagnachmittag: Einfach die Sonne zu genießen, die Pflanzen wachsen zu sehen und die frische Luft einzuatmen, macht Freude. Wenn wir jedoch die kurze Zeit, die wir haben, vergeuden, indem wir darüber streiten, wo die Decke liegen soll, wer wo sitzen soll und wer den Hühnerflügel oder den Schenkel bekommt, dann ist das reine Zeitverschwendung. Früher oder später werden Regenwolken aufziehen, die Dämmerung bricht an, die für das Picknick verfügbare Zeit ist vorüber, und wir haben nichts anderes getan, als zu zanken und zu streiten. Denken Sie einmal darüber nach, was Sie auf diese Weise versäumt haben.

Nun könnten Sie meinen: Wenn doch alles vergänglich und nichts von Dauer ist, wie kann dann irgendjemand glücklich sein? Tatsächlich können wir uns letztendlich nicht an den Dingen festklammern, aber wir können dieses Wissen nutzen, um das Leben aus einer anderen Perspektive zu sehen, es nämlich als eine sehr kurze und kostbare Chance verstehen. Wenn wir uns dem Leben mit der reifen Sicht nähern, dass alles vergänglich ist, werden wir feststellen, dass unsere Erfahrungen reicher und unsere Beziehungen aufrichtiger werden und dass wir die Dinge, derer wir uns erfreuen, mehr zu schätzen lernen.

Außerdem sind wir dann geduldiger. Uns wird klar, dass auch unglückliche Umstände nicht von Dauer sein können, so finster uns eine Situation zeitweilig auch erscheinen mag. Wir stellen fest, dass wir solche Situationen ertragen können, bis sie vorüber sind. Und wenn unsere Geduld größer wird, werden wir auch gegenüber den Menschen in unserer Umgebung sanftmütiger. Eine liebevolle Geste fällt uns nicht mehr so schwer, wenn uns klar geworden ist, dass wir eine Großtante vielleicht nie mehr wieder sehen werden. Warum sollten wir sie da nicht glücklich machen? Warum sollten wir uns nicht die Zeit nehmen, uns all die alten Geschichten anzuhören?

Zu einem Verständnis der Vergänglichkeit zu gelangen und den aufrichtigen Wunsch zu entwickeln, andere in der Zeitspanne, die wir mit ihnen zusammen sind, glücklich zu machen, ist der Anfang wahrer spiritueller Übung. Diese Art von Aufrichtigkeit führt zu einer echten Transformation des Geistes und des Seins. Wir brauchen dazu weder unseren Kopf zu rasieren noch spezielle Gewänder zu tragen. Wir brauchen weder unser Haus zu verlassen noch auf einem Bett aus Stein zu schlafen. Spirituelle Übung erfordert keine besonders asketische Lebensweise, sondern nur ein gutes Herz und die Reife, die zum Verständnis der Vergänglichkeit erforderlich ist. Schon dies allein ermöglicht spirituellen Fortschritt.

Wenn Spiritualität für uns nichts weiter ist als eine äußere Show, die sich darin erschöpft, dass wir die richtigen Räucherstäbchen verbrennen, richtig sitzen und die richtigen Worte sprechen, dann nährt dies nur unseren Stolz, unsere Selbstgerechtigkeit, unsere Arroganz und unsere Tendenz, anderen Fehler vorzuwerfen. Eine solche Pseudo-Übung hilft weder uns selbst noch anderen. Sinn und Zweck spiritueller Übung ist nicht, unsere Mängel zu verstärken.

Hören wir Worte wie diese, inspiriert uns das vermutlich. Es wärmt uns innerlich und macht uns glücklich, solche Wahrheiten zu hören. Doch damit verhält es sich ähnlich, wie wenn wir ein Loch in unserer Kleidung flicken: Wenn wir den Flicken nicht gut annähen, löst er sich schon bald wieder, und das Loch ist erneut zu sehen.

Hier werden nun Kontemplation und Meditation wichtig. Auch wenn wir uns durch die Einfachheit und Tiefgründigkeit einer spirituellen Orientierung inspiriert und angerührt fühlen mögen, sind unsere Gewohnheiten weiterhin sehr stark, und es bleibt für uns schwierig, in der Welt zurechtzukommen. Unsere Übung kann nur dann erfolgreich sein, wenn wir uns immer wieder neu vergegenwärtigen, was wir als wahr erkannt haben.

Meditation gleicht einem Prozess des Nähens, der unablässigen Erinnerung an die tieferen Wahrheiten – Vergänglichkeit, liebende

Güte –, bis der Flicken schließlich so fest angenäht ist, dass er unlösbar mit dem Kleidungsstück verbunden ist und es stärkt.

Wenn wir so üben, vermögen äußere Umstände uns nicht zu erschüttern. Das Verständnis der illusionären Natur der Wirklichkeit, der Traumähnlichkeit des Lebens, der Vergänglichkeit aller Dinge erzeugt eine ungewohnte Leichtigkeit. Die Dinge sind nicht so, wie wir sie wahrnehmen, und eines Tages werden sie überhaupt nicht mehr da sein. Dies bedeutet nicht, dass wir unsere Aufgaben und Pflichten im Leben leugnen, sondern nur, dass wir sie nicht gar so ernst nehmen, weil wir ihnen weniger Hoffnung und Angst entgegenbringen. Wir gleichen dann einem Erwachsenen, der am Meer mit einem Kind spielt: Er leidet nicht so wie das Kind, wenn das Meer die soeben erbaute Sandburg wegschwemmt, und empfindet andererseits dem Kind gegenüber Mitgefühl.

Mitgefühl ist für uns alle eine völlig natürliche Regung. Doch aufgrund unserer tiefen egoistischen Gewohnheiten müssen wir unser Mitgefühl kultivieren, indem wir uns das Leiden derjenigen, die ihren Traum für bare Münze nehmen, vergegenwärtigen. Wir müssen den aufrichtigen, mitfühlenden Wunsch entwickeln, dass ihr Leiden ein Ende nehmen möge, dass sie die Traumnatur des Lebens verstehen mögen und sie sich dadurch die Agonie angesichts des unvermeidlichen Verlustes der Dinge, die sie schätzen, ersparen.

Atisha, ein großer indischer Gelehrter und Übender, studierte zwölf Jahre lang viele Schriften, ungeheuer viele Unterweisungen und Kommentare über die Lehren des Buddha und die Verwirklichung großer Lamas. Nach dieser langen Zeit kam er zu dem Schluss, dass jede der 84 000 Methoden zur Verwandlung des gewöhnlichen in den außergewöhnlichen Geist, die der Buddha gelehrt hatte, letztendlich auf die Entwicklung von Gutherzigkeit zielt.

Wenn wir über die Reinheit des Herzens nur reden, erscheint es uns einfach, sie zu erreichen. Doch ist es in schwierigen Situationen alles andere als einfach, die Reinheit des Herzens zu bewahren. Wenn Sie einem Menschen, der Sie hasst, jemandem, der Ihnen am liebsten etwas antun möchte, von Angesicht zu Angesicht gegenüberstehen, wird es Ihnen sehr schwer fallen, nicht wütend zu werden und dadurch die liebende Güte zu verlieren.

Liebende Güte wird vom Buddha und von Wesen von unfehlbarer Weisheit gelehrt, die alle Ursachen und Situationen der Vergangenheit, Gegenwart und Zukunft kennen, denen wir alle in zahllosen Leben ausgesetzt waren. Dies mögen einige von uns schwer akzeptieren können, weil wir natürlich kein so großes Maß an Weisheit erlangt haben: Wir wissen nicht, wo wir vor unserer Geburt waren und wohin wir nach unserem Tode gelangen werden. Doch wenn wir einmal darüber nachdenken, wird uns klar, dass die Art, wie wir heute leben, eine Folge dessen ist, dass es ein Gestern gab. Ebenso bildet unser Heute die Grundlage für unser Morgen. Und genauso verhält es sich mit der Folge der Existenzen. Dass wir dieses Leben als Menschen erreicht haben, bedeutet, dass ihm etwas vorangegangen sein muss. Und die Gegenwart bildet die Grundlage für das, was als Nächstes in Erscheinung treten wird.

Wäre die uns innewohnende Weisheit offenkundiger, würden wir erkennen, dass alle Wesen, ob Menschen, Tiere oder was auch immer, uns zu irgendeinem Zeitpunkt im Laufe zahlloser Leben die Güte erwiesen haben, unsere Eltern zu sein. Sie haben uns einen Körper gegeben, uns geschützt, uns das Überleben ermöglicht, uns erzogen, uns Verständnis entgegengebracht und uns irgendeine Art von Lernen im weltlichen Sinne ermöglicht. Es ist gleichgültig, welche Rolle diese Wesen heute spielen mögen oder wie schwierig unsere Beziehung zu ihnen sein mag. Es ist, als würden wir in einer Phantasiewelt spielen. Wir gleichen Schauspielern, die glauben, sie seien tatsächlich die Personen, die sie spielen.

Wenn wir diese Beziehung zwischen uns selbst und allen anderen Wesen verstehen, entsteht Gleichmut. Wir begegnen dann allen

Menschen, ob Freunden oder Feinden, mit einem gewissen grundlegenden Wohlwollen. Auch wenn der Umgang mit einer bestimmten Person für uns schwierig sein mag, ist dieser Mensch irgendwann einmal für uns wichtig gewesen.

Wenn wir Menschen, die einmal unsere Eltern gewesen sind, schrecklich leiden sehen, empfinden wir ihnen gegenüber tiefes Mitgefühl. Wir vergegenwärtigen uns dann: »Wie traurig, dass sie dies nicht verstehen. Da ich ein wenig mehr verstehe, ist es meine Aufgabe, ihnen zu helfen, so gut ich kann.«

Diese Sichtweise macht uns allgemein verständnisvoller. Befinden wir uns dann selbst in einer schwierigen Situation, denken wir einen Augenblick lang nach, bevor wir impulsiv reagieren, und wir reagieren mit Geduld und Mitgefühl, statt mit Zorn. Wir versuchen, gütig zu sein und zu helfen, und wir vermeiden verletzende, egoistische und negative Handlungen sowie Schuldzuweisungen.

Spirituelle Übung im Alltagsleben beginnt mit dem Aufwachen am Morgen. Freuen Sie sich darüber, dass Sie während der Nacht nicht gestorben sind, und vergegenwärtigen Sie sich, dass Sie einen weiteren nützlichen Tag vor sich haben – ob es mehr als dieser eine sein wird, ist nicht sicher. Erinnern Sie sich dann an die rechte Motivation. Statt reich und berühmt werden zu wollen oder Ihre egoistischen Interessen zu verfolgen, sollten Sie mit der altruistischen Absicht, anderen zu helfen, an den neuen Tag herangehen. Und erneuern Sie jeden Morgen Ihre guten Absichten. Sagen Sie sich: »Ich werde aus diesem Tag das Bestmögliche machen. In der Vergangenheit habe ich einige Tage sehr positiv genutzt, andere ganz und gar nicht. Da dies der letzte Tag meines Lebens sein könnte, werde ich mich bemühen, mein Bestes zu tun. Ich werde mich so intensiv, wie mir nur möglich ist, dem Wohl anderer widmen.«

Wenn Sie sich abends zum Schlafen hinlegen, sollten Sie sich nicht einfach in die Kissen kuscheln und sich dem Schlaf überlassen. Lassen Sie stattdessen den Tag an sich vorüberziehen. Fragen Sie sich: »Wie habe ich meine Absichten umgesetzt? Ich hatte vor, niemanden zu verletzen; habe ich das geschafft? Ich wollte Freude, Mitgefühl, Liebe und Gleichmut entwickeln; habe ich das getan?« Und denken Sie nicht nur über den vergangenen Tag nach, sondern über jeden Tag Ihres Lebens. »Habe ich positive Tendenzen entwickelt? War ich im Großen und Ganzen tugendhaft? Oder habe ich den größten Teil meiner Zeit mit negativen Handlungen verbracht, mit untugendhaften Aktivitäten?« Stellen Sie sich diese Fragen kritisch und ehrlich. Was fördert ein wirklich kritischer Blick auf Ihr Leben zutage?

Falls Sie erkennen, dass Sie Ihre Ziele nicht erreicht haben, sollten Sie keine Zeit und Energie mit Schuldgefühlen vergeuden. Entscheidend ist, sich zu vergegenwärtigen, was Sie getan haben, denn schädliche Handlungen können gereinigt werden. Negativität wird Ihrem Geist nicht unauslöschlich eingeprägt. Es ist möglich, sie zu verändern. Schauen Sie also beherzt zurück. Und wenn Sie Ihre Mängel und Fehler erkannt haben, dann rufen Sie ein Weisheitswesen an. Sie brauchen sich dazu nicht an einen besonderen Ort zu begeben, denn es gibt keinen Ort, an dem Gebete nicht erhört werden. Es spielt keine Rolle, ob Sie Vollkommenheit mit Gott, Buddha oder einer Gottheit gleichsetzen, sofern das Wesen, das Sie damit identifizieren, keinen Makel und keine Mängel hat und nicht begrenzt ist. Die absolute Vollkommenheit gewährt Ihnen die Segnungen der Reinigung.

Bekennen Sie, und machen Sie das Weisheitswesen, das Sie gewählt haben, zu Ihrem Zeugen. Bereuen Sie aufrichtig den Schaden, den Sie angerichtet haben, und geloben Sie, solche Handlungen in Zukunft zu unterlassen. Visualisieren Sie, während Sie meditieren, dass von jenem Objekt der Vollkommenheit Licht ausstrahlt, welches Sie selbst und alle Fehler reinigt, die Sie am vergangenen Tag, in Ihrem bisherigen Leben und in allen Ihren vorangegangenen Leben gemacht haben.

Bei diesem Rückblick auf den vergangenen Tag werden Sie möglicherweise auch feststellen, dass Sie andere glücklich gemacht haben. Vielleicht haben Sie einem hungrigen Tier etwas zu essen gegeben, oder Sie haben Großzügigkeit oder Geduld geübt. Statt deswegen in Selbstzufriedenheit zu verfallen, sollten Sie sich vornehmen, ihre Sache morgen noch besser zu machen, in Ihrem Umgang mit anderen noch hilfreicher und noch mitfühlender zu werden. Widmen Sie die positive Energie, die Sie durch Ihr Handeln erzeugt haben, allen Wesen, wer immer sie sein mögen und in welchem Zustand sie sich auch befinden mögen, und denken Sie: »Möge dieses Verdienst das Leiden aller Wesen lindern; möge es ihnen zu zeitweiligem und dauerhaftem Glück verhelfen.«

Überprüfen Sie auch im Laufe des Tages immer wieder Ihren Geist. Wie verhalte ich mich? Welche Absichten verfolge ich wirklich? Was im Geiste eines anderen Menschen vor sich geht, können Sie nie mit völliger Sicherheit wissen. Die einzige Person, über deren Geist Sie wirklich Bescheid wissen, sind Sie selbst. Widmen Sie sich, wann immer möglich, der Kontemplation über die kostbare Geburt als Mensch, über Vergänglichkeit, Karma und das Leiden anderer.

In der täglichen Meditationspraxis arbeiten wir mit zwei Aspekten des Geistes: mit seiner Fähigkeit, zu denken und Vorstellungen zu entwickeln – dem Intellekt – und mit der Qualität, die über das Denken hinausgeht – mit der universellen, nicht an Vorstellungen gebundenen Natur des Geistes. Nutzen Sie die rationalen Fähigkeiten Ihres Geistes, und widmen Sie sich der Kontemplation. Lassen Sie den Geist danach ausruhen. Denken Sie, und entspannen Sie sich anschließend; widmen Sie sich der Kontemplation, und entspannen Sie sich. Benutzen Sie nicht ausschließlich den einen oder den anderen Aspekt des Geistes, sondern beide zusammen so wie ein Vogel seine beiden Flügel.

Um dies zu tun, brauchen Sie nicht unbedingt auf einem Kissen zu sitzen. Sie können auf diese Weise überall meditieren: während einer Autofahrt ebenso wie während der Arbeit. Dazu sind weder besondere Hilfsmittel noch eine besondere Umgebung erforderlich. Sie können sich dieser Art der Übung in allen Bereichen des Lebens widmen.

Manche Menschen glauben, wenn sie fünfzehn Minuten am Tag meditierten, müssten sie nach eineinhalb Wochen erleuchtet sein. Aber so funktioniert das nicht. Selbst wenn Sie eine Stunde täglich meditieren, beten und sich der Kontemplation widmen, ist das immer noch nur eine Stunde, in der Sie meditieren, wohingegen Sie es in den restlichen 23 Stunden nicht tun. Welche Chancen hat beim Tauziehen eine Person gegen 23? Der Einzelne zieht in die eine Richtung, die 23 der anderen Partei in die andere Richtung – wer wird da wohl gewinnen?

Man kann den Geist nicht verändern, wenn man nur eine Stunde täglich meditiert. Sie müssen sich während des ganzen Tages auf Ihren spirituellen Fortschritt konzentrieren: bei der Arbeit, beim Spiel und während Sie schlafen. Der Geist muss sich unablässig auf das letztendliche und höchste Ziel, auf die Erleuchtung, zubewegen.

Lassen Sie Ihren Geist bei allem, was Sie tun, das Geschehen beobachten. Wenn Sie schreiben, dann konzentrieren Sie ihn auf den Stift, den Sie benutzen. Wenn Sie nähen, dann richten Sie ihn auf das Nähen. Lassen Sie sich nie ablenken. Denken Sie nicht an hundert Dinge gleichzeitig. Und grübeln Sie nicht darüber nach, was gestern geschehen ist und was in der Zukunft geschehen könnte. Es spielt keine Rolle, welcher Arbeit Sie nachgehen, solange Sie den Geist fokussieren und mit Ihrem Gewahrsein bei dem sind, was Sie tun. Wenn Sie bei allem, was Sie tun, gleichzeitig aufmerksam und entspannt sind, schulen Sie dadurch Ihren Geist.

Überprüfen Sie sich ständig mit größter Sorgfalt. Verringern Sie negative und vermehren Sie positive Gedanken, Äußerungen und Verhaltensweisen. Denken Sie sorgsam, und richten Sie Ihre Aufmerksamkeit immer wieder neu aus, denn sie kann sich sehr leicht zerstreuen. Durch Meditation wird der Fokus unablässig erneuert. Sie müssen die reine Absicht immer wieder bekräftigen. Und dann entspannen Sie Ihren Geist, um ein direktes, subtiles Erkennen dessen, was jenseits allen Denkens liegt, zu ermöglichen.

Natürlich gibt es Zentren, in denen die Lehren des Buddha vermittelt werden, Orte, an denen Sie mit dieser Weltsicht in Kontakt treten und sich zusammen mit anderen Menschen der Meditation und Kontemplation widmen können. Es ist sehr schwer, Fortschritte zu erzielen, wenn man nur auf sich selbst gestellt ist. Es ist schwer, sich zu verändern, wenn man die Lehren nur ein einziges Mal gehört hat. Deshalb ist es sehr nützlich, solche Zentren zu besuchen. Aber ganz gleich, ob Sie das können oder nicht, Sie müssen den Flicken mit großer Sorgfalt auf Ihre Kleidung nähen. Dies erfordert unablässige Aufmerksamkeit, ein andauerndes Hören und Anwenden der Lehren.

Der Geist verändert sich zwar nicht sehr schnell, aber zumindest ist es möglich, ihn zu verändern. In Indien lebte einmal ein Mann, der beschloss, seine Gedanken zu messen. Das war nicht leicht, denn selbst wenn man sich fest vornimmt, die eigenen Gedanken zu beobachten, entgehen einem viele, nämlich diejenigen, die kommen und gehen, ohne dass wir uns dessen überhaupt bewusst werden. Trotzdem legte dieser Mann für jeden tugendhaften Gedanken einen weißen Stein auf einen Haufen und für jeden untugendhaften Gedanken einen schwarzen Stein auf einen anderen. Zuerst entstand ein riesiger Haufen schwarzer Steine, doch im Laufe der Jahre wurde der Haufen der schwarzen Steine kleiner, und der Haufen der weißen Steine wuchs. Wenn wir uns aufrichtig bemühen, können wir einen solchen allmählichen Fortschritt erreichen. Fortschritte des Geistes sind nun einmal nichts Spektakuläres, sondern schreiten nur sehr langsam und stetig voran und erfordern Sorgfalt, Aufmerksamkeit, Geduld und eine enthusiastische Ausdauer.

Im Buddhismus gibt es viele tiefgründige Lehren, doch das, worum es hier geht, ist der süße Nektar der Essenz von ihnen allen. Im alltäglichen Leben Gutherzigkeit zu kultivieren, Tugend, Mitgefühl, Gleichmut, Liebe und Freude zu praktizieren – dies ist der Weg zur Erleuchtung.

Teil II

Die vier Gedanken, die den Geist dem Dharma zuwenden

Die Bedeutung der vier Gedanken

Den Biographien großer Übender können wir entnehmen, dass vorbildliche Heilige und Meister dem spirituellen Pfad unermüdlich gefolgt sind. Sie waren bereit, Herausforderungen und Mühsale aller Art auf sich zu nehmen, und sie widmeten sich Tag und Nacht mit Inspiration und Enthusiasmus der Übung, weil sie die Kontemplationen, die im Buddhismus »die vier Gedanken, die den Geist dem Dharma zuwenden« genannt werden, zutiefst verstanden und sich gründlich zu Eigen gemacht hatten.

Die Kontemplation über diese vier Gedanken ist die Stütze unserer spirituellen Übung, so wie ein Gebäude durch sein Fundament getragen wird. Wenn wir beim Bau eines Hauses die Steine des Fundaments so setzen, dass sie sich nicht von der Stelle bewegen, können wir ein wundervolles Gebäude errichten und lange darin leben. Benutzen wir für das Fundament hingegen einfach die Materialien, die wir gerade zur Hand haben, und verwenden auf seine Errichtung keine besondere Mühe und Sorgfalt, wird es nicht besonders tragfähig, und früher oder später wird das auf ihm errichtete Gebäude in sich zusammenfallen.

Ebenso verhält es sich, wenn wir das Dharma, die Lehren des Buddha, nur mit halbem Ohr hören, nur oberflächlich darüber meditieren und uns nur halbherzig der Übung widmen: Möglicherweise stellen wir dann nach zehn oder fünfzehn Jahren fest, dass keine echte Veränderung eingetreten ist, dass wir Verlangen, Anhaftung, Unwissenheit, Zorn und Aggression immer noch genauso erfahren wie vorher. Weil uns die Gewohnheiten unseres Geistes weiterhin fesseln, sind wir nur sehr begrenzt in der Lage, zu unserem eigenen Wohl und zum Wohl anderer zu wirken. Daraus könnten wir den Schluss ziehen, dass mit den Lehren irgendetwas nicht stimmt, dass die buddhistischen Methoden ihren Zweck nicht erfüllen. Tatsächlich erfüllen sie ihren Zweck jedoch sehr gut; was hingegen nicht »funktioniert«, sind wir selbst, da wir nicht die erforderlichen Anstrengungen unternehmen, um uns zu verändern.

Wir müssen mit ganzem Herzen danach streben, eine sichere Grundlage für unsere Übung zu schaffen. Andernfalls könnten wir die Lehren für unwirksam halten und uns dadurch entmutigen lassen. Wir werden dann alle möglichen Rechtfertigungen dafür erfinden, dass wir nicht üben. Äußere Umstände und innere Hindernisse verschiedenster Art – Krankheiten, körperliches Unbehagen, psychischer Stress – werden uns dazu als Vorwand dienen.

Zu den Faktoren, die unseren Fortschritt auf dem Pfad behindern, zählt auch die Tatsache, dass wir uns von unseren Anhaftungen beherrschen lassen. Wir haben zahlreiche Bedürfnisse und Wünsche, deren Erfüllung uns als unabdingbar erscheint. Durch Meditation über zwei der vier Gedanken – über die Freiheit und die Chancen, die uns unsere kostbare menschliche Existenz eröffnen, sowie über die Schwierigkeiten, als Mensch wiedergeboren zu werden, und über Vergänglichkeit – wird uns klar, dass unsere kostbare Geburt in einem menschlichen Körper ebenso selten ist wie unsere Zeit kurz. Diese beiden Kontemplationen verringern die schädliche Wirkung der Geistesgifte und bringen uns der Befreiung näher.

Indem wir uns diese Gedanken in unserem Alltag immer wieder vergegenwärtigen – während wir mit unserer Familie zusammen sind, während der Arbeit und während der formellen Meditation –, entwickeln wir mehr Gleichmut und Leichtigkeit im Umgang mit den Veränderungen, die das Leben unvermeidlich mit sich bringt. Verändern wir überdies unsere Prioritäten, wächst außerdem auch unsere Zufriedenheit, denn uns geht dann auf, dass »genug« genug ist – dass wir, wenn wir hundert von etwas haben, nicht tausend davon zu haben brauchen; dass wir, wenn wir zehntausend von etwas haben, keine Million davon brauchen – dass wir, wenn wir versuchen, unsere ständig zahlreicher werdenden weltlichen Wünsche und Begierden zu befriedigen, immer unzufrieden bleiben werden.

Trotzdem kann es sein, dass wir immer noch nur relatives statt höchstes Glück suchen, dass wir nur darüber nachdenken, wie wir aus unserer weltlichen Situation das Beste für dieses und für zukünftige Leben machen. Weil diese Kurzsichtigkeit unsere Befreiung behindert, meditieren wir über die beiden anderen der vier Gedanken, über den karmischen Prozess von Ursache und Wirkung und über das Leiden, das den gesamten Kreislauf der Existenzen durchzieht. Diese beiden Kontemplationen verringern unser Anhaften an weltlichem Glück, und dadurch lösen sich allmählich immer subtilere Bindungen an Samsara auf.

Je weniger wir an unserer weltlichen Erfahrung haften, umso mehr wenden wir uns dem Pfad zur Erleuchtung zu, entfernen alles, was kontraproduktiv wirkt, und mobilisieren alles, was uns hilft, unser Ziel zu erreichen. Deshalb wird die Kontemplation über die vier Gedanken auch als die vier vorbereitenden Übungen bezeichnet. Wenn wir möchten, dass eine Kutsche uns irgendwohin fährt, müssen wir ein Pferd davor spannen.

Viele Menschen glauben, diese Lehren seien nur etwas für Anfänger. Sie würden gerne gleich mit etwas »Tiefgründigem« beginnen, mit etwas, das »höher« steht als das, was in ihren Augen »Kindergarten-Dharma« ist. Doch zählt die Kontemplation über die vier Gedanken zu den tiefgründigsten und wirksamsten Übungen auf dem Pfad zur Erleuchtung. Denn diese Wahrheiten bilden die Grundlage des gesamten spirituellen Pfades.

Der Lama

Die Kontemplation über die vier Gedanken wenden wir an, um die Geistesgifte zu verringern und für uns selbst und andere kurz- und langfristiges Glück zu sichern. Da wir nicht zu den Glücklichen zählen, die Buddha Shakyamuni selbst kennen gelernt und die Methoden der Befreiung direkt von ihm erhalten haben, macht uns der Lama, unser spiritueller Lehrer, mit diesen Lehren und Methoden bekannt. Doch bevor wir uns auf einen solchen spirituellen Lehrer einlassen, sollten wir seine Qualitäten genau untersuchen, so wie wir uns auch der Qualifikationen eines Arztes vergewissern, bevor wir unser Leben in seine Hände legen. In einem gewissen Sinne ist es vielleicht sogar weniger wichtig, genau über die Qualitäten eines Arztes informiert zu sein, denn durch einen Behandlungsfehler von ihm können wir nur dieses eine Leben verlieren. Vertrauen wir unser Schicksal hingegen einem spirituellen Lehrer an, der nicht dazu qualifiziert ist, uns zu führen, können wir schädliche Gewohnheiten entwickeln, die uns durch viele Leben begleiten, und dadurch können auf unserem Weg zur Erleuchtung ungeheure Hindernisse entstehen.

Für einen spirituellen Lehrer sind zwei Qualitäten unabdingbar: Erstens muss er oder sie die Lehren gehört, sich der Kontemplation darüber gewidmet und sie verstanden haben; und zweitens muss er oder sie über die Lehren meditiert haben und zur Realisation ihrer essentiellen Bedeutung gelangt sein. Besondere rednerische Fähigkeiten sind nicht die wichtigste Eigenschaft eines Dharma-Lehrers, denn einen unterhaltsamen Vortrag zustande zu bringen ist nicht so schwer. Entscheidend ist, dass der oder die Betreffende die Lehren durch echte und tiefgründige Meditationsübung auf direkte und persönliche Weise erfahren hat. Andernfalls wäre ein Lehrer nur wie ein Papagei, der unablässig wiederholt: »Übt euch in der Tugend, meidet die Untugend«, dann aber ohne die geringste Achtsamkeit ein Insekt tötet.

Heutzutage ist es schwierig, die Qualitäten eines Lehrers zu überprüfen. Mindestens einer von zehn oder zwanzig Menschen behauptet von sich, ein Lehrer zu sein, der die Schriften kennt und Experte in der Meditationsübung ist. Und natürlich hängt niemand ein Schild an sein Haus, auf dem geschrieben steht: »Ich bin ein schlechter Lehrer.« Gut ist, wenn wir durch Informationen von Dritten feststellen können, wie und wo ein Lehrer das Dharma studiert und sich der Meditation gewidmet hat. Noch wichtiger ist es aber, den betreffenden Lehrer selbst zu beobachten und persönlich herauszufinden, ob er oder sie ein gutes Herz hat und wirklich den Lehren gemäß lebt. Einen völlig makellosen Lehrer zu finden wäre zweifellos schwierig – und selbst wenn wir einem solchen begegneten, wären wir gar nicht in der Lage festzustellen, dass er völlig frei von jedem Makel ist. Dennoch können wir uns auf einen Lama verlassen, wenn er durch seine Meditationspraxis einige Geistestrübungen entfernt, ein gewisses Maß an Verwirklichung erlangt und ein starkes Mitgefühl entwickelt hat. Ein Lehrer, der ein gutes Herz hat, setzt sich für die Interessen seiner Schüler, nicht für seine eigenen ein. Falls er selbst eine Frage nicht beantworten oder ihnen nicht helfen kann, schickt er sie zu jemandem, der dazu in der Lage ist. In keinem Fall wird ein solcher Lehrer seine Schüler in die Irre führen.

Es ist riskant, sich zu schnell an einen Lehrer zu binden. Doch wenn Sie sich nach gründlicher Überlegung dazu entschlossen haben, sollten Sie seinen oder ihren Unterweisungen sorgsam und entschlossen folgen. Um noch einmal auf das Beispiel des Arztes zurückzukommen: Wenn Sie krank sind, aber das Medikament, das

Ihr Arzt Ihnen verschrieben hat, nicht einnehmen, werden Sie nicht gesund werden. Ebenso sollten Sie Ihrem Lehrer, nachdem Sie ihn mit aller Sorgfalt gewählt haben, aufmerksam zuhören und den Anweisungen genau folgen. Beherzigen Sie dies, wird Ihre Negativität allmählich geringer, und Liebe und Mitgefühl wachsen. Auf diese Weise lernen Sie, was Ihr Lehrer gelernt hat. Der Lehrer gleicht einer Gussform, die den Geist der Schüler formt. Schüler können keine guten Qualitäten entwickeln, wenn sie schlechte Lehrer haben, doch wenn sie den Anweisungen eines guten Lehrers folgen, werden sie mit Sicherheit profitieren.

Deshalb wenden wir uns zu Beginn unserer Kontemplation über die vier Gedanken an den Lama. Wir vergegenwärtigen uns seine Qualitäten und beten, damit durch seinen Segen alle Hindernisse, die unserer Übung im Wege stehen, aufgelöst werden, damit unser Geist sich dem Dharma zuwenden möge und damit die Tür zur Befreiung geöffnet wird.

Der erste grundlegende Gedanke:
Die kostbare Geburt als Mensch

Stellen Sie sich einmal vor, Sie sind sehr arm und befinden sich plötzlich in einem Land, in dem alles mit Edelsteinen, Gold und Münzen geschmückt ist. Sie leben dort viele Jahre, müssen aber eines Tages nach Hause zurückkehren. Sie müssen ein gefährliches Meer überqueren und haben danach keine Möglichkeit mehr, noch einmal in jenes wundervolle Juwelenland zurückzukehren. Wieder zu Hause angekommen, merken Sie plötzlich, dass Ihnen gar nicht in den Sinn gekommen ist, irgendetwas aus dem fernen Land mitzunehmen. Sie haben nicht einen einzigen Edelstein mitgenommen, kein einziges Körnchen Goldstaub, nichts. Stellen Sie sich vor, wie sehr Sie dies bedauern würden.

Genauso bewegen wir uns Leben für Leben durch den Kreislauf des Leidens. Um uns aus Samsara zu befreien mangelt es uns an Verdienst, an Tugend und positiver Energie. Irgendwann treffen ein paar ungewöhnliche Bedingungen zusammen, ermöglichen uns diese kostbare menschliche Existenz und eröffnen uns dadurch ungeheure Möglichkeiten. Falls wir sterben, ohne diese Möglichkeiten zu unserem Besten genutzt zu haben, verlassen wir das Reich der Menschen mit leeren Händen und ohne darin etwas erreicht zu haben. Der erste der vier Gedanken, die den Geist dem Dharma zuwenden, betrifft die Kostbarkeit unserer Geburt als Menschen und die Notwendigkeit, diese Chance gut zu nutzen.

Menschen fragen sich manchmal: »Warum bin ich nur geboren worden? Was ist der Sinn und Zweck des menschlichen Lebens? Ich habe das Gefühl, dass es einen wichtigen Grund für mein Hiersein gibt, aber ich kenne ihn nicht.« Einige Menschen meinen, der Sinn ihres Lebens sei, ein guter Musiker zu sein oder überragende Bücher zu schreiben. Doch jede Musik, die gespielt wird, und alles, was geschrieben wird, ist nicht von Dauer.

Wir verstehen nicht, dass unser Geist der Träumer ist und das, was wir in unserem Leben erfahren, der Traum jenes Träumers. Weil uns nicht klar ist, dass wir träumen, nehmen wir das Leben sehr ernst und fühlen uns oft hilflos, wenn die Dinge sich nicht so entwickeln, wie es uns lieb wäre. Die spirituelle Übung kann uns helfen, zumindest glückliche Träume zu erleben. Und irgendwann wird sie uns sogar ermöglichen aufzuwachen.

Aufzuwachen, die Essenz unserer Existenz zu erkennen, ist der höchste Sinn unseres Lebens. Aber was *ist* diese Essenz? Unser Körper kann sie nicht sein, denn alles, was übrig bleibt, wenn unser Geist unseren Körper verlässt, ist ein Leichnam. Sie kann auch nicht unsere Fähigkeit zu sprechen sein, weil diese nichts weiter als eine Funktion unseres Körpers ist. Die Essenz kann auch nicht die oberflächlichen emotionalen Schwankungen beinhalten, das unablässige

Auf und Ab von Hoffnung und Furcht, Mögen und Nicht-Mögen, und ebenso wenig die Aktivität unseres Geistes, der wie eine umherschweifende Fliege stets in Bewegung und in Veränderung begriffen ist. Um die Essenz zu finden, müssen wir die wahre Natur von Körper, Sprache und Geist erkennen, ihr Wesen jenseits unserer traumartigen Erfahrung der Wirklichkeit. Und allein unsere kostbare Geburt als Menschen ermöglicht uns, dies zu erkennen.

Wir können nicht automatisch davon ausgehen, dass wir garantiert immer wieder als Menschen geboren werden, nachdem dies einmal geschehen ist. Einen menschlichen Körper zu erlangen ist sehr schwierig. Es erfordert, dass wir eine riesige Menge von Verdienst ansammeln, was nur durch makellos reine Disziplin in früheren Leben möglich ist. Diese Disziplin beinhaltet drei Dinge: negative und schädigende Handlungen generell zu unterlassen; tugendhafte Gedanken und Handlungen zu kultivieren; und schließlich, dass die Motivation, beides zu beherzigen, dem altruistischen Wunsch entspringt, anderen Gutes zu tun. Nur weil wir ein solches Maß an Verdienst gesammelt und das Bestreben gehabt haben, als Menschen wiedergeboren zu werden, befinden wir uns jetzt im Reich der Menschen.

Die kostbare menschliche Geburt gibt uns die Freiheit und die Möglichkeit, zu tun, was wir in den übrigen Daseinsbereichen nicht haben tun können: uns der Übung zu widmen. Das war uns weder in den drei niederen – dem Reich der Hölle, dem Reich der hungrigen Geister und dem Reich der Tiere – mit ihren ungeheuren Leiden möglich, noch in den nichtmenschlichen höheren Reichen – den Reichen der weltlichen Götter und der eifersüchtigen Götter oder Halbgötter – mit ihrer falschen Zufriedenheit.

Wenn wir von der »kostbaren Geburt als Menschen« sprechen, meinen wir damit nicht das menschliche Leben als solches. In dieses werden wir hineingeboren, wir leben und sterben darin, und danach wendet sich unser Bewusstsein einer anderen Erfahrung zu. Eine

Wiedergeburt als Mensch ist nur dann kostbar, wenn sie acht Arten von Vorzügen (Freiheiten) und zehn günstige Voraussetzungen und Bedingungen aufweist.

In den drei niederen Daseinsbereichen ist es nicht möglich, die Lehren des Dharma zu hören oder zu verstehen. Den Wesen in diesen Bereichen mangelt es an der dafür erforderlichen Muße sowie an anderen unterstützenden Umständen, die ihnen helfen oder sie dazu ermutigen, sich der Übung zu widmen. Dazu leiden sie einfach zu sehr.

Die Daseinsbereiche der Götter andererseits bieten keinerlei Anreiz, sich der Übung zu widmen. Die Wesen in diesen Bereichen sind so stark von sinnlichen Vergnügungen und Glückszuständen berauscht, dass ihnen der Gedanke, diesem oder irgendeinem anderen Zustand des Kreislaufs der Existenzen zu entfliehen, niemals kommt.

In diesen Bereichen gibt es weder einen Anreiz noch eine Gelegenheit, Befreiung vom Kreislauf samsarischen Leidens zu suchen. Im Daseinsbereich der Menschen hingegen kosten wir sowohl das Süße als auch das Bittere. Wir sind uns des Leidens so bewusst, dass wir etwas daran ändern wollen, doch ist unser Leiden andererseits nicht so stark, dass wir keine Energie für eine Veränderung unserer Situation erübrigen könnten.

Trotzdem gibt es vier Arten menschlicher Existenz, denen es an den erforderlichen Voraussetzungen für die Übung mangelt. Erstens kann man als Mensch in eine Kultur geboren werden, die von falschen Sichtweisen beherrscht wird – beispielsweise von der Vorstellung, dass es tugendhaft oder gar von spirituellem Wert sei, andere zu töten oder ihnen zu schaden. Zweitens können die Menschen, in deren Umgebung wir aufwachsen, Spiritualität und Religion gegenüber generell skeptisch eingestellt sein. Bloße intellektuelle Finesse und Gelehrsamkeit ermöglichen es einem Menschen noch nicht, sich eine spirituelle Überzeugung anzueignen und bei ihr zu bleiben. Cleveren, zynischen Menschen fällt es schwer, irgendetwas zu vertrauen; deshalb verfügen sie nicht über die Offenheit und Empfänglichkeit, die man braucht, um eine geeignete spirituelle Praxis zu finden. Drittens können Menschen in einem dunklen Zeitalter geboren sein, einer Zeit, in der sich im Reich der Menschen kein Buddha manifestiert, der buddhistische oder andere positiv wirkende spirituelle Lehren verkündet. Und schließlich können wir auch mit körperlichen oder geistigen Mängeln geboren werden, deretwegen wir die Lehren weder anhören noch verstehen.

Wir müssen uns vor Augen halten, welch gewichtiger Vorteil es für uns ist, nicht in eine der soeben beschriebenen Situationen hineingeboren worden zu sein. Unsere kostbare Geburt als Menschen eröffnet uns eine ungeheure Freiheit, uns der Übung zu widmen. Außerdem stattet sie uns mit den zehn günstigen (inneren und äußeren) Voraussetzungen oder Bedingungen aus, von denen sich fünf (die inneren) daraus ergeben, wer wir sind, und die übrigen fünf aus bestimmten äußeren Umständen resultieren.

Die erste der fünf inneren günstigen Voraussetzungen ist unser menschlicher Körper selbst, der uns zur Erleuchtung führen kann; die zweite ist unsere Geburt an einem Ort, wo wir mit den Lehren in Kontakt kommen, statt in einem »Grenzland«, in das der Einfluss des Dharma oder anderer reiner spiritueller Lehren noch nicht vorgedrungen ist; die dritte ist die Tatsache, dass unsere Sinne intakt sind und unsere Intelligenz zum Verständnis der Lehren ausreicht; die vierte ist eine karmische Prädisposition zur spirituellen Entwicklung, die verhindert, dass wir diese Gelegenheit vergeuden oder unser Leben benutzen, um anderen zu schaden; und die fünfte schließlich ist Offenheit dem buddhistischen Pfad oder anderen spirituellen Traditionen gegenüber, die uns selbst und anderen Menschen kurz- und langfristige positive Perspektiven eröffnen.

Die erste der fünf äußeren günstigen Bedingungen ist, dass tatsächlich ein Buddha in Erscheinung getreten ist. Wären wir in ein Universum hineingeboren worden, in dem sich niemals ein Buddha manifestiert hätte, würde sich die Frage der Befreiung gar nicht stellen, da wir kein historisches Vorbild hätten. Indem der Buddha in unserer Welt Erleuchtung erlangte und dadurch bezeugte, dass dies möglich ist, eröffnete er uns eine außergewöhnliche Chance.

Die zweite günstige Bedingung ist, dass der Buddha nach seinem Erscheinen das Dharma gelehrt hat. Wenn wir nur das historische Beispiel des Buddha hätten, wäre uns ohne seine Lehren nicht geholfen, da wir keinen Weg hätten, dem wir folgen könnten.

Die dritte günstige Bedingung ist, dass Lehren erhalten geblieben und überliefert worden sind. Selbst wenn ein Buddha erschienen ist und in einer bestimmten Zeit zum Wohl der Wesen gelehrt hat, können seine Lehren später wieder verloren gehen und in Vergessenheit geraten. Wir können uns deshalb glücklich schätzen, dass die Lehren des Buddhismus bis auf den heutigen Tag überdauert haben.

Die vierte günstige Bedingung besteht darin, dass in unserer Zeit Übende leben, die die Lehren verwirklicht haben und dadurch deren lebendige Übermittlung ermöglichen. Ihr Beispiel ebnet uns den Weg zu den Lehren.

Die fünfte günstige Bedingung besteht darin, dass die Güte und das Mitgefühl des Lama, seine Bereitschaft zu lehren und sich um andere Wesen zu kümmern, statt sich in Abgeschiedenheit der Übung zu widmen, uns die Chance eröffnen, die Lehren selbst kennen zu lernen, zu üben und zu verwirklichen.

Wenn wir nicht in den Genuss dieser acht Vorzüge (Freiheiten) und zehn günstigen Voraussetzungen kämen, könnten wir nicht einmal über den ersten der vier Gedanken sprechen. Es wäre uns dann niemals möglich, den wahren Zweck unserer kostbaren menschlichen Existenz zu erfüllen, und es würde uns nie gelingen, das Leiden zu vertreiben und uns selbst und andere sowohl im weltlichen als auch im absoluten Sinne zu Glück zu verhelfen.

Indem wir uns immer wieder der Kontemplation über den Wert unserer kostbaren menschlichen Existenz widmen, erkennen wir schließlich, dass unsere Geburt als Menschen kostbarer ist als ein wunscherfüllendes Juwel. Es gibt viele Geschichten über Menschen, die ungeheure Schwierigkeiten auf sich nehmen, weit reisen, Ungemach aller Art ertragen und lebensbedrohliche Situationen in Kauf nehmen, um in den Besitz eines solchen Juwels zu gelangen; doch was haben sie am Ende ihrer Suche tatsächlich erreicht? Die Magie des Juwels mag sie eine Zeit lang reich machen oder ihnen helfen, eine bezaubernde Gefährtin zu finden oder ein großes Haus zu erwerben. Aber all diese Dinge haben nur zeitweilig Bestand. Das Juwel kann uns nicht zur Erleuchtung führen. Nutzen wir hingegen unser menschliches Leben auf sinnvolle Weise, können wir nicht nur kurzfristiges Wohlergehen erreichen, sondern zur Befreiung von Samsara gelangen und die Fähigkeit erwerben, auch anderen den Weg zu diesem Ziel zu bahnen.

Wie kostbar unsere Existenz als Menschen ist, wird sehr deutlich, wenn wir die Zahl der Wesen im Reich der Menschen mit der Zahl derjenigen in den übrigen fünf Daseinsbereichen vergleichen. Traditionell heißt es, die Höllenwesen seien so zahlreich wie die Staubteilchen im gesamten Universum. Die Zahl der Hungergeister soll etwas geringer sein, aber immer noch so zahlreich wie die Sandkörner im Fluss Ganges. Und was die Zahl der Bewohner des Reichs der Tiere betrifft, so gibt es keinen Flecken Land und keinen Tropfen des Meeres, wo es nicht nur so von ihnen wimmelt. Die Zahl der Wesen im Reich der Halbgötter wird traditionell mit der Zahl der Schneeflocken in einem Schneesturm verglichen und die Zahl der Wesen im Reich der weltlichen Götter mit der Zahl der Staubpartikel, die auf der Oberfläche eines Daumennagels Platz finden. Die Zahl derer, die sich des Privilegs einer kostbaren Geburt als Menschen erfreuen und sich dem hohen Bestreben widmen, alle Wesen vom Leiden zu befreien, ist so gering wie die der Sterne am Mittagshimmel.

Der Buddha hat die Seltenheit der kostbaren Geburt als Mensch durch eine Metapher veranschaulicht: Das gesamte dreitausendfältige Universum wird darin mit einem riesigen Meer verglichen, auf dessen Oberfläche irgendwo ein hölzernes Joch schwimmt. Dieses wird ständig von Wind, Wellen und Strömungen umhergetrieben. Auf dem Meeresgrund lebt eine blinde Schildkröte, die alle hundert Jahre einmal an die Meeresoberfläche kommt, um Luft zu holen, und dann wieder zum Meeresgrund hinabtaucht. Nach den Gesetzen der Wahrscheinlichkeit wird irgendwann der Zeitpunkt kommen, zu dem der Wind das Joch an eben die Stelle treibt, wo die Schildkröte aus dem Meer auftaucht, so dass sie ihren Kopf beim Auftauchen durch das Joch steckt. Dass dies irgendwann geschehen wird, ist fast unvorstellbar. Die Chance, dass ein Wesen in den Genuss einer kostbaren Geburt als Mensch gelangt, ist nach den Äußerungen des Buddha noch geringer.

Sobald wir die Kostbarkeit unserer menschlichen Existenz und die Chancen, die sie uns eröffnet, zu schätzen gelernt haben, wird uns klar sein, dass wir diese Chance nicht vergeuden sondern sie ihrem tieferen Sinn und Zweck gemäß nutzen sollten – um die Essenz unseres Daseins und die wahre Natur des Geistes zu enthüllen.

Der zweite grundlegende Gedanke: Vergänglichkeit

Eine der besten Methoden zur Entwicklung einer reinen spirituellen Praxis besteht darin, fortwährend über Vergänglichkeit zu meditieren. Zunächst betrachten wir dabei das unbelebte Universum. Irgendwann vor unvorstellbar langer Zeit gab es nichts Festes in dieser Welt. Nach der buddhistischen Kosmologie trat als erstes Element der Wind in Erscheinung. Aus ihm entwickelten sich nacheinander die Elemente Feuer, Wasser und Erde. Damit war das materielle Universum entstanden, dessen Zentrum der Berg Meru bildete, umgeben von den vier Kontinenten. Dann entstanden die Lebensformen, zunächst durch Zellteilung, später durch verschiedene Arten ungeschlechtlicher Fortpflanzung und schließlich durch sexuelle Fortpflanzung in Form der Befruchtung von Eiern und durch Heranwachsen im Mutterschoß.

Diese Entstehungsperiode gipfelte im gegenwärtigen »Zeitalter der Dauer«, das insgesamt achtzehn Zyklen umfassen wird, in deren Verlauf Wohlbehagen und Glück jeweils zu- und wieder abnehmen. Wenn sich dieses Universum seinem Ende nähert und die materielle Welt dem Leben nicht mehr förderlich ist, wird eine immer größere Zahl von Wesen in anderen Universen geboren werden. Schließlich wird sich die gesamte Materie auflösen.

Wenn wir über diese Dinge nachdenken, wird sich unsere Wahrnehmung des Universums allmählich verändern. Uns wird dann klar, dass diese Welt, so beständig und zuverlässig sie uns erscheinen mag, nicht von ewiger Dauer ist. Wir werden erkennen, dass Bergketten entstanden und vergangen sind und dass dort, wo einst riesige Meere waren, heute trockenes Land ist. Wo einst Städte blühten, befinden sich heute Wüsten, und auf dem Boden früherer Wüsten sind riesige Städte entstanden. So werden wir uns der unablässigen Veränderung unserer Umgebung von der Prähistorie bis in die von der Geschichtsschreibung dokumentierte Zeit bewusst.

Alles ist ständig in Veränderung begriffen. Tag für Tag geht eine Jahreszeit in die nächste über. Der Tag wird zur Nacht und die Nacht zum Tag. Gebäude altern nicht plötzlich, sondern Sekunde für Sekunde, vom Augenblick ihrer Errichtung an.

Unsere Umgebung, unser physischer Körper, unsere Sprache und unsere Gedanken verändern sich so schnell, wie eine Nadel das Blütenblatt einer Rose durchsticht. Wenn Sie einen Stapel abgeschnittener Rosenblütenblätter mit einer Nadel durchstechen, mag

Ihnen dies wie eine einzige Bewegung erscheinen, doch setzt sich dieser Prozess tatsächlich aus vielen Einzelschritten zusammen. Die Nadel durchsticht jedes Blatt einzeln, wobei zuerst die äußere Haut durchstochen wird, dann die Mitte und die Nadel schließlich an der anderen Seite des Blattes wieder herauskommt; und genauso verhält es sich bei allen anderen Blütenblättern. Die Zeit, die die Nadel für jede Phase dieses Prozesses benötigt, können wir als Einheit zur Beschreibung der Geschwindigkeit nutzen, in der sich alle Phänomene unserer Welt verändern.

Denken Sie an die Wesen, die dieses Universum bewohnen. Wie viele von den Menschen, die vor hundert Jahren geboren wurden, leben heute noch? Wie viele von uns, die wir im Augenblick auf dieser Erde leben, werden in hundert Jahren noch hier sein? Historische Persönlichkeiten, so reich, berühmt oder erfolgreich sie gewesen sein oder wie viel Land sie auch beherrscht haben mögen, leben heute nur noch in der Legende weiter. In den buddhistischen Lehren wird oft die Geschichte eines Königs erzählt, der so mächtig war, dass er nicht nur die damals bekannte Welt beherrschte, sondern auch das Reich Indras, des Königs der Götter. Trotzdem lebt auch dieser Herrscher heute nur noch in der Legende.

Außergewöhnliche Meister der Vergangenheit – so die acht großen Dharma-Könige, die fünfundzwanzig Schüler des großen Lehrers Padmasambhava und selbst Buddha Shakyamuni, eine Manifestation höchsten Mitgefühls in menschlicher Form – existieren heute nicht mehr. Dies bedeutet nicht, dass ihr Segen mit ihrem physischen Körper gestorben ist, denn die positiven Eigenschaften des erleuchteten Geistes durchdringen die drei Zeiten (Gegenwart, Vergangenheit und Zukunft). Aus unserer individuellen Perspektive betrachtet sind sie jedoch verschwunden, ähnlich wie es uns aufgrund der Drehung der Erde so erscheint, als ginge die Sonne unter.

Wir sehen das Spiel der Vergänglichkeit auch in unseren Beziehungen. Wie viele Mitglieder unserer Familie, wie viele Freunde und Menschen aus unserer Heimatstadt sind schon gestorben? Wie viele sind weggezogen und dadurch für immer aus unserem Leben verschwunden?

Als kleine Kinder konnten wir es nicht ertragen, von unseren Eltern getrennt zu sein. Manchmal, wenn unsere Mutter für zwei oder drei Minuten den Raum verließ, gerieten wir in Panik. Heute schreiben wir unseren Eltern vielleicht einmal im Jahr einen Brief. Vielleicht leben sie sogar auf der anderen Seite des Erdballs. Oder wir wissen nicht einmal, ob sie noch leben. Wie sich die Dinge verändert haben!

Es gab einmal eine Zeit, in der wir uns glücklich fühlten, nur weil wir einem Menschen, den wir liebten, nahe waren. Wenn wir nur die Hand dieses Menschen hielten, fühlten wir uns wundervoll. Mittlerweile können wir die betreffende Person vielleicht nicht mehr ertragen, und wir wollen nichts mehr von ihr wissen. Alles, was zusammenkommt, fällt irgendwann wieder auseinander; was sich einmal verbunden hat, trennt sich dereinst wieder; und was geboren wird, muss sterben. Unablässiger Wandel ist das beständige Merkmal unserer Welt.

Nun könnten Sie denken: »Das Universum verändert sich ständig, und das gilt auch für meine Beziehungen zu anderen Menschen, aber das ›Ich‹ bleibt doch immer gleich.« Doch was *ist* »Ich«? Ist es der Körper? Bei der Empfängnis beginnt der menschliche Körper als einzelne Zelle, und er vervielfältigt sich dann zu einer Zellmasse, die sich in verschiedene Organsysteme differenziert. Nachdem wir als vollständig ausgebildete Babys zur Welt gekommen sind, fangen wir an, uns Augenblick um Augenblick zu Erwachsenen zu entwickeln.

Dieser physische Prozess nimmt Woche für Woche, Monat für Monat seinen Lauf, bis wir schließlich merken, dass unsere Situation nicht mehr immer ein bisschen besser wird, sondern immer ein wenig schlechter. Wir entwickeln uns nicht mehr weiter, sondern beginnen zu altern. Unerbittlich verlieren wir bestimmte Fähigkeiten: Wir können nicht mehr so gut sehen und hören, und unser Denken wird unklarer. Dies ist das Werk der Vergänglichkeit.

Wenn wir eine normale Zeitspanne leben und eines natürlichen Todes sterben, werden wir allmählich immer gebrechlicher, bis wir eines Tages unser Bett nicht mehr verlassen können. Vielleicht fehlt uns einmal die Kraft, selbstständig zu essen, wir können nicht mehr zur Toilette gehen, und wir erkennen die Menschen in unserer Umgebung nicht mehr. Schließlich sterben wir und lassen unseren Körper als leere Hülle zurück, während unser Geist die Erfahrungen macht, die ihn nach dem Tode erwarten. Der Körper, der so lange Zeit so wichtig für uns war, wird dann begraben oder verbrannt. Irgendwann ist nichts mehr übrig, was andere Menschen daran erinnert, dass wir jemals existiert haben.

Nun könnten Sie denken: »Der Körper mag vergänglich sein, aber das ›wahre Ich‹, mein Geist, ist dies doch nicht.« Doch wenn Sie sich Ihren Geist anschauen, werden Sie feststellen, dass er nicht mehr so ist wie zu der Zeit, als Sie noch ein Kind waren. Damals wollten Sie nichts weiter als die Milch Ihrer Mutter und einen warmen Platz zum Schlafen. Ein wenig später vermochten ein paar Spielzeuge, Sie glücklich zu machen. Noch später war es eine Freundin oder ein Freund und dann ein bestimmter Beruf oder die Ehe mit einem bestimmten Menschen. Ihre Bedürfnisse, Wünsche und Werte haben sich verändert, nicht alle in einem einzigen Augenblick, sondern allmählich, Sekunde für Sekunde. Sogar im Laufe eines jeden Tages empfindet unser Geist Glück und Traurigkeit, er hat tugendhafte und untugendhafte Gedanken, und dies wechselt viele Male. Wenn wir einen bestimmten Augenblick festzuhalten versuchen, verschwindet er schon, sobald wir den Gedanken fassen, ihn festzuhalten.

Wie unser Körper und Geist verändert sich auch unsere Sprache, unsere Rede ständig: Jedes Wort, das wir sprechen, geht verloren, und sogleich tritt ein anderes an seine Stelle. Es gibt nichts, das wir mit Recht als unveränderlich, stabil und dauerhaft bezeichnen könnten.

Wir müssen uns Augenblick für Augenblick der Vergänglichkeit bewusst sein, denn das Leben ist ein Wettlauf gegen den Tod, und den Zeitpunkt unseres Todes kennen wir nicht. Kontemplation über die Nähe des Todes verändert unsere Prioritäten und hilft uns, unser obsessives Festhalten an weltlichen Zielen zu lösen. Wenn uns fortwährend bewusst ist, dass jeder Augenblick unser letzter sein könnte, intensivieren wir unsere Übung, um die Chance, die unsere kostbare Geburt als Menschen uns eröffnet, nicht zu vergeuden oder zu missbrauchen. Sobald unsere Kontemplation über diese Wahrheit reifer wird, fällt es uns leichter, die höchsten und tiefgründigsten buddhistischen Lehren zu erfassen. Wir haben dann ein gewisses Verständnis der Funktionsweise der Welt entwickelt – dessen, wie Erscheinungen entstehen und sich verändern. Von einem zunächst rein intellektuellen Verständnis der Vergänglichkeit gelangen wir allmählich zu der Erkenntnis, dass alles, worauf unser Glaube an eine verlässliche Realität gründet, nur das Glitzern des unablässigen Wandels der Manifestationen ist. Wir erkennen dann, dass alles Illusion ist, einem Traum oder einer Luftspiegelung ähnlich. Obwohl Phänomene in Erscheinung treten, existiert nichts wirklich Beständiges.

Nun mögen wir uns fragen, was uns im Augenblick unseres Todes von Nutzen sein könnte. Ob Menschen uns gegenwärtig für besonders angenehme oder sympathische Zeitgenossen halten, ist unwichtig. Wenn wir tot sind, werden sie unseren Körper nicht mehr um sich haben wollen. Und sie können uns auch nicht in den Tod begleiten, ganz gleich, wer sie sind oder wie glücklich sie uns gemacht haben. Im Tod sind wir allein. Das gilt auch, wenn wir berühmt oder so reich sind wie der Reichtumsgott selbst. Zum Zeitpunkt unseres Todes wird uns weder der Reichtum, den wir angesammelt haben, etwas nützen noch unsere gesamte Macht, unser Status oder der

Ruhm, zu dem wir gelangt sind, und auch nicht all die Freunde, die wir im Laufe unseres Lebens gewonnen haben. Unser Bewusstsein wird dann so sauber aus unserer Umgebung herausgelöst werden wie ein Haar, das aus der Butter gezogen wird. In dieser Situation wird uns einzig und allein unsere Übung des Dharma von Nutzen sein; und in den Tod wird uns nur unser positives und negatives Karma folgen, sonst nichts.

Frage: Wenn wir uns auf diese Weise die Vergänglichkeit vergegenwärtigen, können wir dann nicht den Bedürfnissen anderer gegenüber leicht gleichgültig werden?

Antwort: Unser Bestreben auf dem Pfad des Dharma ist, das Leiden anderer auf jede uns mögliche Weise zu verringern, bis wir alle Wesen von ihrem Leiden befreit haben. Gleichzeitig bleiben wir uns der Vergänglichkeit unseres gesamten Tuns bewusst und erinnern uns ständig daran, dass das alltägliche Leben einem Traum gleich in Erscheinung tritt und in seinem Wesen nicht real ist. Wir tun, was in unserer Macht steht, um im Kontext dieser Traumerfahrung anderen zu helfen und die Geistesgifte zu verringern, damit wir uns selbst und andere nicht schädigen. Indem wir Tugendhaftes kultivieren und Untugendhaftes meiden, verbessern wir die Qualität des Traums, den wir Leben nennen. Durch unermüdliche Vergegenwärtigung der traumartigen und unbeständigen Wesensnatur unserer Existenz werden wir schließlich aufwachen und anderen helfen können, ebenfalls zu erwachen.

Während wir uns der Vergänglichkeit und der illusionären Natur der Wirklichkeit immer bewusster werden, erstarkt auch unser Mitgefühl. Wir sehen, dass Wesen, die in ihrem Glauben an den Lebenstraum gefangen sind und die Vergänglichkeit von daher nicht verstehen, unter ungeheuren Qualen leiden. Weil sie an die Beständigkeit ihrer Erfahrung glauben, reagieren sie auf ihr Karma, das sich in ihrem Leben manifestiert, mit Anhaftung und Abneigung, erzeugen dadurch noch mehr negatives Karma und perpetuieren so das Leiden.

Frage: Was ist der Unterschied zwischen der Kontemplation über Vergänglichkeit und einem Blick auf die Uhr in Verbindung mit der Frage, wie schnell das, was wir gerade tun, wohl zu Ende sein wird?

Antwort: Das hängt letztendlich von der Motivation ab. Wenn Ihre Motivation selbstlos ist, werden Sie auf die Uhr nicht sonderlich achten. Andernfalls haben Sie das Gefühl, dass die Dinge länger dauern, als Sie erwartet hatten. Ich möchte Ihnen hier keineswegs nahe legen, nicht auf die Uhr zu schauen, aber schauen Sie doch auf die Uhr von Samsara: Fragen Sie sich, wie bald Samsara vorüber sein wird. Dann werden Sie sich fragen: »Wie kann ich die Anhaftung unterbinden? Wie kann ich mich von der Abneigung lösen? Wie kann ich die Verwirrung los werden?« Wenn wir die Verdunkelungen des Geistes auflösen, wird es uns schließlich gelingen, Samsara ein Ende zu machen.

Frage: Ich halte alles, was Sie sagen, für wahr, aber ich bin immer noch der Meinung, dass die vielen Jahre, in denen ich nicht so gedacht habe, stärker sind als mein Glaube an die Lehre von der Vergänglichkeit. Wie kann ich diese Gewohnheit verändern?

Antwort: Sie können mit einer sehr einfachen Übung beginnen. Untersuchen Sie, welche Bedeutung die Nahrung, die Sie essen, für Sie hat, ebenso die Kleidung, die Sie tragen, das Haus, in dem Sie wohnen, Ihre Freunde, Ihre Gespräche und die Bücher, die Sie lesen. Wahrscheinlich werden Sie feststellen, dass Ihnen all dies als so wichtig erscheint, dass Sie Tag und Nacht arbeiten, um es weiterhin Ihr Eigen nennen zu können.

Nun betrachten Sie diese Dinge einmal aus einem anderen Blickwinkel. Schauen Sie sie jeweils einzeln an, und fragen Sie sich, ob sie beständig sind. Prüfen Sie, ob es sich dabei um etwas handelt, worauf

Sie sich letztlich verlassen können. Werden Sie sich in der Stunde Ihres Todes und danach darauf stützen können? Und sind alle diese Dinge der Mühe und Besorgnis wert, die Sie ihnen jetzt widmen? Über Vergänglichkeit und Tod zu reflektieren hilft Ihnen, sich von weltlichen Werten zu lösen und Ihre Prioritäten zu verändern.

Wenn Sie sich der Kontemplation widmen und Sie die Lehren in jedem Augenblick Ihres Lebens anwenden, werden sich Ihre Gewohnheiten allmählich verändern. Falls Sie sich verändern wollen, reicht es nicht, dass Sie nur Bücher lesen. Sie müssen selbst forschen und prüfen, hinterfragen und untersuchen. Vielleicht haben Sie schon alle möglichen Ideen kennen gelernt und viele Dinge intellektuell verstanden, doch ohne Kontemplation, die Sie tiefer in Ihre Übung hineinführt und Sie zu sehr grundlegenden Schlussfolgerungen geleitet, können Sie den nächsten Schritt nicht gehen.

Wenn Sie herausfinden wollen, was wirklich wichtig für Sie ist, dann nehmen Sie sich jetzt gleich ein paar Minuten Zeit, um über all dies nachzudenken. Stellen Sie fest, ob das Gesagte Ihrer eigenen Erfahrung entspricht. Nur durch Kontemplation können Sie ergründen, ob spirituelle Übung für Sie ein Herz und damit einen Sinn hat.

Der dritte grundlegende Gedanke: Karma

Manche Menschen meinen, das Prinzip des Karma existiere nur in der buddhistischen Lehre, doch ist es in fast allen spirituellen Traditionen zu finden – zumindest in Form der Maxime: »Wenn du gut bist, kommst du in den Himmel und wirst dort glücklich sein. Wenn du schlecht bist, kommst du in die Hölle und wirst dort leiden.« In diesen Traditionen gleicht das Prinzip der unvermeidlichen Konsequenz, das wir Karma nennen, einem Zug, der nur zwei Stationen anfährt: Himmel und Hölle. Der buddhistischen Sicht zufolge gibt es jedoch außerdem noch viele Zwischenstationen. Je besser wir uns im Leben verhalten, um so größeres Glück erwartet uns. Je negativer wir uns verhalten, umso mehr Schmerz werden wir erleiden. Unsere derzeitige alltägliche Realität ist die karmische Folge unserer Gedanken, Worte und Taten in diesem und in früheren Leben.

Manche Menschen haben mit der differenzierteren buddhistischen Sichtweise des Karma Schwierigkeiten, weil sie nicht an die Reinkarnation glauben. Weil sich letztlich nicht beweisen lässt, dass sie selbst oder irgendjemand anderes in Zukunft wiedergeboren werden wird oder dass sie bereits früher gelebt haben, können sie die Idee der Wiedergeburt nicht akzeptieren. Doch ist die Tatsache, dass wir uns an frühere Leben nicht erinnern können und uns auch kein Blick in eventuell kommende Leben vergönnt ist, kein hinreichender Grund, nicht an sie zu glauben. Wir schenken vielen Dingen Glauben, obwohl wir sie nicht sehen und sie nicht auf empirische Weise verifizieren können. Beispielsweise den morgigen Tag! Wir können nicht beweisen, dass es ein Morgen geben wird, aber wir würden jederzeit darauf wetten, dass der nächste Tag kommt. Menschen können nicht beweisen, dass sie sich in einem bestimmten Alter zur Ruhe setzen und von dem leben werden, was sie für diese Zeit zurückgelegt haben, dass sie sich dann entspannen und ihr Leben genießen werden, und doch sparen viele auf dieses Ziel hin. So bedeutet auch die Tatsache, dass wir uns nicht an frühere Leben erinnern oder zukünftige Leben nicht voraussehen können, nicht, dass diese nicht existieren.

Man könnte Karma mit einem Samenkorn vergleichen, aus dem sich unter geeigneten Bedingungen eine Pflanze entwickelt. Wenn Sie ein Gerstenkorn säen, können Sie sicher sein, dass sich daraus ein Gerstensprössling entwickeln wird; keinesfalls wird eine Reispflanze daraus werden.

Der Geist gleicht einem fruchtbaren Feld, auf dem alle möglichen Dinge gedeihen können. Wenn wir einen Samen pflanzen – das kann eine Handlung, eine Aussage oder ein Gedanke sein –, entwickelt sich daraus schließlich eine Frucht, die reift und zur Erde fällt und aus der dann weitere Pflanzen und Früchte entstehen werden. Augenblick um Augenblick säen wir mit unserem Körper, unserer Sprache und unserem Geist machtvolle Samen, aus denen sich Resultate entwickeln werden. Wenn die richtigen Umstände zusammentreffen und unser Karma dadurch reift, werden wir uns mit den Folgen dessen, was wir gepflanzt haben, auseinander setzen müssen.

Obwohl wir für das, was wir säen, verantwortlich sind, vergessen wir die Samen, die wir gesät haben, und wenn sie aufgehen, schreiben wir positive Resultate anderen Menschen oder äußeren Faktoren zu, oder wir klagen, wenn sich negative Resultate entwickeln. Wir verhalten uns wie ein Vogel, der auf einem Felsen sitzt und seinen Schatten sieht, jedoch vergisst, dass dieser Schatten existiert, sobald er wegfliegt. Jedes Mal wenn er auf dem Felsen landet, glaubt er, es handle sich um einen völlig anderen Schatten. Sobald uns ein Gedanke kommt, sprechen oder handeln wir. Dabei verlieren wir die Tatsache aus dem Auge, dass jeder unserer Gedanken, jedes unserer Worte und jede unserer Taten eine Wirkung hat. Reift dann die Frucht, denken wir: »Warum ist mir das nur passiert? Ich habe doch nichts getan, womit ich es verdient habe.«

Falls wir eine negative Tat begangen und sie nicht gereinigt haben, werden wir irgendwann mit ihren Folgen konfrontiert. Wir können uns nicht um die Verantwortung herumdrücken und das Karma auch nicht auflösen, indem wir unsere Tat rechtfertigen. Das funktioniert nicht. Wer etwas tut, wird unweigerlich mit den Konsequenzen seiner Tat konfrontiert, ob diese nun positiv oder negativ sind.

Jede Bewegung unserer Gedanken, Worte und Taten gleicht einem Stich im Gewebe unserer zukünftigen Wirklichkeit. Unsere augenblickliche Erfahrung wird durch ein ungeheures Ausmaß an Karma aus zahllosen früheren Leben beeinflusst, das unter entsprechenden Umständen zur Reifung gelangen wird.

Um uns von Samsara zu befreien, müssen wir auf der Ebene der Ursachen arbeiten, nicht auf der Ebene der Resultate, der Freude oder des Schmerzes, welche die Folgen unseres Verhaltens sind. Wir müssen dazu die Fehler, die wir gemacht haben, reinigen und unseren Geist verändern, der die Samen des Leidens sät. Wir müssen die Geistesgifte reinigen, die das Karma perpetuieren. Dieser Prozess wird genannt: »Das Tor der Untugend schließen.« – Abwenden karmischer Folgen mit Hilfe von Präventivmaßnahmen, statt weiter an den Mängeln des Geistes zu arbeiten.

Man unterscheidet zwischen positivem, negativem und neutralem Karma. Handlungen, die positives Karma erzeugen, führen zu persönlichem Glück und fördern das Glück anderer. Negatives Karma bringt uns selbst und anderen Menschen Leiden. Wenn wir uns zum Ziel gesetzt haben, zum Wohl anderer zu wirken, sind unsere Gedanken, unsere sprachlichen Äußerungen und unsere Handlungen tugendhaft, und wir erzeugen positives Karma. Wenn wir uns hingegen von den Geistesgiften leiten lassen, sind unsere Gedanken, sprachlichen Äußerungen und Handlungen untugendhaft, und wir erzeugen negatives Karma.

Neutrales Karma entsteht durch unschädliche Handlungen – Handlungen, die weder durch die Absicht zu schaden noch durch die zu helfen motiviert sind. Weil solche Handlungen keine positive Wirkung haben, werden sie als nicht tugendhaft angesehen. Deshalb wird oft nur über positives und negatives Karma gesprochen.

Durch altruistische Motivation kann entweder »erschöpfliches« oder »unerschöpfliches« Karma entstehen. Erschöpfliches Karma erzeugen wir, wenn uns zwar die Motivation, anderen zu helfen, leitet, unser Bezugsrahmen jedoch eng und unser Ziel ein kurzfristiges ist. Wenn wir beispielsweise einem Hungernden etwas zu essen geben oder wenn wir einen Kranken pflegen, ist unser Ziel ein kurzfristiges, denn es geht uns nicht darum, diesem Menschen und allen anderen Wesen zu helfen, aus dem Kreislauf des Leidens zu erwachen. Folglich ist auch das durch diese tugendhafte Handlung entstehende Glück nur ein zeitweiliges, und es wird enden, wenn das gute Karma, das wir durch jene Handlung erzeugt haben, verbraucht ist. Es wird uns also nicht zur Befreiung aus Samsara führen.

Wenn etwas mit der Absicht getan wird, dass ein bestimmter Mensch und auch alle anderen Wesen nicht nur zeitweiliges Glück finden, sondern aus dem Kreislauf der Existenzen erwachen, entsteht unerschöpfliches positives Karma. Diese Art von Karma führt nicht nur zu Glück in den höheren Daseinsbereichen, sondern letztendlich zur Erleuchtung.

Wir müssen uns ohne jeden Zweifel darüber klar werden, dass der in unserem Leben ständig aktive karmische Prozess absolut unfehlbar ist, denn unser endloses Leiden, unsere Erfahrung höherer und niederer Zustände der Wiedergeburt, wurzelt im unerbittlichen Wirken des guten und schlechten Karma.

Ein Einsiedler lebte und meditierte in einem Wald. Er hatte nur ein einziges Gewand, das er in einem Bach wusch und das im Laufe der Zeit ausblich. Eines Tages beschloss er, das Gewand zu färben und ihm so seine ursprüngliche Farbe zurückzugeben. Zu diesem Zweck erhitzte er einen großen Topf mit Farbe und legte das Kleidungsstück hinein.

Zur gleichen Zeit suchte ein Bauer in jener Gegend nach einem Kalb, das ihm entlaufen war. Als er den Rauch vom Feuer des Einsiedlers sah, nahm er sofort an, jemand habe sein Kalb gestohlen und geschlachtet und sei nun dabei, es zu kochen. Er erreichte die Lichtung, und weil er niemanden sah, schaute er in den Topf. Darin sah er den Kopf und die Gliedmaßen des Kalbs. Sogleich eilte er zum König und empörte sich: »Dieser Einsiedler behauptet, ein großer Weiser zu sein, aber in Wirklichkeit ist er nur ein gemeiner Dieb. Er hat mein Kalb gestohlen und ist dabei, es zu kochen.« Der König war außer sich darüber, dass dieser Einsiedler, der in seinem Reich lebte, Schüler um sich gesammelt hatte und zu Ruhm und Respekt gelangt war, sich als gemeiner Dieb entpuppte. Deshalb ließ er ihn von seinen Soldaten gefangen nehmen und in den Kerker werfen.

Tatsächlich hatte sich das Kalb nur verirrt und fand nach sieben Tagen lebend und wohlbehalten den Weg zu dem Bauern zurück. Völlig zerknirscht eilte dieser auf der Stelle zum König und bekannte: »Ich habe etwas Schreckliches getan! Ich habe diesen großen Heiligen verleumdet. Bitte, lasst ihn sofort frei.« Der König war dazu bereit, doch da er sehr beschäftigt war, vergaß er, sein Versprechen zu erfüllen.

Sieben Monate später war der Weise immer noch im Kerker. Schließlich flog einer seiner Schüler, der durch Meditation außergewöhnliche Kräfte entwickelt hatte, durch die Luft zum König und sagte: »Mein Lehrer ist ohne Fehl. Bitte, lasst ihn frei!«

Da erinnerte sich der König an den Vorfall, begab sich selbst in den Kerker und befreite den Weisen. Starke Gewissensbisse plagten ihn, nicht nur, weil er den Mann hatte gefangen nehmen und ohne Gerichtsverfahren in den Kerker werfen lassen, sondern auch, weil er völlig vergessen hatte, ihn auf die Bitte des Bauern hin frei zu lassen.

Doch der Einsiedler beruhigte den König mit den Worten: »Du brauchst dir keine Vorwürfe zu machen. Dies war mein Karma. In einem früheren Leben habe ich ein Kalb gestohlen und getötet. Als ich danach vor dem Besitzer floh, begegnete ich im Wald einem Heiligen. Ich beschloss, ihm die Schuld zuzuschieben, indem ich den Kadaver vor seiner Hütte liegen ließ und davonlief. Der Mann wurde zu Unrecht angeklagt und für sieben Tage ins Gefängnis geworfen. Diese Tat hatte so negative Folgen, dass mein Geist viele Male in niederen Daseinsbereichen wiedergeboren wurde. Nachdem ich dieses Leben als Mensch erlangt hatte, konnte ich meine spirituelle Entwicklung fortsetzen. Doch ein Rest Karma musste noch gereinigt werden. Aus meiner Sicht haben sich die Dinge für mich sehr gut entwickelt.«

Uns muss absolut klar sein, was tugendhaft ist und was nicht. Andernfalls könnten wir selbst als Übende, die zum Wohle anderer zu wirken versuchen, mehr Schaden anrichten, als wir Gutes tun. Dann kann der subtile Makel des Stolzes auftauchen: »Ich bin ein so spiritueller Mensch« oder: »Meine Tradition ist die beste« oder: »Diese armen Leute, die keinen spirituellen Pfad haben!« Indem wir solche Urteile fällen, erzeugen wir nur negatives Karma. Gelingt es uns nicht, unseren Körper und Geist auf sorgsame, disziplinierte Weise zu nutzen, werden unsere Mängel zunehmen. Unser Geist ist dann erfüllt von den fünf Giften. Und wenn dies die Farben auf unserer Palette sind, wie werden dann wohl die Bilder beschaffen sein, die wir malen?

Untugend des Körpers entsteht durch Töten, Stehlen oder sexuelles Fehlverhalten. Eine ganz und gar untugendhafte Handlung muss vier Bestandteile umfassen. Beispielsweise umfasst der Akt des Tötens die Wahl des Opfers, das wir töten wollen, weiterhin das Entwickeln der Motivation zu töten, drittens die Ausführung des Tötungsakts und die Tatsache, dass das Opfer schließlich tot ist. Wenn wir die Absicht haben, jemanden zu töten, wir diese Absicht aber nicht ausführen, erzeugen wir trotzdem die Hälfte der Untugend, die beim tatsächlichen Töten entsteht, denn wir haben ein Opfer gewählt und die Motivation zu töten entwickelt. Und wenn wir auf dem Gehweg zufällig auf eine Ameise treten und sie töten, erzeugen wir ebenfalls die Hälfte der Untugend des Tötens.

Zu Stehlen bedeutet, etwas zu nehmen, das uns nicht gegeben wurde. Dazu zählt, dass man etwas wegnimmt, ohne dass der Besitzer des betreffenden Gegenstandes dies weiß, weiterhin, dass man einen Menschen überwältigt, um sich etwas, das ihm gehört, anzueignen, oder dass man eine Machtposition oder die eigene Autorität nutzt, um zum eigenen Vorteil etwas vom Besitz eines anderen Menschen zu nehmen.

Sexuelles Fehlverhalten beinhaltet sexuelle Aktivität mit Minderjährigen, mit jemandem, der krank ist, oder sexuelle Aktivität, die mental oder emotional belastend wirkt oder ein Vergehen gegen eigene Gelübde oder Verpflichtungen bzw. solche des Sexualpartners darstellt.

Zu den vier Untugenden der Rede zählen das Lügen, wobei die schlimmste Lüge darin besteht, dass man fälschlich von sich selbst behauptet, man habe spirituelle Verwirklichung erlangt; weiterhin entzweiende Rede, was beinhaltet, dass man die Fähigkeit der Rede benutzt, um zwischen engen Freunden Zwietracht zu säen, wobei der schlimmste Fall ist, dass man dies unter den Mitgliedern der spirituellen Gruppe, der man selbst angehört, tut; weiterhin verletzende Rede; und schließlich eitles und nutzloses Geschwätz, durch das man die eigene Zeit und die Zeit anderer Menschen vergeudet.

Die erste der drei Untugenden des Geistes ist die Habsucht; die zweite besteht in schädlichen Gedanken: Man will anderen schaden, wünscht anderen Schaden oder freut sich, wenn andere Schaden erleiden.

Die dritte Untugend des Geistes ist falsche Sicht. Eine falsche Sicht zu haben bedeutet, dass man auf sehr widersprüchliche Weise denkt – dies steht im Gegensatz zum Zweifeln und Hinterfragen, die als normale Bestandteile spiritueller Kontemplation angesehen werden. Zu glauben, dass es gut sei, schlecht zu sein, oder dass es schlecht sei, gut zu sein, ist ein Beispiel für falsche Sichtweisen. Das Gleiche gilt, wenn wir nicht an die illusionäre Natur der Erfahrung glauben, weil wir sie nicht beweisen können, und wir deshalb die grundlegende Wahrheit leugnen, die letztendlich zur Befreiung vom Leiden führt. Denn wir können zwar vielleicht nicht beweisen, dass unsere Erfahrung illusionär ist, doch können wir das Gegenteil ebenso wenig beweisen.

Die zehn Tugenden sind die jeweiligen direkten Gegensätze der zehn Untugenden. Leben zu retten und zu schützen beispielsweise erzeugt ein großes Maß an Tugend oder Verdienst. Alle Wesen gleichen einander, insofern sie Glück suchen, nicht leiden wollen und ihr Leben ebenso sehr schätzen wie wir. Das Leben eines Insekts oder eines anderen Tiers zu schützen ist äußerst tugendhaft und fördert, wenn wir das dadurch entstandene Verdienst widmen, nicht nur das Wohl des betreffenden Tiers, sondern das aller Wesen. Verdienst, das dem langen Leben anderer gewidmet wird, kann beispielsweise Kranken sehr zugute kommen.

Großzügigkeit, so unwichtig sie uns erscheinen mag – selbst wenn sie darin besteht, dass man einem hungrigen Vogel ein wenig Nahrung oder Wasser gibt –, erzeugt ein großes Maß an Verdienst. In sexuellen Beziehungen Fehlverhalten zu vermeiden, die Wahrheit zu sagen, die Sprache zur Förderung von Harmonie zu nutzen, dem Geist eines anderen Menschen zu helfen und sich für das eigene Wohl ebenso wie für das Wohl anderer einzusetzen – auch dies sind Tugenden, ebenso wie die Mitfreude am Glück anderer, das Erzeugen hilfreicher und gütiger Gedanken sowie das Entwickeln der korrekten Sichtweise.

Die karmische Frucht untugendhaften Handelns ist ähnlich, ob Sie nun selbst die betreffende Handlung ausführen, jemand anderen bitten, dies zu tun, oder sich freuen, wenn andere sie ausgeführt haben. Rezitieren Sie allein einhundert Mantras, erzeugen Sie das Verdienst, das durch diese Anzahl von Mantras entsteht. Doch wenn eine Gruppe von zehn Personen einhundert Mantras rezitiert, erzeugt jedes Mitglied dieser Gruppe die Tugend, die durch das Rezitieren von eintausend Mantras entsteht. Ebenso verhält es sich, wenn ein Mitglied einer Gruppe jemanden tötet: Jedes Mitglied der Gruppe erzeugt dann das gleiche Maß an Untugend.

Selbst wenn es so scheinen mag, als sei unsere Situation hoffnungslos, können wir das negative Karma, das wir seit anfangloser Zeit gesammelt haben, durch Bekennen und Reinigung neutralisieren. Es heißt, das einzig Tugendhafte an der Untugend sei, dass sie gereinigt werden könne.

Als ich noch ein kleiner Junge war, kam einmal eine Frau zu meiner Mutter zu Besuch. Sie trug eine Halskette, an der ein flaches schimmerndes Objekt baumelte. Ich war davon fasziniert und fragte sie, was dies sei.

»Ein Fischknochen«, antwortete sie.

Ich wollte ihn haben! Ich wollte auch solch ein Ding haben. Also lief ich zum Fluss und fing einen kleinen Fisch, weil ich glaubte, auch in seinem Körper müsse sich solch ein wundervoller Knochen befinden. Ich legte den Fisch auf einen Stein und nahm mein Messer, um den Fisch aufzuschneiden. Weil ich dies selbst nicht mit ansehen konnte, wendete ich mein Gesicht ab. Aber da mein Messer stumpf war, gelang es mir nicht, den Fisch damit zu töten. Er sprang deshalb umher, bis er schließlich starb, weil ihm das Wasser fehlte. Als er sich nicht mehr bewegte, schnitt ich ihn auf und schaute mir das Innere seines Körpers an. Doch da gab es keinen Knochen wie denjenigen, den die Frau an ihrem Hals trug.

Bekümmert kehrte ich nach Hause zurück und sagte zu der Frau: »Ich habe in einen Fisch geguckt, aber ich habe in ihm keinen Knochen wie diesen da gefunden.«

»Nein, nein, nein«, erwiderte sie. »Solche Knochen kann man nur in Fischen finden, die im großen Meer leben.«

In diesem Augenblick wurde mir klar, dass ich möglicherweise etwas Falsches getan hatte. Ich hatte einen Fisch getötet, und es war nicht einmal die richtige Art von Fisch gewesen. Später, als ich mit zweiundzwanzig Jahren in meinem zweiten Drei-Jahres-Retreat war, hatte ich einen Traum, in dem ich auf ein riesiges Gewässer schaute. Himmel und Wasser begegneten einander. Ich hatte im landumschlossenen Tibet nie etwas Derartiges gesehen, nicht einmal auf einem Bild. Ich fragte: »Was ist das?« In meinem Traum antwortete eine Stimme: »Das ist der Ort, an dem du wiedergeboren werden wirst.« Dann erinnerte ich mich an den Fisch, und mir wurde klar, dass dies das Karma war, das ich erzeugt hatte, indem ich jenen Fisch getötet hatte. Ich betete: »Wenn ich als Fisch wiedergeboren werde, dann möchte ich ein kleiner Fisch sein, damit ich nicht noch mehr schlechtes Karma anhäufe, indem ich andere Fische fresse.«

Als ich am nächsten Morgen aufwachte, erschien in der Dunkelheit vor mir ein Fisch. Wohin ich mich auch wenden mochte, der Fisch war schon da. Ich konnte ihm nicht entkommen. Da fing ich an, in den Pausen zwischen meinen Übungssitzungen im Rahmen des Retreats das Mantra *Om Mani Padme Hung* zu rezitieren und das dadurch erzeugte Verdienst dem von mir getöteten Fisch zu widmen. Nachdem ich das Mantra eine Million Male rezitiert hatte, verschwand der Fisch schließlich. Ich nehme an, das negative Karma, das ich durch die Tötung des Fischs angesammelt habe, ist nun gereinigt.

Wir brauchen nicht genau zu wissen, welches Karma wir reinigen, um dann eine bestimmte, für den konkreten Fall besonders geeignete Methode anzuwenden. Reinigungsmethoden wirken bei allen möglichen Arten von negativem Karma. Die Entwicklung von Mitgefühl und liebevoller Güte, Selbstlosigkeit, Meditation über erleuchtete Wesen und Gebete zu ihnen, die Rezitation von Mantras – all dies trägt zur Verringerung unseres augenblicklichen Leidens bei und hilft uns, in unserer Übung des Nichtschadens sorgsamer zu werden und die Ursachen zukünftigen Leidens zu reinigen.

Doch wenn wir während einer Reinigungspraxis denken: »Ich habe so viel schlechtes Karma, das ich reinigen muss« oder: »Ich möchte wirklich Buddhaschaft erlangen«, dann ist unsere Motivation nicht rein. Wird unsere Übung von solchen egoistischen Motiven getragen, ist sie weniger wirksam, als wenn wir außerhalb der formellen Übung reines Mitgefühl entwickeln. Der wirksamste Ansatz ist, dass wir uns auf der Grundlage von Mitgefühl und der Absicht, alle Wesen aus der Welt des Leidens zu befreien, der formellen Übung widmen. Immer wenn wir Gutherzigkeit, reine Hilfsbereitschaft, Liebe und Mitgefühl zeigen, reinigen diese Eigenschaften auf natürliche Weise unser Karma und lösen es auf.

Der große indische Buddhist Asanga meditierte einst in einer Höhle Tag und Nacht über den Buddha Maitreya. Nach sechs Jahren dieser Übung hatte er immer noch keinen einzigen verheißungsvollen Traum und keine einzige Vision gehabt – also keinerlei Anzeichen dafür, dass er durch seine Übung etwas erreicht hatte. Asanga kam zu der Überzeugung, dass seine Meditation vergeblich sei, und verließ deshalb die Höhle. Bald darauf traf er einen Mann, der einen Seidenschal an einem dicken Eisenstab rieb. Asanga fragte ihn: »Was machst du da?«

»Ich mache mir eine Nadel«, antwortete der Fremde.

Da dachte Asanga: »Was für eine Ausdauer! Er reibt den Eisenstab mit einem Seidenschal, um eine Nadel herzustellen, und ich habe nicht einmal genug Geduld, um mit meiner Übung fortzufahren.« Dann kehrte er in seine Höhle zurück und widmete sich wieder Tag und Nacht der Meditation auf Buddha Maitreya. Nach drei weiteren Jahren der Meditation hatte sich immer noch kein Zeichen des Erfolgs manifestiert. Kein Traum, keine Vision, nichts. Wieder verließ er völlig entmutigt seine Höhle. Auf dem Weg begegnete ihm ein Mann, der eine Feder in einen Eimer Wasser tauchte und dann mit der Feder am Felsen einer riesigen Klippe kratzte. Asanga fragte den Mann, was er da tue.

»Diese Klippe wirft einen Schatten auf mein Hause«, antwortete der Mann, »deshalb entferne ich sie.«

Da dachte Asanga: »Dieser Mann ist bereit, unendlich lange hier zu stehen und an diesem Felsen zu kratzen, nur weil er ein bisschen Sonnenschein auf dem Dach seines Hauses haben möchte. Und ich bin nicht einmal in der Lage zu meditieren, bis ein Zeichen auftaucht.« Daraufhin kehrte er in seine Höhle zurück und widmete sich erneut der Meditation.

Nachdem Asanga insgesamt zwölf Jahre meditiert hatte und nie ein Zeichen aufgetaucht war, verließ er die Höhle völlig entmutigt und enttäuscht zum dritten Mal. Auf dem Weg begegnete er diesmal einer sehr kranken Hündin. Die untere Hälfte ihres Körpers war von Fäulnis befallen, und es wimmelte darauf nur so von Maden. Da sie keine Hinterbeine mehr hatte, konnte sie ihren Körper nur mit den Vorderbeinen weiterziehen. Trotzdem schnappte sie immer noch nach allem, was in ihre Nähe kam. Asangas Herz wurde von Mitgefühl gerührt. Er dachte: »Diese arme Hündin. Was kann ich nur tun, um ihr zu helfen? Ich muss ihre Wunde reinigen; aber wenn ich das tue, töte ich die Maden. Ich kann keine Wesen töten, um das Leben anderer Wesen zu erhalten; jedes Leben hat seinen Wert.«

Schließlich kam er auf die Idee, die Maden vorsichtig mit seiner Zunge aus der Wunde zu entfernen und dadurch sowohl die Maden als auch die Hündin zu retten. Schon allein die Vorstellung weckte Abscheu in ihm, doch er schloss die Augen und beugte sich vor. Als er seinen Mund öffnete, berührte seine Zunge nicht das Tier, sondern den Boden. Daraufhin öffnete er die Augen wieder. Der Hund war verschwunden, und vor ihm stand Buddha Maitreya.

»Ich habe viele Jahre lang zu dir gebetet«, rief Asanga aus, »und nun bist du mir zum ersten Mal erschienen!«

Der Buddha antwortete gütig: »Vom ersten Tag deiner Meditation an bin ich bei dir gewesen. Doch aufgrund deiner Verblendung, verursacht durch Untugend und Geistesgifte, konntest du mich nicht sehen. Ich war der Mann, der den Eisenstab mit einem Seidenschal rieb, und ich war auch der Mann, der mit einer Feder an der Klippe kratzte. Erst als ich mich als diese verfaulende Hündin manifestierte, hast du genügend Mitgefühl und Ichlosigkeit entwickelt, um das Karma reinigen zu können, das dich zuvor daran gehindert hatte, mich zu sehen.«

Karma kann auch durch unser aufrichtiges Bekennen und Bereuen gereinigt werden, wenn wir die *vier Kräfte* anwenden. Die erste von diesen ist die Kraft des Bezeugens. Wir rufen die Verkörperung der Vollkommenheit, der wir Vertrauen schenken, einen bestimmten Aspekt eines erleuchteten Wesens wie Tara, die Verkörperung der Weisheit, oder Vajrasattva, die Gottheit der Reinigung, als Zeugen für unsere Übung an.

Die zweite Kraft ist die des aufrichtigen Bereuens aller unserer negativen Handlungen in diesem und in früheren Leben. Wir entwickeln Reue nicht nur wegen spezifischer Vorfälle, an die wir uns erinnern, sondern auch wegen all der schädigenden Handlungen, die wir seit anfangloser Zeit in zahllosen Leben begangen haben.

Unser Bedauern muss aufrichtig sein, so als hätten wir plötzlich erkannt, dass wir versehentlich ein tödliches Gift geschluckt haben. Wir empfinden Pein, weil wir uns in zahllosen Leben auf Weisen verhalten haben, die zu nichts anderem als Leiden führen. Wir bereuen unsere Unbekümmertheit und die Tatsache, dass wir die moralischen Konsequenzen unseres Tuns nicht bedacht haben. Wir erkennen diese Handlungen als schädlich und übernehmen die Verantwortung für sie.

Die dritte Kraft ist der feste Entschluss, negative Handlungen in Zukunft zu unterlassen. Wir können uns nicht tagsüber in negativen Gedanken und Handlungen ergehen und dann erwarten, dass sich diese am Abend mit ein wenig Meditationspraxis reinigen lassen. Vielmehr müssen wir den festen Entschluss fassen, diese Gedanken und Handlungen in Zukunft zu unterlassen. In einem berühmten Gebet der tibetischen Tradition heißt es, dass das Bekennen von untugendhaften Aktivitäten unwirksam sei, wenn es nicht mit Reue und dem festen Entschluss, sich zu ändern, verbunden ist.

Die vierte Kraft ist die des Gegengifts, der Reinigung und des Segens. Wir visualisieren, dass Nektar oder Lichtstrahlen, die vom Objekt unseres Vertrauens ausgehen, in und durch unseren Körper fließen, uns reinigen und dadurch alle Negativität, alle Krankheiten und alle Verdunkelungen wegwaschen.

Im buddhistischen Indien erkrankte vor vielen Jahrhunderten eine Nonne mit Namen Palmo an Lepra. Da zu jener Zeit noch keine wirksame Behandlungsmethode gegen diese Krankheit bekannt war, verfaulte ihr Körper allmählich. Die Nonne führte immer wieder das zweitägige Fastenritual des Bodhisattva des Mitgefühls, Avalokiteshvara, durch, eine sehr wirksame Reinigungsübung. Nachdem sie dies über sehr lange Zeit fortgesetzt hatte, sah sie Avalokiteshvara in einer Vision und wurde danach vollständig geheilt. Sie hatte das Karma gereinigt, das ihre schreckliche Krankheit verursacht hatte.

Auch die tibetische Medizin kennt keine wirksame Behandlung gegen Lepra. Leprakranke werden von allen anderen isoliert, und das für sie bestimmte Essen wird in einiger Entfernung von ihnen hingestellt. Wenn ein Leprakranker stirbt, wagt niemand, den Leichnam zu berühren oder zu begraben. Stattdessen wird das Haus des Betreffenden über seinem Leichnam zerstört. Ein tibetischer Lama, der an Lepra erkrankt war, führte das bereits erwähnte zweitägige Fastenritual des Avalokiteshvara ebenfalls tausendmal durch und wurde geheilt.

Durch sorgsame Praxis können Aeonen von Karma in einem einzigen Leben gereinigt werden, wohingegen sich das Reifen und die Reinigung von Karma unter normalen Umständen über viele Leben hinziehen können.

Frage: Wenn in einem Krieg unschuldige Kinder getötet werden, ist das dann ihrem Karma oder etwas anderem zuzuschreiben?

Antwort: Generell ist alles das Resultat irgendeiner Art von karmischer Voraussetzung oder Tendenz. Doch bedeutet dies nicht, dass alle karmischen Tendenzen von gleicher Kraft oder von gleicher Dringlichkeit sind. Manche sind mächtiger als andere. Kinder, die in einem Krieg getötet werden, haben in ihrem aktuellen Leben nichts getan, was ihren vorzeitigen Tod rechtfertigen würde. Doch um in der betreffenden Zeit und an dem betreffenden Ort geboren zu werden, müssen sie in einer früheren Existenz das Karma geschaffen haben, dessentwegen sie auf diese Weise sterben mussten. Dies bedeutet nicht, dass sie es *verdient* hätten zu sterben, aber es erklärt, warum sie »unschuldige Opfer« sind.

Frage: Es gibt so viele Wesen und so viel Karma, dass ich mich frage, wie all dieses Karma berücksichtigt werden kann. Wie wird es registriert, und wie kann es verfolgt werden?

Antwort: Es braucht nicht verfolgt zu werden. Handlungen haben Folgen, ohne dass irgendjemand diese Resultate kontrollieren könnte. Es ist nicht so, als ob über alles Buch geführt wird, so dass alle Wesen im richtigen Daseinsbereich ankommen und dergleichen. Die Handlungen eines Wesens sind ausschlaggebend für seine Erfahrungen.

Frage: Reift Karma immer auf die gleiche Weise?

Antwort: Karma ist komplexer, als dass jeweils eine bestimmte Handlung zu einem bestimmten Ergebnis führt. Beispielsweise sprechen wir vom *vollständigen Reifen* einer karmischen Tendenz. Tugendhafte Handlungen – also solche, die das Glück anderer vermehren – kommen der Person zugute, die sie ausführt, und zwar entweder in diesem oder in einem zukünftigen Leben. Solche Handlungen tragen im Allgemeinen zur Wiedergeburt in höheren Daseinsbereichen bei. Hingegen reifen schädliche Handlungen, die anderen Menschen Schmerz und Leiden bringen, als Wiedergeburt in niederen Daseinsbereichen heran.

Außerdem gibt es die karmischen Folgen, die als *Verhalten in Einklang mit der ursprünglichen Handlung* bezeichnet werden. Schauen wir uns beispielsweise Wesen wie Raubtiere, Jäger oder Soldaten an, die viele andere Lebewesen töten. Die vollständige Reifung dieser Tendenz zu töten ist die Wiedergeburt im Höllenbereich. Sobald dieses Karma erschöpft ist, kann das betreffende Wesen aufgrund von anderem, tugendhaftem Karma, zwar als Mensch wiedergeboren werden, hat aber dann immer noch die Gewohnheit zu töten.

Indem solche Menschen vielen anderen Wesen das Leben nehmen, entsprechen sie einer Prädisposition oder unterliegen einem Zwang zum Morden; dies scheint ein Teil ihres Charakters zu sein.

Außerdem gibt es die *Erfahrung, die direkt mit der ursprünglichen Handlung in Einklang steht*. Beispielsweise kann ein Mensch viele Wesen töten und infolge dessen im Höllenbereich wiedergeboren werden. Wenn der Betreffende wesentlich später erneut als Mensch wiedergeboren wird, ist sein Leben nur sehr kurz oder findet ein gewaltsames Ende.

Eine einzige Handlung kann viele unterschiedliche Folgen haben. Es verhält sich nicht so, dass wir eine Tat begehen, daraufhin in einen anderen Daseinsbereich überwechseln, dort die Folgen unseres Handelns erleiden und dann wieder in das Reich der Menschen zurückkehren. Tatsächlich handelt es sich um einen viel komplizierteren Prozess.

Uns sollte klar sein, dass wir, ganz gleich, ob wir in einem früheren Leben eine schädigende Handlung begangen haben oder dies in unserem augenblicklichen Leben tun, unvermeidlich negatives Karma erzeugen. Wir können den Auswirkungen solcher Handlungen nicht entgehen, auch wenn es Aspekte geben mag, derer wir uns im Augenblick nicht bewusst sind.

Frage: Wenn wir uns darüber im Klaren sind, wie viel negatives Karma wir allein in diesem Leben angehäuft haben, einfach aus Unwissenheit, weil wir die Auswirkungen unseres Handelns nicht verstehen, so hilft es uns zu wissen, dass es Meditationsübungen gibt, die wir ausführen können, und dass auch Mitgefühl und liebevolle Güte Karma reinigen können. Doch wie verhält es sich mit all der Untugend, die wir täglich erzeugen, ohne es zu wollen, indem wir beispielsweise Fleisch essen oder Baumwollkleidung tragen, obwohl wir wissen, dass bei der Ernte der Baumwolle Insekten getötet worden sind?

Antwort: Um etwas zu essen und zu trinken haben, müssen wir oft andere Wesen schädigen. Manche Vegetarier glauben, sie hätten keine Verantwortung für die Tötung lebender Wesen. Doch auch beim Anpflanzen und Ernten von Getreide, Gemüse und Tee werden zahlreiche auf dem Boden lebende Tiere getötet. Beispielsweise werden sie zerdrückt, wenn die Erde umgegraben wird, und viele ertrinken, wenn die angebauten Pflanzen bewässert werden. Im tibetischen Hochland empfanden wir immer starkes Mitgefühl für die Menschen in den Ebenen, die viel Getreide und Gemüse aßen, weil so viele Tiere sterben mussten, damit sie etwas zu essen hatten. Wenn wir Yakfleisch aßen, das einer der Hauptbestandteile unserer Ernährung ist, hatten durch den Tod eines einzigen Wesens viele Menschen viele Male etwas zu essen.

In Indien, dem Land, in das wir nach Beginn der Besetzung Tibets durch die Chinesen flohen, arbeiteten viele meiner Landsleute auf Teeplantagen. Auch dort fanden viele Insekten den Tod, wenn während der Ernte die Blätter von den Pflanzen entfernt wurden. Es ist schwer zu leben, ohne anderen zu schaden, aber wir können uns zumindest darum bemühen. Wenn wir essen, ganz gleich, ob Fleisch oder Gemüse, haben wir zumindest drei der vier Bestandteile einer vollständigen untugendhaften Handlung nicht ausgeführt: Wir haben nicht bewusst bestimmte Opfer ausgewählt, wir haben nicht die Motivation entwickelt, sie zu töten, und wir haben auch nichts unternommen, um ihren Tod durch andere herbeiführen zu lassen. Unsere einzige Untugend besteht darin, dass wir uns der Tatsache ihres Todes erfreuen, indem wir die Nahrung verzehren, durch die wir an der Untugend der Menschen teilhaben, die den Tod jener Wesen tatsächlich verursacht haben.

Abgesehen davon, dass wir uns bemühen können, nicht absichtlich Schaden anzurichten, können wir auch alles Verdienst, das wir ansammeln, all den Wesen widmen, zu denen wir entweder eine positive oder eine negative Verbindung haben – im hier beschriebenen Fall denjenigen, zu denen wir eine negative Verbindung haben, indem wir essen, trinken und Kleidung aus Baumwolle tragen –, auf dass für sie zeitlicher und letztendlicher Nutzen entstehen möge. Auf diese Weise kann unsere Beziehung zu diesen Wesen ihre Verbindung zum Pfad der Befreiung werden. Wir können auch Übende, die sich in einem Retreat befinden, materiell unterstützen und sie bitten, besondere Reinigungsrituale auszuführen und das durch diese Übungen angesammelte Verdienst den Wesen zu widmen, denen wir geschadet haben.

Jemand fragte einmal einen großen Übenden nach seinen früheren Leben: »Du musst ein sehr hochstehender Lama gewesen sein oder viel Verdienst angesammelt haben, sonst hättest du in diesem Leben kaum einen so hohen Grad der Realisation erreicht.« Der Übende antwortete: »Absolut nicht. In meinem letzten Leben war ich eine Ziege, die zuvor noch keinerlei Verbindung zum Dharma hatte. Aber ein großer Yogi betete inbrünstig für mich, bevor er meinen Körper aß, und dass ich mich in diesem Leben der Übung widme, ist eine Folge seiner Gebete.«

Um Karma durch spirituelle Übung zu reinigen, brauchen wir uns nicht aus unserem weltlichen Leben zu lösen. Vielmehr können wir unser angesammeltes Karma in einem Leben reinigen, indem wir die Übung in unseren Alltag integrieren und in der wahren Natur des Geistes ruhen.

Der vierte grundlegende Gedanke: Das Meer des Leidens

Die Resultate all unserer Handlungen machen das Gewebe unseres Lebens aus, und zwar jeden Faden und jedes Detail desselben. Jeder von uns webt ständig an verschiedenen Realitäten des eigenen Körpers und der Umgebung und bindet sich dadurch noch fester an die Zyklen des Leidens. Unsere Erfahrung hängt von unserem Karma ab, das unterschiedliche Grade der Verblendung hervorruft. Wenn die Geistesgifte sehr stark sind, erleben wir eine sehr schmerzliche, ja geradezu höllische Realität. Lässt die Wirkung der Gifte nach, wird auch unsere Realität angenehmer.

Der Buddha hat über das Leiden genauso gesprochen, wie wir mit kranken Menschen über ihre Krankheit sprechen: Wir möchten ihnen helfen zu verstehen, dass sie nicht gesund sind, dass irgendetwas mit ihnen nicht in Ordnung ist. Wenn es nicht möglich wäre, das Leiden zu heilen, wäre es unsinnig, sich damit zu befassen. Doch die Tatsache, dass Heilung möglich ist, macht es ungeheuer wichtig, dass wir Leiden als grundlegend erkennen, denn erst dann können wir nach einer Möglichkeit suchen, es zu heilen.

Es gibt drei Arten von Leiden. Die erste ist *das Leiden über das Leiden*. Ein Übel nach dem anderen geschieht, und diese andauernden Tiefschläge des Lebens scheinen jegliche Gerechtigkeit Lügen zu strafen. Jedes Mal wenn wir glauben, die Situation, in der wir uns befinden, könnte nicht schlimmer sein, wird sie prompt noch unerträglicher. Wir verlieren unseren Reichtum, unsere Familie, unsere Jugend – wir leiden auf zahllose Arten. Die zweite Art des Leidens ist das *Leiden über den Wandel*. Nichts ist zuverlässig oder beständig. So sehr wir hoffen mögen, eine feste Grundlage zu finden, die uns Halt gibt, zerfällt doch alles, worauf wir uns verlassen, und dies erzeugt großen Schmerz. Die dritte grundlegende Art des Leidens ist das *alles durchdringende Leiden*. So wie wir beim Zerdrücken einer Sesamsaat feststellen, dass diese durch und durch mit Öl gefüllt ist, so leiden wir unausweichlich, wenn das Leben uns einmal so richtig »in die Mangel nimmt«, mag es zeitweilig auch so scheinen, als seien wir glücklich. So sicher, wie wir geboren worden sind, werden wir krank und alt werden und schließlich sterben.

In Samsara gibt es zahllose Wesen, deren Leiden viel größer ist als unser eigenes. 95 Prozent aller Wesen leben in einer geradezu brutalen Realität. Nur das Leben von fünf Prozent – das der Menschen, der Halbgötter und der weltlichen Götter – ist relativ glücklich. Dennoch beklagen wir Menschen uns oft bitterlich über unser Leben und über unsere schrecklichen Probleme. Dies wäre sicherlich anders, wenn uns das ungeheure Ausmaß des Leidens in anderen Daseinsbereichen wirklich klar vor Augen stünde. Die schlimmsten Erfahrungen, die ein Mensch durchleben kann, sind immer noch tausendmal erträglicher als das, was die Wesen in den niederen Daseinsbereichen – und zwar diejenigen, denen es dort noch am besten geht – erleben. Ihr Leiden ist so ungeheuerlich, dass wir es uns kaum vorstellen können; und auch seine Dauer ist unvorstellbar lang. Für manche Wesen ist für Hunderttausende von Jahren und manchmal sogar für Äonen nicht einmal der Tod ein Ausweg.

Die meisten Wesen in diesen Bereichen haben keine Zeit, etwas zur Verbesserung ihrer eigenen Situation zu tun. Ihr Leiden ist so intensiv, dass sie auch nicht einen Augenblick lang die Muße finden, zu meditieren oder sich und ihr Leben aus einer anderen Perspektive zu betrachten. Hingegen sind die in den höheren Daseinsbereichen lebenden Wesen von ihrer angenehmen Situation berauscht. Aufgrund trügerischer Zufriedenheit haben sie sich in einem Zustand der Inaktivität heimisch gemacht. Naht das unvermeidliche Ende ihres langen Lebens, empfinden sie schreckliches Leid, denn sie haben ihre günstige Situation nicht genutzt, um die Grundlage für zukünftiges Glück zu schaffen.

Die Vorstellung, dass sie Bereiche des Leidens erfahren können, die wir als Hölle bezeichnen, macht viele Menschen skeptisch oder wütend. Sie glauben nicht an die Hölle. Sie glauben, die Hölle sei nur eine taktische Erfindung einiger Religionen, um ihre Anhänger verängstigen und dadurch beherrschen zu können. In einem gewissen Sinne gibt es tatsächlich keine Hölle. Wenn wir alle verfügbaren technologischen Möglichkeiten nutzen würden, um in das Innerste der Erde zu gelangen, würden wir dort keine Hölle finden. Dennoch leiden in diesem Augenblick zahlreiche Wesen in den Höllenbereichen.

Die Hölle ist eine Spiegelung der Täuschung oder Verblendung des Geistes, der zornigen Gedanken und Absichten ebenso wie der schädigenden Worte und Handlungen, die aus ersteren entstehen. Wenn es uns nicht gelingt, diese unter Kontrolle zu halten, können wir der Erfahrung der Hölle nicht entgehen. Einige Übende mögen denken: »Meine Meditation ist so tiefgründig, dass ich mir über Karma keine Sorgen mehr zu machen brauche.« Doch werden sich auch bei ihnen die Folgen der Verblendung unausweichlich manifestieren, und es ist keine große Verblendung erforderlich, um in der Hölle wiedergeboren zu werden.

Manche Menschen erleben die Hölle bereits in dieser menschlichen Existenzform. Viele dieser Leidenden bevölkern unsere Krankenhäuser. Außerdem gibt es Menschen, die unter ihrer Überzeugung leiden, jemand versuche, sie zu töten oder ihren Körper zu zerreißen. Andere haben das Gefühl, dass sie bei lebendigem Leibe gefressen werden oder dass sie in einem Feuer umkommen. Es kann sein, dass wir mit solchen Menschen in einem Raum sitzen und gar nicht merken, was sie quält.

Auf der anderen Seite können wir auch unmittelbar neben einem großen Meditierenden stehen, der den Himmel erfährt, das Reine Land, ohne dass wir selbst es sehen.

Himmel und Hölle liegen in Wahrheit gar nicht so weit voneinander entfernt. Es ist jedoch nicht einfach, dies zu verstehen, weil sich die Erfahrung des Himmels sehr stark von derjenigen der Hölle unterscheidet. Wir können uns einem Verständnis möglicherweise nähern, wenn wir dies am Beispiel einer einfachen Substanz wie Wasser durchdenken. Menschen brauchen Wasser, um überleben zu können; ein Fisch lebt im Wasser; für weltliche Götter ist Wasser ein Stoff, der Ambrosia ähnelt; für hungrige Geister ist Wasser Blut oder Eiter; und für Höllenwesen ist es flüssige Lava. Nicht die Substanz Wasser selbst ist in den genannten Fällen unterschiedlich, sondern die Art, wie verschiedene Wesen Wasser wahrnehmen und empfinden. Ebenso wie sich unsere Sehweise verändert, wenn wir Brillen unterschiedlicher Stärke aufsetzen, wird unsere Erfahrung der Wirklichkeit völlig von unserer Wahrnehmung bestimmt, die wiederum vom Ausmaß der Täuschung, der wir unterliegen, abhängig ist.

Im kosmischen Maßstab betrachtet sind die Erfahrungen der sechs Klassen von Wesen in den drei Reichen der Existenz (den Reichen der Begierde, der Form und der Formlosigkeit) – im gesamten Kreislauf der Existenzen – kollektive Dramen, die sich als Ausdruck des Gruppenkarma jener Wesen entfalten. Wenn wir uns einen Film anschauen, der auf eine Leinwand projiziert wird, schreiben wir ihm eine gewisse Realität zu, und genau deshalb vermag er uns zu beeindrucken. Wir regen uns auf und empfinden Freude, Angst oder Zorn über das, was wir sehen. Es spielt keine Rolle, ob wir die Ursprünge des Films kennen oder ob wir verstehen, wie er funktioniert. Das Anschauen des Films verändert uns, weil er bestimmte Emotionen in uns weckt. Wir könnten einen Schritt zurücktreten und feststellen, dass letztendlich gar nichts von alldem existiert, dass es sich vielmehr nur um einen Film handelt. Doch meist sind wir völlig von dem gefesselt, was sich vor uns abspielt. Wenn eine Gruppe von Menschen sich den gleichen Film anschaut, werden alle von dem, was sie sehen, auf mehr oder weniger gleiche Weise beeinflusst. Eine Komödie macht sie glücklich; ein Horrorfilm weckt Ängste in ihnen. Da uns als Menschen eine gewisse Sicht der Wirklichkeit miteinander verbindet, die als Reich des Verlangens oder der Begierde bezeichnet wird, sind Verlangen und Anhaftung die stärksten Impulse im Geist der meisten Menschen, und deshalb sehen wir Menschen die Dinge auf eine sehr ähnliche Weise.

Zwar sind großen Meditierenden Einblicke in andere Daseinsbereiche möglich, doch verfügen wir über keinen unwiderlegbaren Beweis dafür, dass die Welt der Phänomene, wie wir sie als Menschen erfahren, außerhalb unseres individuellen und kollektiven

Geistes überhaupt existiert. Dennoch halten wir das Reich der Menschen für real, so wie wir ja auch im Schlaf unsere Träume für real halten. Und die anderen fünf Daseinsbereiche erscheinen den Wesen, die in ihnen leben, als ebenso real wie uns unsere Erfahrung der Realität. Die Hölle erscheint einem Höllenwesen und das Reich der Hungergeister einem Hungergeist wirklich, wie uns das Reich der Menschen. Letztlich resultiert Leiden nicht aus den Phänomenen der einzelnen Daseinsbereiche, sondern aus der Tatsache, dass Wesen diesen Reichen eine Realität zuschreiben.

Insofern ist es kein Widerspruch, wenn wir sagen, dass unsere Erfahrung real oder wahr und gleichzeitig unzutreffend ist. Ebenso wenig widersprüchlich ist es, das Gleiche über einen anderen Bereich zu sagen. Wenn wir darauf beharren, dass der Daseinsbereich der Menschen real ist, dann sind auch alle anderen Bereiche real, weil die Wesen, die in ihnen leben, sie als real erfahren.

Das stärkste Leiden in allen Bereichen ist in den achtzehn Höllen anzutreffen, die Spiegelungen und karmische Folgen von Zorn und Hass und ihres Ausdrucks in Form von Gedanken, Worten und Taten sind. Die Wesen, die dort leben, leiden unter extremer Hitze und Kälte. In den heißen Höllen bedecken Flammen von der Höhe eines Unterarms den gesamten Boden. Bei jedem Schritt entstehen unter den Füßen der Bewohner dieser Höllen Verbrennungen. Erheben sie einen Fuß, heilen die Wunden augenblicklich, doch beim nächsten Schritt entstehen die Verbrennungen erneut. Das Feuer lodert mit unvorstellbarer Intensität. Flammen, die durch Verbrennen von reinem Sandelholz genährt werden, sollen sieben Mal heißer sein als gewöhnliches Feuer, und noch sieben Mal heißer wird das Feuer sein, welches das Universum am Ende dieses Zeitalters verschlingen wird; doch das Feuer der heißen Höllen ist noch sieben Mal heißer als jenes zukünftige Inferno.

Die Körper der Höllenwesen sind anders als die unseren. Unser Körper aus Fleisch und Blut hat eine Toleranzschwelle; er kann nur ein gewisses Maß an Schmerz ertragen. Doch die Höllenwesen, deren Körper so empfindlich ist wie ein Augapfel, fallen nicht in Ohnmacht, sie verlieren nicht das Bewusstsein, und sie sterben nicht, bis ihr Karma sich erschöpft hat.

In einer der Höllen erscheinen die Bilder derjenigen, die man getötet hat, ob es sich um ein Reh, ein Insekt oder einen Menschen handelt. Diese Bilder sind so groß wie Berge, und sie erdrücken den Täter förmlich. Doch dann entfernen sich die Monsterbilder wieder voneinander, und der zerdrückte Körper des Höllenbewohners wird geheilt – allerdings nur, um anschließend erneut zerdrückt zu werden. Und so geht es unendlich lange weiter. In einer anderen Hölle werden die Wesen mit einer Linie, die durch die Mitte ihres Körpers verläuft, geboren, und entlang dieser Linie werden sie mit einer Säge zersägt. Die beiden Hälften wachsen anschließend wieder zusammen und werden einen Augenblick später erneut zersägt – und so weiter und so fort.

In den kalten Höllen bietet die trostlose und unvorstellbar unwirtliche, zu Eis erstarrte Umgebung weder Kleidung noch Schutz. Menschen, die erfrieren, schlafen ein und sterben; hingegen sterben die Wesen in diesem eiskalten Reich nicht, bis ihr Karma erschöpft ist, so sehr sie auch erfrieren mögen. Ihr Körper zerbricht wie Fleisch, das man zu lange im Gefrierfach gelassen hat.

Die Hölle ist hundertmal schrecklicher als jeder andere Bereich. Sie ist ganz einfach der schlimmste Ort, an dem zu sein man sich vorstellen kann.

Die Hungergeister leiden unter starkem Hunger und Durst und darunter, dass sie den Elementen schutzlos ausgeliefert sind. Auch dieser Bereich ist nicht nur eine Metapher, sondern für die Wesen, die dort leben müssen, höchst real, denn sie hungern unablässig und leiden unter brennendem Durst. Ihr Körper verursacht aufgrund seiner Beschaffenheit zwangsläufig Schmerz. Sie haben ungeheuer große Köpfe, so groß wie Berge, und Mägen, so groß wie Täler. Ihr

Hals hingegen ist so dünn wie ein winziges Pferdehaar, so dass nichts durch ihren Schlund passt. Ihre Gliedmaßen sind so stark abgemagert, dass sie sich nicht aufrechthalten können, und es fällt ihnen extrem schwer, sich zu bewegen und nach Essbarem zu suchen. Gewöhnlich können Hungergeister nur auf dem Bauch liegen und hungern. Wenn sie etwas zu essen finden, ist es meist schmutzig oder verfault, und falls es ihnen trotz aller Hindernisse gelingt, es hinunterzuschlucken, verwandelt es sich in ihrem Bauch in Feuer.

Extreme Gier und Anhaftung sind die karmischen Ursachen für eine Wiedergeburt im Reich der Hungergeister. Solange das Karma, das ihre Existenz in diesem Reich aufrechterhält, nicht erschöpft ist, können Hungergeister trotz ihrer Qualen nicht sterben, und dieser Zustand kann sich über Tausende von Jahren hinziehen.

Im Reich der Tiere entsteht Leiden hauptsächlich dadurch, dass eine Art die andere frisst. Weil Tiere unablässig versuchen, einander zu töten und zu fressen, leben sie in ständiger Angst. Wilde Tiere fressen nicht einen einzigen Grashalm, ohne ständig um sich zu schauen, weil sie sich nur dann sicher fühlen. Auch vom Menschen domestizierte Tiere leiden durch schlechte Behandlung große Schmerzen. Tiere haben nur sehr wenig Freiheit. So groß und stark ein Elefant und so stolz ein Pfau sein mögen, sie sind nicht in der Lage, zunächst etwas zu durchdenken und erst danach zu handeln. Dieses Karma ist durch untugendhafte Handlungen entstanden, die durch Unwissenheit und Dummheit motiviert waren.

Tugendhafte Handlungen, die mit allen Geistesgiften behaftet sind, ohne dass eines dieser Gifte dominiert, führt zu einer Wiedergeburt als Mensch. Obwohl die Lebensbedingungen in diesem Daseinsbereich relativ günstig sind, kennen wir doch alle auch das Leiden, das aus Geburt, Alter, Krankheit und Tod sowie aus Krieg, Gewalt, Hungersnöten und auf einer subtileren Ebene aus unerfülltem Verlangen resultiert.

Halbgötter leben in einer angenehmen Umgebung, doch sie werden von Eifersucht und Konkurrenzstreben geplagt und sind deshalb ständig in Streitigkeiten, Blutvergießen und Kriege verstrickt. Zu einer Geburt als Halbgott kommt es infolge tugendhafter Handlungen, die durch Eifersucht und Konkurrenzstreben vergällt sind. Dies bedeutet, dass jemand nur deshalb etwas Gutes getan hat, um damit anzugeben.

Im Reich der weltlichen Götter erzeugt das Karma der Tugend, die lediglich durch Stolz vergällt ist, sehr angenehme Lebensbedingungen. Weltliche Götter werden nie dreckig, sie riechen nie, und sie brauchen nie ihre Kleider zu waschen. Die Blüten, die ihren Körper schmücken, bleiben stets frisch – bis sieben Tage vor ihrem Tod. Dann welken die Blüten und fangen an zu stinken, woran die Betreffenden erkennen können, dass ihr Ende nahe ist. Sieben Tage lang – was hundertfünfzig Menschenjahren entspricht – müssen sie die Qual ertragen, zu wissen, in welchem der niederen Reiche sie wiedergeboren werden. Wenn das Karma, das ihre Existenz im Reich der weltlichen Götter ermöglicht hat, schließlich erschöpft ist, sterben diese Wesen.

Die Götter in den Bereichen der Form und der Formlosigkeit erleben eine primitive Art von *Samadhi* oder meditativer Versunkenheit. Zu einer Wiedergeburt im formlosen Bereich kommt es durch Anhaften an Stabilität; zu einer Wiedergeburt im Bereich der Form durch Anhaften an Klarheit; und zu einer Wiedergeburt im Götterbereich des Verlangens durch Anhaften an Glückseligkeit. Obwohl dies keine schrecklichen Wiedergeburten sind, unterliegen sie immer noch der Herrschaft von Samsara. Früher oder später, sobald das positive Karma erschöpft ist, das diese Art von Existenz ermöglicht, endet der Rausch dieser Wesen, und sie werden in einem niederen Daseinsbereich wiedergeboren, in dem sie stärker leiden.

Sobald uns die Allgegenwart des Leidens und die Mängel des Existenzkreislaufs bewusst geworden sind, wollen wir einen Ausweg aus dieser Situation finden, so wie wir, wenn wir erkannt haben, dass wir krank sind, nach einer Medizin suchen. Wenn wir verstehen, dass unsere Tugend oder Untugend darüber entscheidet, ob wir Glück oder Kummer, Lust oder Schmerz erfahren, haben wir eine Wahlmöglichkeit: Wir können entweder unser Verhalten verändern, tugendhafte Qualitäten entwickeln und für uns selbst und alle Wesen Befreiung suchen, oder wir können unser untugendhaftes Verhalten fortsetzen und müssen dann damit rechnen, dass wir dadurch endloses Leiden erzeugen.

Wenn wir das Leiden wirklich zu verstehen beginnen, erscheint uns Samsara schließlich wie ein Sumpf, in den wir hineingefallen sind, und unser einziges Bestreben ist dann, uns und andere zu befreien. Dieser Entschluss, für unsere eigene Befreiung und für die aller anderen Wesen zu arbeiten, wird *Entsagung* genannt, eine wichtige Voraussetzung für das Beschreiten des spirituellen Pfades.

Durch fortwährende Kontemplation über unsere kostbare Geburt als Menschen, über den Tod und über Vergänglichkeit, über Karma und über das Leiden wendet sich unser Geist dem Dharma zu. Wenn es Ihnen gelingt, die drei Gifte, die Samsara nähren, zu durchschauen, so dass sie ihre Macht über Ihren Geist verlieren, haben diese vier Kontemplationen ihre Aufgabe erfüllt. Wenn nicht, sollten Sie sich die vier Gedanken weiter vergegenwärtigen, bis sie Ihnen in Fleisch und Blut übergegangen sind und bis sie Ihre Sicht der Welt auf grundlegende Weise transformiert haben.

Wie man sich der Kontemplation
über die vier Gedanken widmet

Jeder von uns gleicht einem Menschen, der am Rand einer Klippe steht, die unter seinen Füßen zerbröselt und bald abbrechen wird. Wenn wir uns einreden: »Mir ist zu heiß, ich bin zu müde, zu krank oder zu beschäftigt, um mich der Übung widmen zu können«, dann ist das so, als würden wir sagen, wir könnten nicht die Energie aufbringen, uns schnellstens von dem Ort zu entfernen, an dem uns der Boden unter den Füßen wegbricht. Dies bedeutet, dass wir die vier Gedanken nicht verstehen. Denn wenn wir sie wirklich völlig verstanden haben, erkennen wir die Notwendigkeit, uns durch einen beherzten Sprung in Sicherheit zu bringen. Außerdem werden wir dann jemandem, den wir am Rande des Abgrunds stehen sehen und der hinabzufallen droht, zur Hilfe eilen; wir werden uns nicht darauf versteifen, wir seien zu müde oder zu beschäftigt, dies zu tun.

Um zu diesem Verständnis zu gelangen, müssen wir über die vier Gedanken reflektieren, sie kritisch untersuchen und uns fragen: »Ist es wahr, dass ich keine andere Alternative habe, als das Dharma zu üben, wenn ich aus dem nie endenden Kreislauf der Existenzen ausbrechen will?« Durch wiederholte Kontemplation oder das, was manchmal *analytische Meditation* genannt wird, können wir unsere tief verwurzelten Denkmuster verändern. Ohne diese Art von Kontemplation würden die immer gleichen Geistesgifte – Unwissenheit, Anhaftung, Abneigung, Eifersucht und Stolz – Tag für Tag und Jahr um Jahr auftreten. Allein das Bemühen, den Geist zu beruhigen, reicht nicht aus, um die Geistesgifte zu überwinden. Wenn unsere Meditationspraxis aus nichts anderem besteht als der Beruhigung des Geistes, dann ist das so, als würden wir die Pausentaste eines Kassettenrecorders drücken, um zu verhindern, dass wir uns eine Musik anhören müssen, die uns nicht gefällt. Solange wir die Pausentaste gedrückt halten, hören wir nichts, doch sobald wir sie wieder lösen, ertönt die Musik, die uns nicht gefällt, erneut. Bei der Kontemplation halten wir nicht nur die Kassette an, sondern wir löschen, was darauf aufgenommen ist, und nehmen stattdessen eine andere Musik auf. Wir verändern unsere geistigen Gewohnheiten ebenso wie unsere negativen Gedanken und Taten. Dann hören wir eine andere Musik, die wesentlich harmonischer ist und positiver wirkt als die vorherige.

Der gewöhnliche Geist gleicht einem Menschen ohne Beine, und die Winde oder subtilen Energien des Körpers gleichen einem blinden wilden Pferd. Das Zusammenwirken von Geist und Winden kann Meditation sehr schwierig machen. Deshalb berücksichtigen wir bei unserer Übung beide Aspekte des Geistes: sowohl die Wissensqualität als auch seine Bewegungsqualität.

Der Versuch, den Geist zu zähmen, kann mit dem Zähmen eines Wildpferdes verglichen werden. Statt das Pferd an einer kurzen Leine anzubinden, wodurch es verängstigt werden und was dazu führen könnte, dass es sich bei Befreiungsversuchen verletzt, sperren wir es in ein sehr großes Gehege. Darin ist es zwar nicht wirklich frei, aber es fühlt sich nicht so eingeschränkt, weil es die Möglichkeit hat, sich zu bewegen. Wenn wir uns länger mit dem Pferd beschäftigen und es uns allmählich kennen lernt und merkt, dass wir ihm nichts Böses wollen, verliert es seine Angst, und wir können ihm näher kommen. Beruhigt es sich dann, können wir das Gehege allmählich verkleinern.

Ebenso sollten wir auch den Geist, wenn wir ihn zähmen wollen, zunächst nicht einschränken, weil er dann so reagiert wie ein wildes Pferd, das an einer kurzen Leine angebunden ist: Er springt wie wild umher. Statt die Gedanken einfach wild und unkontrolliert umherspringen zu lassen, können wir auch ein großes »Gehege« tugendhafter Gedanken errichten, in dem negative Gedanken in positive umgewandelt werden. Unser Geist ist dann zwar nicht völlig frei, aber auch nicht völlig eingeschränkt. So können wir mit den Bewegungsqualitäten des Geistes, mit seinen unablässigen Manifestationen arbeiten.

Außer der analytischen Meditation üben wir auch eine nicht an Konzepte gebundene Art der Meditation, wobei wir unseren Geist einfach sich entspannen und in seinem natürlichen Zustand ruhen lassen, ohne uns irgendeiner Kontemplation zu widmen. So lösen wir uns vom Anhaften unseres Geistes an Konzepten, von seiner Gewohnheit, stets an Vergangenheit und Zukunft sowie an Mögen und Nichtmögen zu denken – so als würde man das Wasser in einem schlammigen Teich ständig aufrühren, statt es zur Ruhe kommen und klar werden zu lassen. Auf diese Weise arbeiten wir an der Fähigkeit des Geistes, sich selbst zu sehen oder sich selbst zu erkennen.

So nutzen wir zwei Prinzipien buddhistischer Übung. Die nicht an Konzepte gebundene Methode wird im Sanskrit *Shamatha* und im Tibetischen *Shiné* genannt. Dabei bedeutet *Shi* »Verdunkelungen befrieden« und *né* »aufrechterhalten« – womit das ruhige Verweilen an dem Ort, wo die ablenkenden diskursiven Gedankenmuster befriedet sind und der Geist einspitzig ruht, gemeint ist.

Die kontemplative Methode, die den Verstand nutzt, um den Geist zu erforschen, wird im Sanskrit *Vipashyana* und im Tibetischen *Lhagthong* genannt, was »tiefere Einsicht« bedeutet, ein Sehen, das über das gewöhnliche Sehen hinausgeht. Zusammen sind diese beiden Methoden wie Griff und Klinge des Schwerts, mit dem wir unser Festhalten an der scheinbaren Festigkeit der Subjekt-Objekt-Erfahrung radikal abschneiden. Wir durchtrennen die festen Bindungen der Anhaftung, die Bande des Ich und die Selbstüberschätzung, und dadurch gelingt es uns, peinigende Emotionen und Unwissenheit zu bezwingen.

Durch Anwendung beider Methoden arbeiten wir auf die Auflösung der Dualität hin, wobei wir nicht nur das Haften am gewöhnlichen Denkprozess abschneiden, sondern auch das Haften an nicht vorstellungsgebundenen, glückseligen oder außergewöhnlichen Erfahrungen. Wir durchtrennen die Wurzeln der gröberen Spiegelung der Geistesgifte – Samsaras – als auch die der subtileren Spiegelung der positiven Qualitäten des Geistes – Nirvanas. Bei abwechselnder Anwendung der beiden genannten Methoden verändert sich allmählich und auf subtile Weise unsere Perspektive. Was zunächst nur intellektuelles Verstehen ist, wird allmählich persönlicher und stärker mit unserer Erfahrung verbunden. Wir nähern uns der wahren Natur des Geistes jenseits der Extreme von »ist« und »ist nicht«, von Denken und Nichtdenken.

Um Erleuchtung zu erlangen, benötigen wir sowohl *Shamatha* als auch *Vipashyana*; nur eine dieser Methoden reicht nicht aus. So wie ein Vogel zum Fliegen beide Flügel braucht, brauchen wir sowohl Methode als auch Weisheit, Kontemplation ebenso wie Entspannung. Falls wir glauben sollten, dass wir Erleuchtung oder auch nur Glück durch bloßes Denken erlangen könnten, brauchen wir uns nur zu vergegenwärtigen, dass wir schon seit anfangsloser Zeit denken und dass die Gedanken, die wir in dieser langen Zeit produziert haben, ganze Bibliotheken füllen würden. Doch hat all dieses Denken, so methodisch und intelligent wir dabei auch vorgegangen sein mögen, uns bisher nicht glücklicher gemacht, und ganz sicher hat es uns nicht zur Erleuchtung geführt. Könnten wir allein durch unser Denken Erleuchtung erlangen, wären wir schon längst Buddhas.

Auch Leerheit des Geistes ist keine Garantie für Erleuchtung. Anhaften an einer Stabilität der Meditation kann zu einer äonenlangen glückseligen Existenz in einem formlosen Bereich führen, in dem es keine Gedanken und keinen physischen Körper gibt; doch sobald das Karma, das diese Existenz ermöglicht, erschöpft ist, fällt der Strom des Geistes in einen der niederen Daseinsbereiche zurück, wo er erneut leidet. Bären und Präriehunde verfallen viele Monate lang in einen Winterschlaf, ohne dass dieser lange Zustand der Geistesleere bei ihnen zur Erleuchtung führt.

Der Prozess, der es dem Geist ermöglicht, zur Ruhe zu kommen, erfordert keine Anstrengung. Er offenbart ein uns innewohnendes, nicht-duales Gewahrsein, im Gegensatz zum subjektiven Gewahrsein eines Objekts. Wenn Menschen meditieren, versuchen sie gewöhnlich, etwas zu *tun*. Stattdessen sollten Sie einfach die Entspannung Ihres Geistes zulassen und in dem freien und spontan offenen Raum ruhen, in dem Gedanken auftauchen und wieder verschwinden. Wenn dann Gedanken an Vergangenheit, Gegenwart und Zukunft auftauchen, sollten Sie nach diesen weder greifen noch ihnen folgen und sie auch nicht unterdrücken oder verdrängen. Tauchen Gedanken auf, liegt ihr Ursprung fast immer in Unwissenheit, Anhaftung oder Abneigung. Deren unablässige Manifestation im Strom des Geistes ermöglicht den Fortbestand von Samsara. Seien Sie deshalb nicht aufgebracht, wenn solche Gedanken auftauchen, sondern begegnen Sie ihnen mit Mitgefühl, aus dem Bewusstsein heraus, dass Sie selbst und alle anderen Wesen genau durch sie im Leiden gefangen bleiben. Wenn Sie denken: »Da ist ein Gedanke; ich muss ihn loswerden«, ist das so, als würde der Topf dem Kessel vorwerfen, dass dieser schwarz ist – denn beide sind Gedanken. Weder zu denken noch nicht zu denken ist das Ziel. Es geht vielmehr darum, die Essenz des Geistes zu enthüllen.

Anfangs wird der Geist nicht lange entspannt bleiben, weil seine Gewohnheit, unablässig Vorstellungen zu entwickeln, zu stark ist. Statt sich in gewöhnliche Gedanken zu verstricken, sollten Sie sich in die Kontemplation über die Hartnäckigkeit des Denkprozesses selbst versenken und diese nutzen, um den Geist wieder dem Dharma zuzuwenden. Durch die Vorgehensweise, die im Folgenden beschrieben wird, können Sie Ihr Denken Schritt für Schritt verändern.

Widmen Sie sich zunächst der Kontemplation über einen der vier grundlegenden Gedanken, und entspannen Sie danach Ihren Geist. Beten Sie anschließend zum Lama oder zu einem anderen Objekt Ihres Glaubens um den Segen, etwas zu erreichen, das Ihrem eigenen Wohl und dem Wohl anderer dient, bevor die Vergänglichkeit Ihnen dies unmöglich macht und Sie diesen Körper nicht mehr haben. Entwickeln Sie Mitgefühl angesichts der misslichen Lage der Wesen, und bringen Sie Ihren Wunsch zum Ausdruck, dass sie alle die Befreiung aus dem Kreislauf des Leidens erreichen mögen. Verpflichten Sie sich dann, Ihr Verständnis und die Methoden des Dharma sorgsam zum Erreichen dieser Ziele anzuwenden. Fahren Sie fort mit der Kontemplation über den nächsten grundlegenden Gedanken; lassen Sie den Geist danach erneut ruhen; beten Sie, entwickeln Sie Mitgefühl, und bekräftigen Sie schließlich wieder Ihre Verpflichtung, alle Wesen vom Leiden zu befreien. Verfahren Sie mit der Kontemplation über die beiden noch verbleibenden Gedanken ebenso. Wenn Sie so vorgehen, werden Sie der direkten Erfahrung der Geistesnatur näher kommen, der absoluten Wahrheit, die Worte und Vorstellungen nicht zu erfassen vermögen.

Diese Art der Meditation verhindert, dass Ihre Übung stagniert, so wie sich auf Milch, wenn man sie in einem offenen Behälter stehen lässt, eine Fettschicht absetzt. Wenn wir auf die beschriebene Weise vorgehen, halten wir die Meditation frisch. Der Schlüssel zu dieser gesamten Meditation liegt im Durchschneiden: Nach der Kontemplation durchschneiden wir unser Anhaften an Vorstellungen, indem wir uns entspannen. Anschließend durchschneiden wir unser Anhaften an der Entspannung, um zu beten. Nachdem wir gebetet haben, durchschneiden wir auch das Gebet und entwickeln Mitgefühl, das wir dann ebenfalls durchschneiden; schließlich bekräftigen wir unsere Verpflichtung und durchschneiden anschließend auch sie, um uns der nächsten Kontemplation zu widmen. Diese Vorgehensweise hindert unseren Geist daran, in gewöhnliches samsarisches Denken zu verfallen, und wir bleiben in unserer Erfahrung wach und konzentriert. Unsere Meditation bleibt frisch, weil sie in Bewegung bleibt, so wie das Wasser eines Bachs, wenn es hinabstürzt, gegen einen Felsen schlägt, dann gegen einen anderen und am Ende eines solchen Wasserfalls sehr sauber geworden ist.

Das Gewahrsein der Natur des Geistes und der Denkprozess schließen einander nicht aus. Tatsächlich lassen sie sich gar nicht voneinander trennen. Ein guter Übender verliert nie das Gewahrsein, während er isst, zur Arbeit fährt oder mit den Kindern spielt. Die wahre Kunst liegt bei der Meditation darin, im Augenblick des Übergangs von einem Gedanken zu einem anderen oder von einer Aktivität zu einer anderen nicht das Gewahrsein zu verlieren. Indem Sie bei jeder Erfahrung und jedem Übergang völlig präsent sind, bleiben Sie dessen Essenz nahe. Es ist, als würden Sie auf einer Welle reiten. Die Kraft der steigenden und fallenden Welle hält Sie im Zentrum der Bewegung. Wenn Sie ihr vorauseilen oder hinter ihr bleiben, wenn Sie von ihr getrennt werden, fallen Sie – Sie verlieren sie. Mit Hilfe der soeben beschriebenen Methode können Sie lernen, auf der Welle des Denkprozesses zu reiten, ohne das Gewahrsein zu verlieren.

Das *Sutra von der Bodhisattva-Essenz des Raumes* enthält einen Dialog zwischen einem Bodhisattva, Namkhai Nyingpo, und Buddha Shakyamuni. Der Bodhisattva fragt den Buddha: »Welche spirituelle Bedeutung haben Freiheit und (günstige) Gelegenheit?« Der Buddha antwortet: »Wenn der Geist durch diskursive Gedanken abgelenkt wird, sind Geschäftigkeit und Aktivität da. Erfährt der Geist Frieden, weil das diskursive Denken zur Ruhe gekommen und in den grundlegenden Raum des Geistes hineingesunken ist, entsteht Muße.

Abgesehen von ihrem »äußeren« Sinn – dass man die Möglichkeit zu üben hat – hat Muße auch noch einen »inneren« Sinn, womit die einzigartige Möglichkeit des Menschen, die natürliche Entspannung des Geistes, das Abfallen des diskursiven Denkens zu erfahren, gemeint ist. Solange wir Muße nicht in diesem inneren Sinne erfahren, ist unsere Dharma-Übung nicht besonders effektiv, weil wir ständig von Gedanken und Vorstellungen abgelenkt werden.

Eine andere Methode zur Vertiefung unseres Verständnisses der vier Gedanken ist mit einer Visualisation verbunden. Entwickeln Sie zunächst reine Motivation, das Bestreben, Erleuchtung zu erlangen, um allen Wesen zu helfen, ihr Leiden zu überwinden und zu dauerhafter Glückseligkeit zu gelangen. Vergegenwärtigen Sie sich anschließend so detailliert wie möglich, wie sich die Dinge verändern. Sobald Ihr Geist ermüdet, entspannen Sie sich. Versuchen Sie aber nichts zu erzwingen; echte Entspannung hält anfangs nicht besonders lange an.

Tauchen erneut Gedanken auf, dann visualisieren Sie sich auf einem sehr hochgelegenen, zerklüfteten Gelände, auf dem sich nackte schwarze Felsen erheben. Es gibt dort nichts, woran Sie sich festhalten könnten. Nur ein sehr schmaler und ungesicherter Pfad schlängelt sich am Rand der steil emporragenden Klippe entlang. Dieser Pfad wird allmählich immer enger und verschwindet schließlich völlig. Sie kommen nicht mehr weiter, und hinter Ihnen knurren Raubtiere, die Sie verfolgen. Es gibt nirgendwo Sicherheit und keinen Ort, an dem Sie sich verbergen können. Die Raubtiere kommen allmählich näher, und Sie sehen keinen Ausweg. Sie sind hilflos, ohne Freunde, ohne Familie und ohne jede Hoffnung.

In Ihrer Verzweiflung rufen Sie Ihren Lehrer, Gott oder Buddha an – ein Wesen, das größer ist als Sie selbst; jemanden, auf den sie sich verlassen können. Diese Verkörperung der Vollkommenheit erscheint daraufhin und spricht zu Ihnen: »Fürchte dich nicht. Diese heimtückischen schwarzen Klippen sind entstanden, weil du seit anfangloser Zeit die gewöhnliche Realität für wirklich gehalten hast. Dein Glaube an sie ist so stark geworden, dass du nun in großer Gefahr bist. Die Unwissenheit macht die Landschaft dunkel. Die Raubtiere, die dich töten wollen, verkörpern das reifende Karma, das du durch die Gifte deines eigenen Geistes entwickelt hast. Der enge Pfad, der im Nichts endet, ist der Weg durch Samsara. Alles, was zusammengekommen ist, wird sich wieder trennen. Was immer jetzt geschehen mag, wird irgendwann enden. Tag um Tag, jeder Schritt, den du tust, ob mit dem linken oder mit dem rechten Fuß, wird vergehen, ohne dass du irgendeine Möglichkeit hättest, dagegen Einspruch zu erheben, und ohne dass du irgendwelchen Einfluss darauf hättest. Die Kürze des Pfades versinnbildlicht die Begrenztheit deines Karma, in diesem Leben als Mensch verweilen zu können.«

Dann fragt das Wesen, das Sie angerufen haben: »Was ist der Tod? Was ist Samsara? Es erscheint als gut, schlecht, glücklich oder traurig, aber es gleicht einem Traum. Es gibt darin keine Spur von Wahrheit oder Festigkeit. Täuschung und Unwissenheit sichern den Fortbestand von Phantomerfahrungen der Gefahr und Macht. Aus diesem Traum zu erwachen bedeutet, die Geburt- und Todlosigkeit der absoluten Natur zu erkennen.«

Lassen Sie nach dem Ende dieser Visualisation den Geist ruhen. Widmen Sie schließlich das durch Ihre Übung entstandene Verdienst allen Wesen, auf dass sie aus dem Leidenstraum erwachen mögen.

Durch diese Meditation werden Sie erkennen, dass Täuschung, Unwissenheit, die Geistesgifte, Karma und der Glaube an das wahre Wesen einer tatsächlich unbeständigen Realität allesamt die gefahrvollen Voraussetzungen des Existenzkreislaufs und damit des Leidens erzeugen. Durch Erkennen der Vergänglichkeit und Kontemplation über die leere, traumartige Wesensnatur von Samsara wird Ihr Glaube an die Beständigkeit von Erfahrungen unterminiert.

Meditation über die vier Gedanken verhilft uns zu der für den spirituellen Pfad erforderlichen Reife. Ohne sie ist unsere spirituelle Übung eine »Gut-Wetter-Übung«. Ein tibetisches Sprichwort lautet: »Solange wir gutes Essen bekommen, warme Kleidung haben, die Sonne scheint und alles gut geht, ist unsere Übung zuverlässig. Doch sobald irgendwelche Schwierigkeiten auftauchen, ein Freund sich gegen uns wendet, wir etwas oder einen geliebten Menschen verlieren, ist die Übung durch den Wind.« Sie unterstützt uns nicht in Zeiten, in denen wir sie brauchen, und sie bietet uns keine Zuflucht vor Schmerz und Angst.

Unsere Übung muss stärker und gewandter sein als die Verdunkelungen des Geistes. Andernfalls werden wir uns weiterhin in Zorn, Verlangen und Unwissenheit ergehen, und diese werden noch zähere Wurzeln in uns schlagen. Es ist so, wie wenn man auf einem Fahrrad ohne Freilauf bergab fährt: Um die Kontrolle darüber zu behalten, müssen wir schneller in die Pedale treten, als diese sich von selbst drehen. Ebenso müssen wir auch schnell eingreifen, um die rasend schnell dahinstürmende Negativität zu bezwingen, die uns ins Verderben stürzt.

Körper, Sprache und Geist und die kostbare Chance, die sie uns eröffnen, sind nicht dauerhafter oder realer als eine Seifenblase, nicht beständiger oder verlässlicher als ein Traum. Wir müssen den Augenblick nutzen, bevor er vorüber ist und die Vergänglichkeit ihren Tribut fordert.

Frage: Was ist der Unterschied zwischen Durchschneiden und Zermalmen? Wenn man meditiert und anfängt, Liebe oder Glückseligkeit zu erleben, sollte man diese Erfahrungen dann sofort zermalmen?

Antwort: Sie brauchen nicht zu versuchen, die Glückseligkeit loszuwerden. Wenn sich Ihr Geist dem Mitgefühl zuwendet, löst sich die Glückseligkeit von selbst auf.

Glückseligkeit, Klarheit und Stabilität sind natürliche Nebenprodukte der Meditation, die zu Hindernissen für die Meditation und den Pfad zur Erleuchtung werden können, wenn wir an ihnen haften. Deshalb ist der Prozess des Durchschneidens so wichtig.

Frage: Wenn Gedanken und Emotionen auftauchen, während wir meditieren oder träumen, säen diese dann auch karmische Samen?

Antwort: Eine Handlung hat nur dann umfassende karmische Folgen, wenn dabei vier Elemente im Spiel sind: die Grundlage für die Handlung (ihr Objekt), die Motivation des Handelnden, die Handlung selbst und die angestrebten Resultate. Fehlt eines dieser Elemente, wird die Schwere der karmischen Folgen dadurch verringert. Doch selbst dann ist die betreffende Handlung nicht karmisch neutral.

Zwar erzeugen Träume kein so machtvolles Karma wie der Wachzustand, aber doch ein gewisses Karma. Solange es im Geist eine Absicht gibt, sammelt sich Karma an, das wir bekennen und reinigen müssen, auch wenn die betreffende Absicht nicht mit im Wachzustand ausgeführten Handlungen oder verbalen Äußerungen verbunden ist. Deshalb müssen wir uns mit dem Geist befassen. Denn wenn es uns erst einmal gelungen ist, die negativen Absichten zu eliminieren, hat negatives Reden und Handeln keine Grundlage mehr.

Frage: Samsara ist also ganz und gar mit Leiden angefüllt?

Antwort: Wenn Sie sich Samsara genau anschauen, werden Sie feststellen, dass es darin nirgendwo dauerhaftes Glück gibt. Es enthält nichts, worauf wir Hoffnung gründen könnten. Es gibt in Samsara keine Situation, die Sie durch Ihre Tugend so beeinflussen könnten, dass dadurch dauerhaftes Glück entstünde.

Wenn Menschen dies hören, wollen sie es oft nicht wahrhaben, weil es ihnen Unbehagen bereitet. Doch wir müssen darüber nachdenken, weil wir nur dadurch zu dem Schluss gelangen, dass der spirituelle Pfad, so schwierig er auch zu beschreiten sein mag, letztlich unsere einzige Alternative ist.

Wenn wir dem spirituellen Pfad mit großem Eifer folgen und unsere Übung rein und stark ist, können wir unser Karma reinigen. Um den erforderlichen Eifer zu entwickeln, müssen wir uns der Kontemplation über die vier grundlegenden Gedanken widmen, denn nur dies garantiert uns, dass wir unsere Zeit nicht mit nutzlosem Getue vergeuden und wir keine Pseudo-Spiritualität praktizieren.

Wir sollten es nicht den tibetischen Moogoots (Yetis) gleichtun, Humanoiden, die den amerikanischen Sasquatch oder Bigfoot ähneln. Moogoots sind scheu und verbergen sich in den Wäldern. Sie bleiben im Schutz der Bäume und beobachten die Bauern beim Pflügen. Wenn die Bauern dann am Abend nach Hause gehen, kommen die Moogoots zum Vorschein und ahmen die Aktivitäten der Bauern nach. Da sie aber den Sinn ihres Tuns nicht kennen, schlagen sie auf den Boden, stampfen auf den Feldern herum und richten großen Schaden an. Ihre Aktivitäten haben nicht das Geringste mit Ackerbau zu tun. Wir sollten nicht dem Beispiel der Moogoots folgen und die Aktivitäten spirituell Übender nur nachahmen, wobei wir in Wahrheit nichts weiter tun, als sinnlos herumzuhampeln und Dinge zu zerstören.

Durch unser Nachdenken über die Kostbarkeit des menschlichen Körpers und über die Vergänglichkeit durchschneiden wir unsere Anhaftung an weltlichen Erfahrungen. Wenn uns klar ist, dass wir, ganz gleich, wo in Samsara wir geboren sind, große Schwierigkeiten erleben werden und alles Glück nur von kurzer Dauer ist, durchschneiden wir unsere selbstgefällige Überzeugung, es reiche aus, in einem höheren Daseinsbereich geboren zu sein. Wir entwickeln dann die unerschütterliche Absicht, Erleuchtung zu erlangen, statt uns mit einer gewöhnlichen Wiedergeburt zufrieden zu geben, die nur unsere Verwirrung perpetuiert.

Denken Sie, entspannen Sie sich, beten Sie, entwickeln Sie Mitgefühl, erneuern Sie Ihre Verpflichtung. Beten Sie darum, dass Sie unermüdlich für die Befreiung aller Wesen aus dem Kreislauf des Leidens wirken mögen. Beten Sie darum, dass Sie die Fähigkeit entwickeln, alle Wesen, wo immer sie sein mögen, zur Wahrheit der absoluten Natur zu befreien.

In meiner Familie gab es einen großen Übenden, Tulku Arig. Er war einer meiner geschätzten Lehrer. Menschen reisten Hunderte von Kilometern, nur um sich den Ort, an dem er meditierte, anzuschauen. Selbst die chinesischen Kommunisten sagten: »Wenn ihr das Dharma so übt wie er, ist das in Ordnung.« Er besaß nur, was er auf seinem Rücken tragen konnte, und er lebte in einer Höhle oder in einer kleinen Meditationshütte. Seine Übung war sehr rein und einfach. Seit er dreizehn Jahre alt war und bis zu seinem kürzlichen Tod im Alter von 84 Jahren schlief er nachts nur eine Stunde, weil es ihm wichtiger war, zu üben, als zu schlafen.

Als Lehrer konnte er sehr zornig werden, und er konfrontierte seine Schüler unnachgiebig mit ihren Anhaftungen und Abneigungen. Während der ersten vier Jahre lehrte er sie nichts anderes als die vier Gedanken. Er forderte von ihnen, dass sie den Sinn dieser Gedanken vollkommen durchdrangen und die Konsequenzen dieser Lehren völlig verstanden, so dass sich ihr Geistesstrom veränderte und ihre Übung reifte.

Wenn Tulku Arig von Schülern gebeten wurde, ihnen tiefgründigere Lehren zu vermitteln, sagte er: »Diese Lehren mögen für euch nicht gut genug sein, aber sie waren gut genug für die Buddhas. Sie meditierten viele Jahre, um die Wahrheit der vier Gedanken zu verstehen. Falls euch diese Lehren nicht tiefgründig genug sind, dann geht zu einem anderen Lehrer.«

Wenn Sie die vier Gedanken wirklich verstehen, können Sie meditieren. Aber glauben Sie nicht, dass Meditation ein Stück Torte sei. Als der große Yogi Milarepa gefragt wurde: »Wie schwer ist deine Übung?«, antwortete er: »Sie ist schwerer, als Salz aus den Salzseen zu transportieren.« Wenn man in Tibet Salz transportieren wollte, füllte man eine nasse Yakhaut mit nassem Salz, presste dieses Salz so lange, bis die Haut ausbeulte, und ließ sie dann trocknen. Die trocknende Yakhaut drückte das zusammengebackene Salz zusammen, so dass es zu einem harten Stein wurde. Milarepa war der Meinung, es sei leichter, solche Salzsteine den ganzen Tag lang einen Berg hinauf- und hinabzutragen, als zu meditieren.

Wenn wir die Absicht haben, über Karma und den leidvollen Existenzkreislauf hinauszugelangen, müssen wir in unserem alltäglichen Leben mit ungeheurer Intensität meditieren. Uns muss ohne jeden Zweifel klar sein, dass wir dem Karma nicht entkommen können, dass wir in unserem momentanen Leben als Menschen die größte aller Chancen haben und dass diese Chance von nur sehr kurzer Dauer ist.

Es ist so, als wären wir von einer Klippe herabgefallen, hätten im Fallen nach einem vorragenden Ast gegriffen und baumelten nun in der Luft: Wir haben wirklich keine Zeit zu verlieren, nicht einmal für eine Kaffeepause. Hinabzufallen und einmal zu sterben ist eine Sache. Doch wenn wir in die Hölle fallen, werden wir immer wieder sterben. Ein einmaliger Tod ist ein menschlicher Luxus. Wenn uns der Wert der Chance, die wir als Menschen haben, nicht klar ist, werden wir sie nicht nutzen, bevor der Ast abbricht.

Leugnen Sie nicht die Wahrheit der vier Gedanken. Es mag schwer sein, sie zu akzeptieren, doch sollte Sie das trotzdem nicht dazu verleiten, sich selbst zu täuschen. Denken Sie über die vier Gedanken nach. Erforschen Sie sie durch Kontemplation. Ergründen Sie, was sie bedeuten, und erleben Sie, wie sie der Meditation zugute kommen. Sie werden auch Stützen der Meditation genannt. Sie wirken transformierend, denn sie wenden den Geist dem Dharma, der Wahrheit zu.

Teil III

Zuflucht und Bodhicitta

Zuflucht

Ob unsere Kontemplation über die vier Gedanken wirksam war, erkennen wir, wenn wir unsere samsarische Erfahrung zu durchschauen beginnen – wenn uns klar wird, dass es ihr an Essenz mangelt, dass nichts an ihr zuverlässig oder unveränderlich ist. Doch auf was *können* wir uns verlassen? Wo finden wir das wahre Herz, die wahre Essenz? Nur im heiligen Dharma, dem spirituellen Pfad, finden wir etwas, das von absolutem Wert ist.

Die vier Gedanken gehören jener Kategorie einführender Lehren an, die gewöhnliche äußere Vorbereitungsübungen genannt werden und die allen buddhistischen Traditionen gemeinsam sind. Trotz ihrer grundlegenden Bedeutung für die Dharma-Übung sind sie kein »formeller Schritt« auf dem buddhistischen Pfad. Um unseren Weg fortzusetzen, müssen wir eine Verpflichtung in Form des Zufluchtsgelübdes eingehen. Dies ist das erste Tor der buddhistischen Übung.

Als Zuflucht bezeichnen wir einen Ort der Sicherheit und des Schutzes. Im Wesentlichen beinhaltet das Zufluchtsgelübde, dass wir uns dazu verpflichten, den Weg des Nichtschädigens zu gehen. Es ist nicht so, dass der Buddha oder irgendein anderes erleuchtetes Wesen, nachdem wir Zuflucht genommen haben, einen Zauberstab schwingt und wir daraufhin plötzlich frei von allem Schmerz und jeglicher Unzufriedenheit sind. Vielmehr schützen wir uns selbst, indem wir uns der Wurzel allen Leidens zuwenden, die in unseren schädlichen Gedanken und Handlungen liegt. Wenn wir diese durch disziplinierten Umgang mit unserem Körper, unserer Sprache und unserem Geist verringern, wenden wir ihre karmischen Folgen von uns ab und eliminieren auf diese Weise die Ursachen unseres Leidens.

In den Traditionen des Mahayana- und des Vajrayana-Buddhismus liegt die Motivation für das Zufluchtnehmen im selbstlosen Mitgefühl mit der grenzenlosen Zahl der Wesen, die im Existenzkreislauf leiden, und im aufrichtigen Wunsch, selbst Befreiung zu erlangen, um all jenen Wesen zur Befreiung verhelfen zu können. Das Gelübde der Zuflucht gilt nicht nur für dieses Leben, sondern bis wir Erleuchtung erlangt haben, ganz gleich, in wie ferner Zukunft dies eintreten mag.

Wir nehmen Zuflucht zu den Drei Juwelen – Buddha, Dharma und Sangha. Der Buddha ist jemand, der einen bestimmten Weg gegangen ist und uns, weil er sein Ziel erreicht hat, den Weg weisen kann. Der Weg selbst ist das Dharma. Und diejenigen, mit denen zusammen wir reisen, die uns unterstützen und auf die wir uns verlassen, bilden die Sangha. Indem wir Zuflucht nehmen, folgen wir den Fußspuren jener, die vor uns den Pfad zur Erleuchtung gegangen sind.

Zuflucht zu nehmen bedeutet, die Qualitäten der Drei Juwelen zu würdigen, anfangend mit denen des unfehlbaren, erleuchteten Buddha. Viele große Heilige und Lehrer auf der ganzen Welt haben spirituelle Pfade begründet, doch sie alle verfügten nicht über die Eigenschaften von Buddha Shakyamuni. Nachdem der Buddha alle beeinträchtigenden Emotionen, alles Karma sowie alle Gewohnheiten und geistigen Verdunkelungen vollständig gereinigt hatte, wies er die 32 wichtigen und die 80 minderen Merkmale eines erleuchteten Körpers, die 60 Eigenschaften erleuchteter Sprache und die beiden Eigenschaften der Allwissenheit des erleuchteten Geistes auf.

Seine 112 Merkmale physischer Vollkommenheit – beispielsweise ein Strahlen, das für alle Menschen sichtbar war, und die Tatsache, dass seine Füße den Boden nicht berührten – waren unmittelbare und unverkennbare Zeichen vollkommener Realisation. Alle, die mit dem Buddha in Kontakt kamen, erbebten in Ehrfurcht vor seiner Präsenz; ihnen war klar, dass sie einem außergewöhnlichen Wesen begegnet waren. Der Buddha brauchte sich ihnen nicht als Lehrer zu erkennen zu geben; dies war ohnehin offensichtlich.

Die Sprache des Buddha war zwar von sechzig wohlklingenden Tönen geprägt, doch bedeutet dies nicht, dass er eine wundervolle Singstimme hatte oder ein guter Redner war. Vielmehr fungierte seine Sprache als vollkommenes Kommunikationsmittel. Alle, die den Buddha einmal lehren hörten, ganz gleich, wie groß seine Zuhörerschaft war, konnten den Reichtum an Weisheit, der in seiner Rede zum Ausdruck kam, sowie die Antworten auf ihre speziellen Fragen ohne jede Verstärkung vernehmen.

Der Geist des Buddha war von zwei Arten von Wissen durchdrungen: von einem alle Details erfassenden, unterscheidenden Gewahrsein der Phänomene auf der konventionellen Ebene des gewöhnlichen Geistes und von einem tiefgründigen Gewahrsein der wahren Natur der Wirklichkeit.

Wenn wir dem Buddha diese Eigenschaften zugestehen, erkennen wir ihn als einen zuverlässigen Lehrer an, der über zahllose Äonen Nichtschädigen und Hilfsbereitschaft geübt, sein Karma gereinigt, Verdienst und Weisheit angesammelt und so die Frucht der Erleuchtung erlangt hat. Wie ein Rohdiamant durchlief er die Prozesse des Schneidens, des Schleifens und des Polierens und wurde schließlich zu einem strahlenden, vollkommen ausgestalteten Edelstein. Auch wir können solche Edelsteine werden, doch sind wir im Moment noch Rohdiamanten, und unsere vollkommen entwickelten Qualitäten liegen noch im Dunkel verborgen.

Durch das Zufluchtnehmen bauen wir auf das Beispiel des Buddha, denn er hat uns den Weg gewiesen, indem er ihn selbst gegangen ist. Wenn wir durch ein sumpfiges Gebiet reisen müssen, ist jemand, der diese Reise schon einmal gemacht hat und somit genau weiß, wie man schwieriges Gelände sicher durchqueren kann, ein äußerst wertvoller Führer. Ein solcher Führer ist der Buddha. Er hat uns gezeigt, was wir aufgeben und was wir beherzigen sollten; er hat uns die Richtung gewiesen, in die wir gehen sollten, und er ist uns jeden Schritt auf dem Pfad zur Erleuchtung vorangegangen.

Zweitens nehmen wir Zuflucht zum heiligen Dharma: zu den Lehren des Buddha und den Methoden, die er benutzte, um Erleuchtung zu erlangen – eine große Vielfalt von Mitteln, umfassend und frei von Irrtum, die sein Vermächtnis sind. Alles wird völlig klar dargelegt: die Grundlage, der Pfad und die Frucht der Übung; wie man damit beginnt, wie man Hindernisse überwindet, wie man die positiven Qualitäten, die sich entwickeln, verstärkt. Diese Methoden oder *Yanas* (»Fahrzeuge«) werden in neun Kategorien unterteilt, die drei grundlegende Ansätze beinhalten: den Hinayana-Pfad als Weg der persönlichen Erlösung, den Mahayana-Pfad als Weg jener, die die Befreiung aller Wesen anstreben; und die Vajrayana-Lehren innerhalb des Mahayana-Pfades, die oft als der *kurze Pfad* bezeichnet werden.

Drittens nehmen wir Zuflucht zur Sangha, zur großen Gemeinschaft derer, die die Methoden des Buddha üben, seine Lehren in schriftlicher Form aufgezeichnet und in ununterbrochener Überlieferung von Geist zu Geist eine lebendige Tradition persönlicher Erfahrung übermittelt haben, welche die Wahrheit der Lehren offenbart. Weil es seit Lebzeiten des Buddha in jeder Generation einige Menschen gab, die sich der Umsetzung der Lehren widmeten, ist das Dharma nicht zu einer trockenen, rein intellektuellen Angelegenheit erstarrt, sondern bis heute frisch und lebendig geblieben. Die Sangha gleicht einer lebenden *Mala*, einer Kette von Gebetsperlen, einer »Kette« von Übenden, die durch ihre Übung seit Jahrhunderten miteinander verbunden sind. Dadurch ist uns eine lebendige Tradition erhalten geblieben, die uns heute noch zugänglich ist und dies auch zukünftigen Generationen sein wird.

Die Drei Juwelen sind also ein verlässlicher Hort der Zuflucht vor unserem Leiden, unserer Unwissenheit und unserer Verwirrung. Diese Sicherheit vermag uns niemand zu bieten, der selbst noch in der bedingten Existenz gefangen ist, so berühmt, schön, mächtig, begütert oder einflussreich die betreffende Person auch sein mag.

Das Wort »Zuflucht« hat wie viele Begriffe im Dharma drei Aspekte. Bisher haben wir uns mit seiner *äußeren* Bedeutung beschäftigt. Außerdem gibt es jedoch auch noch einen inneren und einen *geheimen* Sinn, mit denen wir uns an dieser Stelle nur kurz, später jedoch noch ausführlicher beschäftigen werden.

In der Vajrayana-Tradition sind die inneren Quellen der Zuflucht die Drei Wurzeln – Lama, Yidam und Dakini. Diese sind, wie es heißt, die Quelle von Segen, spiritueller Realisation und erleuchteter Aktivität.

Der *Lama*, unser spiritueller Lehrer, ist der Ursprung des Segens, da er uns sein Wissen, seine Methoden und seine Weisheit vermittelt, wodurch es uns möglich wird, zur Befreiung zu gelangen. Der *Yidam* oder die Meditationsgottheit, die wir wählen, ist insofern der Ursprung der Realisation, als wir durch unsere Übung die Natur des Geistes realisieren können. Durch die Methode der Meditationsgottheit ist es uns möglich, die *Dakini* zu realisieren, das weibliche Weisheitsprinzip, aus dem die Realisation erleuchteter Aktivität entsteht.

Das geheime Objekt der Zuflucht ist nichts anderes als die wahre Natur des Geistes, die Essenz aller Wesen, ob sie nun dem Bereich der Menschen, der Tiere, der Hungergeister oder der Götter angehören mögen – die makellose Buddha-Natur. Diese hat zwei Facetten: die erste, *Dharmakaya*, die absolute Natur des Geistes jenseits gewöhnlicher Vorstellungen, kann mit der Sonne verglichen werden; die zweite, *Rupakaya* oder Formkörper genannt, ist mit dem Strahlen der Sonne vergleichbar, das auf natürliche Weise und mühelos in Erscheinung tritt. Dieses Strahlen, das sich zum Wohle anderer manifestiert, hat zwei Aspekte: die *Sambhogakaya*-Manifestation – die Manifestation der reinen Form, die große Übende wahrzunehmen vermögen – und die *Nirmanakaya*-Manifestation, die zum Wohle all jener in Erscheinung tritt, denen der Ausdruck des Sambhogakaya verschlossen bleibt.

Indem wir uns im Vajrayana-Buddhismus auf die äußeren, die inneren und die geheimen Objekte der Zuflucht verlassen, reinigen wir das Karma auf der äußeren, der inneren und der geheimen Ebene gleichzeitig. Es ist, als würden wir nicht mit einer Klinge, sondern mit dreien gleichzeitig schneiden.

Unsere Erfahrung im endlosen Kontinuum des Leidens in Samsara ist mit derjenigen einer Fliege vergleichbar, die in einer verschlossenen Milchflasche gefangen ist. In ihrem Bemühen zu entkommen fliegt sie auf und ab und im Kreis, ohne einen Ausweg zu finden. Zuflucht zu nehmen mit dem Ziel, allen Wesen zur Erleuchtung zu verhelfen, ist mit dem Entfernen des Milchflaschenverschlusses vergleichbar. Die Fliege findet die Öffnung vielleicht nicht sofort, aber irgendwann wird ihr dies gelingen, und sie ist dann frei. Sobald wir die Verpflichtung der Zufluchtnahme eingegangen sind, können wir sicher sein, dass das Leiden in Samsara für uns irgendwann ein Ende nehmen wird.

Doch auch nachdem wir Zuflucht genommen haben, können wir uns nicht einfach zurücklehnen und darauf warten, dass die Drei Juwelen uns ihren Segen schenken. Wenn wir uns nicht selbst darum bemühen, zur Reife zu gelangen, können wir auch ihren Segen nicht empfangen. Zuflucht zu nehmen bedeutet, eine persönliche Verpflichtung einzugehen. Wir können dies nicht auf die leichte Schulter nehmen oder irgendwann unsere Meinung darüber wieder ändern. Wir Menschen sind unentschlossene Wesen. Wir reden ununterbrochen und glauben, dass vielleicht dieses oder vielleicht jenes wirken wird, dass wir vielleicht hier oder vielleicht auch dort leben werden. Auf diese Weise gehen wir nie eine Verpflichtung ein und kommen auch nie unserem Ziel wirklich näher.

Nehmen wir einmal an, wir wollten den Gipfel eines Berges erreichen und könnten dazu verschiedene Pfade benutzen. Wenn wir ein paar Schritte auf dem einen Pfad gehen und uns dann der Gedanke kommt, dass der zweite eigentlich doch besser sei, weshalb wir ein paar Schritte auf ihm gehen, dann aber zu der Überzeugung gelangen, dass ein dritter Pfad uns wesentlich schneller an unser Ziel bringe, und wenn wir dies unablässig wiederholen, werden wir den Gipfel des Berges niemals erreichen, sondern immer nur im Kreis gehen. Beim Zufluchtnehmen treffen wir eine persönliche Entscheidung darüber, welcher Pfad für uns der richtige ist, und wir verpflichten uns, diesem Pfad zu folgen.

Menschen, die mit dem Gedanken spielen, diese Verpflichtung einzugehen, werden manchmal ängstlich. Doch ähnelt diese Angst derjenigen, ein Gegengift einzunehmen, nachdem man zuvor bereits Gift geschluckt hat. Zeit zu zweifeln haben Sie, bevor Sie das Gift schlucken, nicht danach. Zuflucht zu nehmen bedeutet einfach, die Tatsache zu akzeptieren, dass wir Gift geschluckt haben, und dann zu beschließen, ein Medikament einzunehmen, das die Wirkung des Gifts neutralisiert. Wir sagen uns: »Das ist für mich nun verbindlich. Ich verpflichte mich dazu, anderen nicht zu schaden. Definitiv. Ich werde von nun an nicht nur einfach für mein eigenes Wohl arbeiten, sondern für das Wohl anderer. Das steht für mich völlig fest. Bisher habe ich meinem Geist nicht besonders viel Beachtung geschenkt. Ich habe mich nicht allzu sehr mit seiner Natur oder mit der Art, wie er arbeitet, befasst. Doch von nun an werde ich achtsam und wachsam sein; ich werde ganz genau verfolgen, was in ihm vor sich geht. Ich werde mir alle Mühe geben, das, was in mir tugendhaft ist, zu fördern, und ich werde meine nichttugendhaften Neigungen zurückdrängen und schließlich völlig überwinden.« Nur wenn wir uns auf diese Weise an unsere Verpflichtung gebunden fühlen, erfüllt das Zufluchtsgelübde seinen Zweck.

Die positiven Auswirkungen des Zufluchtnehmens sind wahrhaft unvorstellbar. In einer der Schriften heißt es, hätten diese positiven Wirkungen eine greifbare Form, wären sie größer als das gesamte dreitausendfältige Universum. Der Ausdruck »dreitausendfältiges Universum« bezeichnet ein Gebilde von kaum vorstellbarer Größe, nämlich der von einer Milliarde (1 000 x 1 000 x 1 000) Welten. Durch den Segen unserer Quellen der Zuflucht erhalten wir Anleitung, Mittel und Unterstützung für unsere spirituelle Übung und letztlich auch für das Erreichen der Befreiung. Wenn wir diese Segnungen durch unsere Bemühungen ergänzen, können wir zu unserem wesenseigenen Gewahrsein, zur wahren Natur unseres Geistes erwachen. Und dies ist im tiefsten Sinne die Bedeutung des Zufluchtnehmens.

Frage: Kann man, wenn man einmal erleuchtet ist, nicht mehr zurück? Gibt es Stufen der Erleuchtung oder Stufen von Erleuchtungserfahrungen?

Antwort: So etwas wie eine Erleuchtungserfahrung gibt es im Grunde nicht. Ich habe viele Menschen über diese Idee sprechen hören, doch sie verstehen die Bedeutung der Befreiung nicht. Um Erleuchtung zu erlangen, müssen wir die vier Verdunkelungen reinigen – die Geistesgifte, die intellektuelle Verdunkelung, Karma und Gewohnheit –, und durch das Ansammeln von Verdienst müssen wir eine günstige Situation schaffen. Bei denjenigen, die dies tun, manifestieren sich unverkennbare Qualitäten und zwei Arten von positiven Auswirkungen. Die erste, die positive Auswirkung für die Betreffenden selbst – die Entfernung aller Verdunkelungen und das Erkennen der eigenen Wesensnatur – ist die Dharmakaya-Realisation. Die Realisation unserer Buddha-Natur befreit uns von der

Unwissenheit; und die Freiheit von Unwissenheit befreit uns von den Folgen der Unwissenheit. Die zweite positive Wirkung, die anderen Wesen zugute kommt, ist die Verwirklichung der beiden Formkörper, die der Wärme und dem Licht gleichen, welche der sonnengleiche Dharmakaya ausstrahlt.

Einmal sagte eine Frau bei einem Podiumsgespräch, sie habe drei Jahre zuvor einen Autounfall miterlebt. Sie habe das Gefühl, damals erleuchtet worden zu sein, und sie fragte uns, ob wir dies für möglich hielten. Alle Diskussionsteilnehmer weigerten sich, diese Frage zu beantworten, und verwiesen die Frau an den Nächsten in der Runde, bis ich schließlich an der Reihe war. Ich fragte die Frau: »Verspüren Sie Wut?«

»Ja«, antwortete sie.

»Verspüren Sie Verlangen?«

Wieder antwortete sie: »Ja.«

Daraufhin sagte ich: »Dann sind Sie nicht erleuchtet.«

Durch die Meditationsübung kann man Glückseligkeit, Klarheit und Stabilität erfahren, und möglicherweise hält man diese Zustände für Erleuchtung. Aber das sind sie nicht. Die Qualitäten der Erleuchtung sind völlig anders geartet und unverwechselbar. Man ist nicht mehr an den samsarischen Geist oder die samsarische Existenz gebunden, und es ist nicht möglich, diese Realisation wieder zu verlieren.

Frage: Was macht es für einen Unterschied, ob man sich durch das formelle Zufluchtnehmen verpflichtet, niemandem zu schaden, oder ob man einfach niemandem schadet? Warum ist die formelle Verpflichtung so wichtig?

Antwort: Nehmen wir einmal an, Sie verpflichten sich, einen Drachen nicht zu töten. Die meisten Menschen sehen in ihrem ganzen Leben keinen Drachen; manche sind der Meinung, dass Drachen gar nicht existieren. Sie könnten sich also fragen, warum sich überhaupt jemand dazu verpflichtet, niemals einen Drachen zu töten.

Wenn Sie nie einen Drachen töten, erzeugen Sie keine Untugend, aber andererseits auch keine Tugend. Von dem Tag, an dem Sie sich dazu verpflichten, keinen Drachen zu töten, und von dem ab Sie sich an diese Verpflichtung halten, sammeln Sie Verdienst an. Indem Sie Zuflucht nehmen, sammeln Sie Minute für Minute ungeheuer viel Verdienst an, solange Sie Ihre Gelübde halten.

Bodhicitta entwickeln

Um auf dem spirituellen Pfad fortzuschreiten, brauchen wir ein Ziel, auf das wir hinarbeiten, so wie auch ein Pfeil ein Ziel braucht. Mit Hilfe von Bodhicitta, dem nächsten Tor der Übung in der Mahayana- und der Vajrayana-Tradition, setzen wir unsere Bemühung, zum Wohle anderer Erleuchtung zu erlangen, in jedem Augenblick unserer Übung fort. Dies ist das beste aller möglichen Ziele.

Bodhicitta ist die Grundlage für alles, was wir tun, so wie es auch bei der Wurzel einer Heilpflanze der Fall ist, deren Zweige, Blätter und Blüten allesamt zur Herstellung lebensverlängernder Mittel benutzt werden können. Qualität und Reinheit unserer Übung hängen davon ab, ob alle Methoden, die wir benutzen, von Bodhicitta durchdrungen sind. Ist dies der Fall, ist der Erfolg gesichert; fehlt es an Bodhicitta, wird sich kein Erfolg einstellen.

Deshalb wird uns schon beim ersten Hören der Lehren empfohlen, die Befreiung aller Wesen zum Sinn und Zweck unserer Übung zu machen. Wir machen uns zu geeigneten Gefäßen der spirituellen Lehren und der Übung, indem wir unsere von Eigeninteresse geprägte Motivation in eine altruistische umwandeln.

Bodhicitta hat drei Komponenten: das Entwickeln von Mitgefühl angesichts des Leidens aller Wesen; das Streben nach Erleuchtung, wodurch wir die Fähigkeit entwickeln, allen Wesen zu helfen – dies wird *Bodhicitta des Wünschens* genannt; und aktives Streben auf dem Pfad der Befreiung, um das genannte Ziel zu erreichen, das so genannte *Bodhicitta des Handelns*.

Der tibetische Begriff für das Sanskrit-Wort *Bodhicitta* ist *Jang chub sem. Jang* bedeutet »Entfernen der Verdunkelungen«, *chub* bezeichnet die Offenbarung aller vollkommenen inneren Qualitäten, und *sem* bedeutet Geist. Durch die Übung von Bodhicitta reinigen wir Verdunkelungen und verstärken unsere wesenseigenen positiven Qualitäten, wodurch schließlich der erleuchtete Geist offenbart wird.

Die Verdunkelungen des Geistes könnte man mit dem Ton vergleichen, der ein Kristall umhüllt, das lange im Erdboden gelegen hat. Wenn wir den mit Ton überzogenen Kristall aus dem Boden nehmen, sieht er aus wie ein Klumpen Ton. Doch werden die essentiellen Eigenschaften des Kristalls durch diese Ummantelung nicht im Geringsten geschmälert; sie werden nur verdunkelt. Wenn wir den Ton abwaschen, wird der Kristall sichtbar, und seine Qualitäten werden offenkundig. Ebenso wird durch die Reinigung und Entfernung der Verdunkelungen des Geistes unsere wahre kristalline Natur offenbar.

Gewöhnlich halten wir außen nach dieser Essenz Ausschau, die sich in unserem Inneren befindet. Es ist, als würden wir nach einem verschwundenen Pferd suchen, indem wir den zahllosen Hufspuren im Wald folgen, bis wir schließlich entdecken, dass das Pferd die ganze Zeit über in unserem eigenen Haus war.

Mitgefühl, der erste Aspekt von Bodhicitta, ist uns ebenfalls wesenseigen. Obwohl wir von Natur aus ein gutes Herz haben, ist dessen Wirkungsbereich meist sehr begrenzt. Durch Übung können wir unser eigenes vollkommenes und grenzenloses Mitgefühl wecken.

Jang chub sem ist also sowohl eine Methode als auch die Frucht der

Übung. Durch die Kraft von Bodhicitta, die Macht der Intention, allen Wesen zur Befreiung zu verhelfen, wird die sonnengleiche Essenz des Geistes vollständig enthüllt, und die das Wohl anderer fördernde Kraft tritt spontan und mühelos in Erscheinung, so wie die Sonne sich in jedem mit Wasser gefüllten Gefäß und in jedem Gewässer spiegelt.

Wir beginnen mit der Übung von *Jang*, dem Entfernen der Verdunkelungen des Geistes, indem wir unsere Tendenz zur Ichzentriertheit verringern und unsere Aufmerksamkeit auf andere richten. Unsere Gewohnheit, uns auf uns selbst zu konzentrieren, ist über zahllose Leben verstärkt worden; deshalb sind wir in Samsara gefangen. Die Buddhas hingegen haben sich von egoistischen und gewöhnlichen Gedanken gelöst, eine selbstlose Motivation entwickelt und auf diese Weise Erleuchtung erlangt.

Die Entwicklung dieser Art von Motivation ruht auf vier Ecksteinen, welche die *vier Unermesslichkeiten* genannt werden. Die erste von diesen ist eine gleichmütige Haltung allen Wesen gegenüber. Wenn wir frei von Vorurteilen und Voreingenommenheiten leben, ohne in unserem Geist zwischen Freunden und Feinden zu unterscheiden, haben wir die Essenz der Existenz begriffen und die Samen für unser eigenes Glück und unsere eigene Freiheit sowie für das Glück und die Freiheit anderer gesät.

Im Augenblick beziehen sich unsere Liebe und unser Mitgefühl nur auf bestimmte Menschen in bestimmten Situationen: auf unsere Familie, unsere Freunde und einige Wenige, die wir sehr schätzen oder lieben, jedoch auf niemanden, den wir als Feind ansehen. Auch wenn wir unangenehmen oder gefährlichen Menschen kein Unheil wünschen mögen, fällt es uns wahrscheinlich schwer, unsere klammheimliche Freude zu unterdrücken, wenn ihnen etwas zustößt. Unser Mitgefühl einem kranken Kind gegenüber basiert möglicherweise nur auf unserer Anhaftung. Durch Übung von Gleichmut entwickeln wir aus den Tiefen unseres Herzens heraus eine Haltung des

Mitgefühls allen Wesen gegenüber, die keine Unterschiede macht. Wenn wir nicht über diese Art von Herzensreinheit verfügen, bleibt unsere Übung oberflächlich – wir sind dann nicht in der Lage, Sinn und Zweck des Dharma richtig zu verstehen.

Wir entwickeln Gleichmut, indem wir uns zunächst vergegenwärtigen, dass alle Wesen glücklich sein wollen. Niemand möchte leiden. Dann widmen wir uns der Kontemplation darüber, dass jedes Wesen irgendwann in einem unserer zahllosen Leben einmal unsere Mutter gewesen ist. Buddha Shakyamuni und andere Buddhas und Bodhisattvas, die den Ton von der kristallinen Struktur ihres Geistes entfernt haben und dadurch allwissend geworden sind, haben gelehrt, dass es kein einziges Wesen gibt, das *nicht* irgendwann einmal unsere Mutter oder unser Vater gewesen ist. Auch wir können dies erkennen, wenn wir unseren Geistesstrom auf die gleiche Weise reinigen. Jedes Wesen – so feindselig es uns auch gegenüberstehen mag – ist einmal so gütig und wichtig für uns gewesen, wie es unsere Eltern in diesem Leben für uns waren. Ein Mensch, der eine scheinbar unbedeutende oder gar bedrohliche Rolle in unserem persönlichen Lebensdrama spielt, war uns gegenüber einmal liebevoll und hilfsbereit.

Damit wir diese Qualitäten zu schätzen lernen, müssen wir die ungeheure Großzügigkeit unserer Eltern erkennen. Zunächst einmal haben sie uns das Geschenk eines menschlichen Körpers gemacht. Als unser Geist in unserer vorigen Inkarnation mit unserem Tode in den Bardo gestoßen wurde, jenen Furcht erregenden und chaotischen Zustand zwischen Tod und Wiedergeburt, wurden wir hilflos wie eine Feder im Wind umhergetrieben, ohne jeden festen Bezugsrahmen und ohne jede Unterstützung, und wir haben schreckliche Dinge gesehen und gehört. Im Augenblick unserer Empfängnis fanden wir dann im Schoß unserer Mutter Sicherheit. Sie trug uns neun Monate lang in ihrem Körper und erduldete viele Unannehmlichkeiten oder gar Krankheiten, um uns die Geburt als Menschen zu ermöglichen.

Als wir hilflos in der Wiege lagen, umsorgte und schützte unsere Mutter uns, so dass wir stark und gesund werden konnten. Hätte sie uns keine Nahrung gegeben oder nicht andere gebeten, dies zu tun, wären wir mit Sicherheit gestorben.

Sie hat unser junges Leben immer wieder gerettet und uns davor bewahrt, hinzufallen, Dinge zu essen, die uns krank gemacht hätten, und sie hat uns vor den Gefahren des Feuers, des Wassers und des Straßenverkehrs geschützt. Sie hat uns gefüttert und gekleidet, uns gewaschen und unser Zuhause sauber gehalten. Bedenken Sie, wie viel Geld wir für jemanden bezahlen müssen, der unser Haus sauber hält oder für uns kocht. Wenn uns heutzutage jemand eine Tasse Tee gibt oder uns irgendeinen kleinen Gefallen tut und kein Geld dafür haben will, halten wir den Betreffenden für ungeheuer gütig. Doch ist diese Güte mit der Großzügigkeit unserer Mutter nicht zu vergleichen.

Unsere Fähigkeit, zu sprechen, uns in der Gesellschaft zurechtzufinden und mit anderen Menschen zurechtzukommen – all dies sind Geschenke unserer Eltern. Statt auf unsere eigene Klugheit stolz zu sein, sollten wir uns daran erinnern, dass es einmal eine Zeit gab, in der wir kein einziges Wort sprechen konnten und in der wir uns ebenso wenig den Po abwischen, allein essen, uns ankleiden oder uns sauber halten konnten. Wort für Wort haben uns unsere Mütter und Väter zu sprechen gelehrt. Sie haben uns geholfen, zu gehen, zu essen und uns anzukleiden. Sie waren unsere ersten Lehrer.

In diesem und zahllosen früheren Leben haben uns andere Wesen auf all diese Weisen im weltlichen Sinne Güte erwiesen. Doch auch für unsere spirituelle Entwicklung sind sie wichtig, denn sie zu befreien ist der Zweck unserer Übung, die Grundlage unserer altruistischen Motivation, ohne die wir die Erleuchtung nicht erlangen könnten. Wenn wir uns diese Dinge vergegenwärtigen, entwickeln wir ein tiefes Gefühl der Dankbarkeit und werden uns unserer Schuld all diesen Wesen gegenüber bewusst.

Indem wir Gleichmut kultivieren, vergegenwärtigen wir uns, dass alle Wesen zu irgendeinem Zeitpunkt einmal unsere Mutter gewesen sind. Wenn uns dies klar geworden ist, lernen wir die Güte zu schätzen, die sie uns erwiesen haben, und wir entwickeln den Wunsch, ihnen das Gute, das sie uns getan haben, zu vergelten. Auf diese Weise entwickeln wir eine höhere Motivation, das Wohl aller Wesen zu fördern, und zwar nicht nur das zeitweilige, sondern die höchste Form, die überhaupt möglich ist: indem wir Erleuchtung erlangen und dann anderen helfen, diese ebenfalls zu erreichen.

Ein Schüler aus dem Westen fragte einmal einen Lama: »Es fällt mir schwer, mir vorzustellen, dass alle Wesen irgendwann einmal meine Mutter waren. Meine Mutter war nie gut zu mir. Wir hatten eine sehr schlechte Beziehung. Deshalb werde ich jedes Mal, wenn ich über Bodhicitta meditiere und dabei an meine Mutter denke, sehr aufgebracht und wütend. Kann ich nicht einfach für eine Weile aufhören, an meine Mutter zu denken?«

Der Lama erklärte diesem Mann, es gehe darum, Mitgefühl allen Wesen gegenüber zu entwickeln, einschließlich seiner Mutter; dabei spiele es keine Rolle, in welcher Reihenfolge dies geschehe. Er sagte, dass die Menschen in Tibet und Indien die Mutter als den gütigsten und wundervollsten Menschen überhaupt ansehen. Um Anfängern den Zugang zur Übung zu erleichtern, benutze der Lehrer diese positiven Gefühle, die Menschen gewöhnlich ihrer Mutter gegenüber hegen, als Ausgangspunkt für das Entwickeln von Wärme und Mitgefühl gegenüber anderen Wesen.

Der Lama fuhr fort: »Wenn Sie das Gefühl haben, es sei besser, zuerst Mitgefühl gegenüber allen anderen Wesen zu entwickeln und erst danach gegenüber Ihrer Mutter, dann ist das völlig in Ordnung. Wichtig ist, dass Sie letztendlich Mitgefühl *allen* Wesen gegenüber haben, also *auch* gegenüber Ihrer Mutter.«

Schließlich erkennen wir die Gleichheit aller Wesen, die darin besteht, dass die Wesensnatur von ihnen allen, vom kleinsten Insekt bis zum größten Wissenshalter, ursprüngliche Reinheit ist. Nachdem wir verstanden haben, dass alle Wesen glücklich sein möchten, alle leiden, alle uns einmal die Güte erwiesen haben, unsere Eltern zu sein, und alle die Buddha-Natur haben –, entwickeln wir Mitgefühl ihnen allen gegenüber, indem wir uns die Tragik ihrer Situation vergegenwärtigen: Zwar wollen sie alle glücklich sein, doch schaffen sie aus Unwissenheit Umstände, die ihr Leiden perpetuieren.

Das Mitgefühl selbst, das Streben danach, das Leiden zu beenden, ist die zweite der vier Unermesslichkeiten. Mitgefühl ist ein hochwirksames Mittel gegen Eigendünkel und Eigennutz und hilft uns kurzfristig, indem es uns von unserer unablässigen Konzentration auf uns selbst und unsere Probleme befreit. Auf längere Sicht hat Mitgefühl positive Wirkungen, weil es, wenn es vom Herzen kommt, schon in kurzer Zeit ungeheurer viel Karma reinigt.

Wie erzeugen wir Mitgefühl? Wir beginnen mit der Kontemplation über die Schwierigkeiten anderer und versetzen uns anschließend in ihre Situation. Zunächst vergegenwärtigen wir uns das Leiden im Reich der Menschen, denn uns die Qualen der Wesen in anderen Daseinsbereichen zu vergegenwärtigen fällt uns wahrscheinlich schwerer.

Wir führen uns das Leid von einem oder zwei Menschen, die wir kennen, vor Augen und beziehen dann allmählich immer mehr Menschen in unsere Betrachtung ein, bis uns schließlich das Leiden all dieser Menschen wirklich anschaulich vor Augen steht.

Stellen Sie sich beispielsweise vor, dass jemand, zu dem Sie eine sehr enge Beziehung haben, stirbt, vielleicht in einem Krankenhaus, umgeben von seiner Familie und seinen Freunden. Wenn Sie das Leiden all dieser Menschen sehr klar vor Augen haben, versetzen Sie sich in den Sterbenden hinein. Ihre geliebte Familie und Ihre Freunde weinen und flehen Sie an, nicht zu sterben. Der Arzt hat Ihnen gesagt, dass Ihnen nur noch wenige Minuten zu leben bleiben. Es fällt Ihnen immer schwerer zu atmen, und Sie haben große Angst.

Sie wissen nicht, was Sie erwartet. Alles, was Ihnen vertraut ist, sogar Ihren eigenen Körper, werden Sie zurücklassen müssen. Nicht einen Pfennig des Geldes, das Sie zusammengespart haben, werden Sie mitnehmen können, und nicht ein einziger Freund oder ein einziges Mitglied Ihrer Familie wird Ihnen folgen, so lieb und teuer Ihnen alle diese Menschen auch sein mögen oder umgekehrt Sie ihnen.

Statt sich in das Elend eines Menschen, den Sie kennen, hineinzuversetzen, können Sie sich auch jemanden vorstellen, der in einem von Trockenheit geplagten Land lebt, in dem ganze Familien oder sogar ganze Dörfer hungers sterben. Versetzen Sie sich in die Situation eines solchen Menschen. Stellen Sie sich vor, Sie befinden sich im Kreise einiger geliebter Familienangehöriger, die noch nicht gestorben sind, jedoch an der Schwelle des Todes stehen. Sie wissen, dass auch Sie selbst bald sterben werden; es gibt einfach nichts zu essen. Sie fühlen sich zu schwach, um Ihren noch lebenden Verwandten helfen zu können, und aufgrund ihrer Schwäche können auch Sie von ihnen keine Hilfe erwarten. Angesichts des Todes sind Sie alle völlig machtlos.

Sie können sich auch einen Menschen vorstellen, der in einem Krieg stirbt, und sich dann in die Situation des Betreffenden hineinversetzen. Ihr bester Freund liegt tot neben ihnen, und Sie selbst sind ebenfalls verwundet, verbluten allmählich und können sich nicht mehr bewegen. Alle Menschen in Ihrer Nähe liegen im Sterben oder sind zu beschäftigt, um auf Sie zu achten. Sie fühlen sich völlig allein und haben große Angst.

Sie können sich auch in die Situation eines alten Menschen hineinversetzen. Stellen Sie sich vor, dass Ihre eigenen Kinder, die Sie so viele Jahre lang sorgsam aufgezogen haben, Ihnen nicht mehr helfen wollen und Ihnen nicht einmal mehr zuhören; vielleicht können sie Ihren Tod gar nicht erwarten. Sie können nicht mehr für sich selbst sorgen, und Ihre Kinder kümmern sich auch nicht um Sie. Vielleicht sind Sie allein in einem Pflegeheim, und Ihre Kinder besuchen Sie nur ein- oder zweimal im Jahr. Ihre Freunde respektieren Sie nicht mehr und hören Ihnen auch nicht mehr zu. Sie würden sich gerne so bewegen, so handeln und so reden können, wie in jüngeren Jahren, doch dazu sind Sie nicht in der Lage.

Wenn Sie alle diese Situationen untersuchen, wird Sie eine ungeheure Furcht überkommen. Geschieht dies, dann fragen Sie sich: »Wenn schon die Kontemplation über solches Leiden eine so große Angst in mir erzeugt, wie muss es dann erst denjenigen ergehen, die diese Situationen tatsächlich erleben?«

Denken Sie anschließend über die Tatsache nach, dass viele Menschen auf der ganzen Welt einander verletzen. Sie erzeugen negatives Karma, das ihnen schließlich selbst schaden wird, ohne dass es ihnen bewusst ist. Sie glauben, sie würden sich richtig verhalten, doch zerstören sie sich nur selbst.

Durch diese Art der Kontemplation entsteht in Ihrem Herzen starkes Mitgefühl und der Wunsch, sowohl jenen, die zurzeit leiden, als auch denen, die Samen für zukünftiges Leiden säen, zu helfen. Vergegenwärtigen Sie sich Ihre eigene relativ glückliche Situation, und verpflichten Sie sich dazu, alles in Ihrer Macht Stehende zu tun, um das Wohl aller Wesen zu fördern. Sie haben die Lehren des Dharma gehört; Sie kennen Methoden zur Reinigung der Ursachen und Voraussetzungen des Leidens. Doch all diese Wesen, die Ihnen irgendwann einmal die Güte erwiesen haben, Ihre Mutter zu sein, haben nichts. Was für eine Tragödie!

Im Mahayana-Buddhismus gilt großes Mitgefühl – Mitgefühl, das alle Wesen einschließt, also Freunde wie Feinde – als unverzichtbar. Ist diese starke Grundlage geschaffen, können Sie die Erleuchtung, selbst wenn Sie sie gar nicht anstreben, leicht erreichen. Sind Sie jedoch ausschließlich von dem egoistischen Bestreben, selbst dem Leiden zu entfliehen, motiviert, werden Sie das höchste Ziel nicht erreichen.

Mitgefühl wird durch die dritte der vier Unermesslichkeiten verstärkt: eine Liebe, die alle Wesen umfasst. Liebe ist der aufrichtige Wunsch, dass alle Wesen sowohl die Ursache als auch die Frucht zeitweiligen und höchsten Glücks erfahren mögen. Wir verpflichten uns dazu, alle Anstrengungen, ob körperlicher, verbaler oder geistiger Art, zu unternehmen, um dies zu erreichen.

Wenn wir anderen zu Glück verhelfen wollen, müssen wir dieses Ziel mit reinem Herzen verfolgen. Liegt unseren Bemühungen irgendein Eigennutz zugrunde, wird uns der Erfolg versagt bleiben, und der Kummer, den wir darüber empfinden, macht das durch unsere Handlungen entstandene Verdienst zunichte.

Zur Entwicklung der Fähigkeit reiner und selbstloser Liebe allen Wesen gegenüber können wir eine Meditationsmethode mit Namen *Tonglen* anwenden. Dabei erzeugen wir zunächst Mitgefühl und vergegenwärtigen uns die qualvolle Situation anderer. Dann stellen wir uns beim Einatmen vor, dass wir das Leiden und das negative Karma aller Bereiche der Erfahrung in Form von schwarzem Licht in uns aufnehmen. Beim Ausatmen visualisieren wir, dass all unsere Liebe, unser Glück und unser günstiges Geschick zu allen Wesen als weißes Licht ausstrahlt.

Wahrscheinlich werden Sie dieser Meditation zunächst mit Vorbehalten entgegentreten, weil Sie fürchten, sie könnte Ihnen auf irgendeine Weise schaden. Doch wenn Sie die selbstlose Absicht hegen, anderen zu helfen, werden sich Ihre Zweifel auflösen, und die Übung wird Ihre positiven Qualitäten stärken. Nur Ihre eigene Angst kann Ihnen schaden, denn sie wirkt wie ein Magnet, der Negativität anzieht.

Nachdem Sie diese Meditation intensiv und mit reinem Herzen geübt haben, werden Sie sich als ein Medium für das Glück anderer sehen. Nicht nur Ihre Liebe und Ihr Mitgefühl werden wachsen, sondern Sie werden auch weniger negative Gedanken hegen und weniger schädigende Handlungen begehen; Ihre egoistischen Tendenzen werden nachlassen, und Ihr Karma wird gereinigt werden.

Im Idealfall entwickeln wir die liebevolle Einstellung des Erleuchtungsgeistes (Bodhicitta) in einem solchen Maß, dass wir furchtlos, ohne jedes Zögern und ohne Bedauern alles Notwendige geben oder tun, um anderen zu helfen.

Buddha Shakyamuni hat in vielen seiner Leben auf dem Bodhisattva-Pfad seinen Körper für andere hingegeben. In einem Leben war er der mittlere von drei Königssöhnen. Als er sich einmal mit seinen beiden Brüdern im Wald verirrt hatte, begegnete er einer hungernden Tigermutter mit fünf Jungen. Sie konnte sich nicht mehr bewegen und hatte keine Milch mehr, um ihre Jungen zu füttern. Da dachte der Prinz: »Wie viele Male habe ich in früheren Leben versucht, mich selbst zu retten? Ich habe nur an meine eigene Sicherheit gedacht und bin immer wieder gestorben, ohne irgendjemandem von Nutzen gewesen zu sein. Mein Körper ist vergänglich; er wird ohnehin nicht sehr lange überdauern. Wenn ich dieser Tigerin und ihren Jungen von Nutzen sein kann, dann will ich dies tun.«

Er schickte seine Brüder zum Früchtesammeln und legte sich dann neben die Tigerin. Doch diese war zu schwach, um ihn zu fressen. Da er kein Messer hatte, brach er eine Bambusstange ab, schlitzte damit sein Handgelenk auf und ließ sein Blut in das Maul des Tiers tropfen. Dann schnitt er ein Stück von seinem Fleisch ab und fütterte sie damit. Während die Tigerin allmählich wieder zu Kräften kam, verlor er immer mehr an Kraft. Doch er bedauerte dies nicht im Geringsten; er widmete sein Leben nicht nur der Tigermutter und ihren Jungen, sondern allen Wesen, und dann starb er.

Im Augenblick seines Todes träumte die Königin von drei Sonnen am Himmel, von denen die mittlere verfinstert war. Nach diesem Traum erwachte sie und wusste, dass ihrem mittleren Sohn etwas zugestoßen war, und sie wurde Zeugin ungewöhnlicher Phänomene: Die Erde erzitterte, es regnete Blüten, und Musik und Ruhmeslieder ertönten.

Haar und Knochen des Prinzen wurden in einer *Stupa* aufbewahrt, einem Monument der Natur des Geistes, an einem heiligen
Ort in Nepal, der *Namo Buddha* genannt wird. Noch heute erlangen
viele Menschen großes Verdienst und reinigen große Mengen von
Karma, indem Sie diese Stupa umschreiten.

Die vierte der vier Unermesslichkeiten ist die Mitfreude – die
Freude über das Glück anderer. Wir erfreuen uns am weltlichen
Segen anderer Menschen – an ihrer Gesundheit, ihrem Reichtum,
ihren wundervollen Beziehungen – und auch an ihrer günstigen
spirituellen Situation. Wir lassen uns nicht zu Eifersucht hinreißen
und fragen uns auch nicht: »Warum bekommen sie dieses oder jenes
und ich nicht?« Vielmehr wünschen wir, dass ihr Glück lange
währen möge, und tun alles, was in unserer Macht steht, um dies zu
ermöglichen.

Indem wir uns der Tugend anderer erfreuen, erzeugen wir ebenso
viel Tugend. Erfreuen wir uns hingegen am Unglück eines anderen
Menschen, erzeugen wir ebenso viel Untugend wie derjenige, der
das Unglück des Betreffenden verursacht hat.

Zur Zeit Buddha Shakyamunis bettelten einmal zwei Jungen vor
dem Königspalast um Essen. Der König hatte den Buddha und sein
Gefolge zu einem wundervollen Mahl eingeladen. Einer der Jungen
bettelte schon, bevor dem Buddha etwas angeboten worden war. Da
ihm niemand etwas gab, wurde er sehr wütend. Er dachte: »Wenn
ich König wäre, würde ich dem Buddha, diesem König und allen, die
ihm helfen, die Köpfe abschneiden.«

Der andere Junge wartete, bis man dem Buddha und seinem
Gefolge das Essen vorgesetzt hatte, und bat dann um die Reste. Er
bekam so viel, wie er essen konnte. Daraufhin dachte er: »Was für
ein wundervoller König. Es war ungeheuer verdienstvoll, dass er den
Buddha zum Essen eingeladen und sich uns Armen gegenüber so
großzügig erwiesen hat. Wenn ich ein König wäre, würde ich dem
Buddha und den Armen alles anbieten, was ich hätte.«

Nach dem Essen trennten sich die beiden Jungen. Der mit dem guten Herzen wanderte über die Grenze in ein nahe gelegenes Königreich. Er legte sich im Schatten eines Baumes zum Schlafen nieder. Nun war der König jenes Reichs gestorben, und seine Minister suchten einen Nachfolger für ihn, der über die für das Königsamt notwendigen Qualitäten verfügte. Den Bewohnern des Dorfes, in dem der Junge unter einem Baum lag und schlief, fiel auf, dass zwar die Sonne im Laufe des Tages ihre Position am Himmel veränderte, sich der Schatten jedoch nicht von der Stelle, wo der Junge lag, bewegte. Da ihnen dies sehr ungewöhnlich erschien, berichteten sie es den Ministern des verstorbenen Königs.

Diese ordneten an, dass der Junge sich zu den Kandidaten für den Königsthron hinzugesellen solle, wenn diese sich in einer großen Versammlung aller Untertanen vorstellten. Der neue König sollte von einem ganz besonderen Elefanten ausgewählt werden. Am festgesetzten Tag näherte sich jener Elefant dem armen, zerlumpten Jungen – der in der Gruppe der Kandidaten ganz hinten stand –, salbte seinen Kopf mit einem besonderen Wasser aus einer Vase, hob ihn mit seinem Rüssel in die Höhe und setzte ihn auf den Thron.

Währenddessen schlief der zornige Junge im Garten des Königs. In der Nähe fuhr eine Kutsche vorüber, deren Fahrer die Kontrolle über das Gefährt verlor, so dass es den Körper des Jungen überrollte, seinen Hals abtrennte und ihn so tötete.

Am Anfang erfordert das Üben der vier Unermesslichkeiten Mühe. Doch allmählich lösen wir nacheinander die Knoten, die uns binden – die Geistesgifte und Täuschungen. Gleichmut verringert Stolz, Freude verringert Eifersucht, Mitgefühl verringert Verlangen, und Liebe verringert Zorn und Abneigung. Nimmt der Zorn ab, entwickelt sich spiegelgleiche Weisheit; wird das Verlangen verringert, entsteht unterscheidende Weisheit – und so weiter. Wenn unsere

Übung reift und Weisheit offenbar wird, treten die vier Unermesslichkeiten auf natürliche, mühelose Weise in Erscheinung, so wie Licht und Wärme ganz natürlich von der Sonne ausstrahlen.

Zwar meinen viele, sie könnten die Weisheit direkt erkennen, doch ist dies in Wahrheit nicht so leicht. Erst wenn sich die Knoten lösen, wird das Gewahrsein offenkundig. Durch die vier Tore der Liebe, des Mitgefühls, der Mitfreude und des Gleichmuts können wir in das Mandala der absoluten Natur des Geistes eintreten.

Bodhicitta des Wünschens und der Anwendung

Bodhicitta hat zwei Zielrichtungen: das Wohl anderer zu fördern oder Mitgefühl zu entwickeln und Erleuchtung oder Weisheit zu erlangen. Nach Erleuchtung streben wir nicht nur, um selbst dem Leiden in Samsara zu entfliehen, sondern auch zum Wohl all jener, die uns sehen, hören, berühren oder sich an uns erinnern. Nun mögen wir die Fähigkeit haben, zehn, hundert, tausend oder, wenn wir berühmt sind, vielleicht sogar Hunderttausenden oder gar Millionen von Menschen zu helfen, doch reicht das nicht aus, denn die Zahl der Wesen, die in Samsara leiden, ist unendlich.

Durch unsere Übung entwickeln wir eine der drei Formen von Bodhicitta: Die erste ist die *Haltung des Hirten*, in der wir alle fühlenden Wesen vor uns zur Erleuchtung führen und ihnen nachfolgen, so wie ein Hirte seine Schafe durch ein Gatter führt und ihnen dann folgt. Die zweite Form wird die *Haltung des Fährmanns* genannt. Wenn ein Fährmann zum anderen Ufer übersetzt, erreicht er dieses gleichzeitig mit denjenigen, die er in seinem Boot befördert. Ebenso gelangen auch wir in diesem Fall zusammen mit allen fühlenden Wesen zur Erleuchtung. Realistischerweise müssen wir jedoch, um andere vom Leiden des Existenzkreislaufs zu befreien, zunächst uns selbst befreien. So wie ein König sein Königreich erst mit Weisheit regieren kann, nachdem er den Thron bestiegen hat, streben wir in unserer Übung danach, selbst Buddhaschaft zu erlangen, um andere aus Samsara befreien zu können. Dies wird die *königliche Haltung* genannt. Wir entwickeln eine dieser drei Formen von Bodhicitta, um den verschiedenen Formen der Selbstbezogenheit entgegenzuwirken, die die Erleuchtung am stärksten behindern.

Wenn wir danach streben, für uns und alle Wesen Erleuchtung zu erlangen, so wird dies *Bodhicitta des Wünschens* oder *des Strebens* genannt. Obwohl für unsere Übung unverzichtbar, können wir allein dadurch unser Ziel nicht erreichen. Wenn wir auf das große Meer Samsaras blicken und uns und andere ans andere Ufer bringen wollen, jedoch kein Boot haben oder nichts, um ein Boot fortbewegen zu können, werden wir unser Ziel trotz allen Wünschens und Strebens nicht erreichen.

Vielmehr müssen wir außerdem auch aktiv werden – den Pfad der Übung wirklich beschreiten. Die Methoden anzuwenden, die negative Gedanken und Handlungen verringern und reinigen und die positiven Qualitäten verstärken, und gleichzeitig die wahre Natur des Geistes zu erkennen, so dass wir uns selbst und alle Wesen zur Buddhaschaft führen können, wird *Bodhicitta der Anwendung* oder *des Handelns* genannt. Dies ist der Pfad des Bodhisattva.

Eine Methode, die uns hilft, Bodhicitta in jeden Aspekt unseres Lebens einzubeziehen, ist die Übung der *sechs Vollkommenheiten* oder (in Sanskrit) der *Paramitas*: Großzügigkeit, moralisches Verhalten, Geduld, Beharrlichkeit, Konzentration und Weisheit.

Großzügigkeit verringert unsere Tendenz, an Dingen festzuhalten. Man kann unterscheiden zwischen materieller Großzügigkeit, die im Teilen von Nahrung und Kleidung und anderer Dinge zum Ausdruck kommt; spiritueller Großzügigkeit, die in der Übermittlung spiritueller Lehren besteht oder darin, Menschen, die Angst haben, von ihrer Angst zu befreien und sie zu schützen; und schließlich einer Großzügigkeit, die darin besteht, dass wir anderen unsere Zeit,

Energie und Rede schenken, indem wir uns ihnen mitteilen, sie lehren, sie beraten und ihnen gegenüber liebevolle Güte zum Ausdruck bringen. Ganz gleich, welchen Glücks wir uns zurzeit erfreuen, es ist die Frucht früherer Großzügigkeit, die wir nun genießen können, indem wir sie mit anderen teilen.

Bei der Übung *moralischen Verhaltens* überprüfen wir ständig unsere Motivation, um sicherzustellen, dass wir unseren Körper, unsere Sprache und unseren Geist auf eine Weise benutzen, die nicht nur nicht schadet, sondern anderen von Nutzen ist. Außerdem streben wir Bedingungen an, unter denen wir die größtmögliche positive Wirkung erzielen können – indem wir lernen, was wir lernen müssen, indem wir die erforderlichen Ressourcen sammeln und dergleichen mehr. Und schließlich bemühen wir uns unermüdlich um Disziplin.

Wir üben *Geduld*, indem wir in unseren Bemühungen, zum Wohl anderer zu wirken, nie nachlassen, ganz gleich, wie sie auf uns reagieren oder welche Einstellung sie uns gegenüber haben mögen. Außerdem entwickeln wir Geduld als Gegengift zu Aggression, Zorn und Hass. Ein buddhistisches Sprichwort lautet: »Gegen ein Übel wie Zorn gibt es keine bessere Übung als Geduld.« Dies fördert unseren Geistesfrieden und kommt letztendlich auch unserem Streben nach Erleuchtung zugute.

Es gibt drei grundlegende Arten von Geduld: Geduld angesichts von Bedrohungen oder Schädigungen durch andere, Geduld im Akzeptieren der Schwierigkeiten spiritueller Übung und im Umgang mit ihnen und schließlich Geduld, die im Akzeptieren der tiefgründigen Implikationen der wahren Natur der Wirklichkeit und im furchtlosen Umgang mit ihr zum Ausdruck kommt.

Geduld kann auf persönlicher, regionaler oder nationaler Ebene wichtig werden. Wenn Einzelne oder Gruppen anderen Menschen Probleme bereiten, sollten wir auf deren Aggression nicht mit Wut reagieren, sondern uns vergegenwärtigen, dass alle Wesen einmal unsere Mutter gewesen sind und uns große Güte erwiesen haben. Aus Unwissenheit verstehen sie die Verbindung zwischen uns und ihnen nicht, und ihnen ist auch nicht klar, dass sie die Samen für zukünftiges Leiden säen. Indem wir davon absehen, Gleiches mit Gleichem zu vergelten, fördern wir das Wohl aller Beteiligten, denn unsere Geduld zerstreut Aggression sehr schnell, und wir verhindern, dass die Probleme noch zahlreicher werden.

Als Buddha Shakyamuni in Bodhgaya unter dem Bodhi-Baum saß, unternahmen die Kräfte Maras, der Verkörperung all dessen, was uns an Samsara bindet, einen letzten Versuch, ihn zu bezwingen und seine Erleuchtung zu verhindern. Zu diesem Zweck versammelten sie ein Dämonenheer, das den Buddha angriff. Doch durch die Kräfte der Geduld, der Liebe und des Mitgefühls, die sich durch seine Realisation auf natürliche Weise manifestiert hatten, verwandelten sich ihre Waffen in Blumen.

Beharrlichkeit beinhaltet, dass man sich auf eine Aufgabe vorbereitet und sie umsetzt, wobei man eine unerschütterliche Ausdauer darin entwickelt, das Begonnene zum Abschluss zu bringen und danach nie mehr zurückzublicken. Wir entwickeln nicht nur innere Qualitäten, sondern auch die Mittel, die wir brauchen, um anderen helfen zu können. Beispielsweise mag jemand über liebevolle Güte verfügen und beabsichtigen, kranken Menschen zu helfen, doch um dies wirklich zu können, muss man sich jahrelang hingebungsvoll dem Studium und der Praxis der Heilkunst widmen.

Wir üben uns in Beharrlichkeit, um unser Ziel zu erreichen: das zeitweilige und letztendliche Glück aller Wesen. Wenn es uns nicht möglich ist, einen Schritt vorwärts zu tun, sollten wir zumindest nicht zurückgehen. Allmählich, Schritt für Schritt, kann selbst ein Esel den Weg um die Welt schaffen.

Wir entwickeln *Konzentration oder Stabilität in der Meditation*, indem wir unseren Geist schulen. Der tibetische Begriff für diese Vollkommenheit ist *samten*, wobei *sam* »denken« bedeutet – gemeint ist, dass wir das rationale Denken in der Kontemplation nutzen – und *ten* die Bedeutung »stabil« oder »fest« hat. Die Erfahrung meditativer Stabilität wird oft mit dem tibetischen Begriff *zhinay* gleichgesetzt, der beinhaltet, dass der Geist in einspitziger Konzentration zur Ruhe kommt, wobei er entweder auf eine Vorstellung gerichtet ist oder im natürlichen Zustand des Gewahrseins weilt.

Eine Art meditativer Stabilität besteht darin, ohne jede Ablenkung über eine einzige Idee nachzusinnen oder sich auf sie zu konzentrieren, so dass der Geist nicht zu anderen Gedanken abschweift, nicht einmal zu sehr ähnlichen. Konzepte und die Worte, die sie zum Ausdruck bringen, weisen auf einen tieferen Sinn. Eine andere Form meditativer Stabilität ist die natürliche Rückkehr des Geistes in seinen ursprünglichen Zustand, ohne dass er durch Gedanken der drei Zeiten verdunkelt wird – durch Erinnerungen an die Vergangenheit, Gedanken an die Gegenwart oder Vorwegnahmen dessen, was in Zukunft geschehen könnte. Eine noch tiefere Art meditativer Stabilität ist von der sechsten Vollkommenheit, der Vollkommenheit der Weisheit, durchtränkt, die als Siegel fungiert, das dem Zustand ruhigen Verweilens aufgeprägt wird.

Weisheit, auch transzendentes Wissen genannt, beinhaltet die Kenntnis der absoluten Wahrheit jenseits gewöhnlicher Vorstellungen, der Objekt-Subjekt-Dualität und der zeitweiligen Erfahrungen von Glückseligkeit, Klarheit und Stabilität. Jenseits davon gibt es nichts, was gekannt werden könnte. Jenseits davon gibt es kein Ziel.

Die ersten fünf der sechs Vollkommenheiten sind Subjekt-Objekt-orientiert. Im Fall der Großzügigkeit beispielsweise sprechen wir von dem Subjekt – uns selbst –, das gibt; dem Objekt, der Person, die etwas erhält; und dem Akt des Gebens. Subjekt, Objekt und das, was zwischen beiden geschieht, wird auch die *drei Sphären* genannt.

Der Glaube an die Festigkeit der drei Sphären ist der Bereich der relativen Wahrheit. Die Wirklichkeit hat zwei Aspekte: den der höchsten Wirklichkeit oder der absoluten Wahrheit – der Dinge, so wie sie an und für sich sind – und den der relativen Wirklichkeit oder relativen Wahrheit – der Dinge, so wie sie auf der Ebene der konventionellen Realität erscheinen. Der tibetische Begriff für relative Wahrheit, *kundzob*, besteht aus *kun*, was »alle« oder »viele« bedeutet, und *dzob* für »das, was nicht wahr ist«. *Kundzob* beinhaltet also die Manifestation der Myriaden von Phänomenen, die etwas zu sein scheinen, was sie tatsächlich *nicht* sind.

Wie Kinder, die einem Regenbogen nachjagen, behandeln wir die traumartige Manifestation der Erscheinungen als tatsächlich vorhanden und greifbar. Doch ist nichts an diesen Erscheinungen von Dauer. Außerdem ist nichts davon unteilbar – beispielsweise besteht ein Berg aus vielen verschiedenen Dingen wie Erde, Felsen, Atomen und Molekülen. Und nichts ist frei, denn alles wird von anderen Dingen beeinflusst.

Wir nennen diese Phänomene »Wahrheit«, weil sie uns im Kontext unserer traumartigen Erfahrung als wahr erscheinen. Beispielsweise ist Feuer nicht dauerhaft, unteilbar oder frei, doch da es uns verbrennt, wenn wir eine Hand in die Flammen halten, ist unsere relative Erfahrung in diesem Sinne wahr. Gleichzeitig bleibt die höchste Natur der Erfahrung unveränderlich und absolut rein – leer, so wie die nächtliche Traumerfahrung leer ist. In einem nächtlichen Traum scheinen Dinge zu geschehen, doch wenn wir aufwachen, stellen wir fest, dass im Grunde nichts geschehen ist. Dies ist die wahre Natur aller Phänomene in Samsara.

Der große indische Buddhist Shantideva hat gesagt, dass die höchste Wahrheit dem gewöhnlichen Geist nicht zugänglich ist. Der gewöhnliche Geist befasst sich mit der konventionellen Wirklichkeit, wohingegen die höchste Wirklichkeit frei von allen Vorstellungen und jenseits von ihnen ist – man kann weder sagen, dass Dinge existieren, noch, dass sie nicht existieren, dass sie sind oder nicht sind. Wenn wir Unterweisungen hören, uns der Kontemplation widmen und meditieren, wird unser zunächst rein intellektuelles Verständnis allmählich zu einem tieferen Wissen, einer direkten Erfahrung und schließlich zur stabilen Realisation unserer höchsten Natur. Dann entdecken wir, wie es in einem berühmten tibetischen Gebet heißt, dass die absolute Wahrheit kein *Ding* ist, das existiert, denn selbst der Buddha kann sie nicht sehen. Dennoch können wir die relative Wirklichkeit nicht leugnen, indem wir sagen, sie existiere gar nicht, denn wie sollten wir dann Samsara und Nirvana erklären – den unablässigen Ausdruck der sich manifestierenden Phänomene? Es liegt kein Widerspruch darin zu sagen, dass die Grundnatur der Dinge unveränderlich ist, obwohl sich diese auf der relativen Ebene als veränderliche, flüchtige Erscheinungen manifestieren, oder dass die Phänomene wie in einem Traum letztendlich nicht existieren, obwohl sie sich manifestieren. Aus diesem Grund sagen wir, dass Phänomene *leer* sind.

Die Leerheit unserer Erfahrung, ihre geburtlose, todlose Natur, in der es kein Kommen und Gehen gibt, die Natur jenseits der Extreme von Existenz und Nichtexistenz, ist vom unablässigen Ausdruck manifester Erscheinungen nicht zu trennen. Die wahre Natur unserer relativen Erfahrung ist die absolute Wahrheit. Das Wissen um die Untrennbarkeit von absoluter und relativer Wahrheit nennen wir die *Sicht*.

Wenn wir die Sicht auf unsere Übung der ersten fünf Vollkommenheiten anwenden, bewegen wir uns über deren gewöhnliche Bedeutung hinaus. Geben wir in einem nächtlichen Traum einem Bettler einen Apfel, ist in Wirklichkeit weder ein Bettler noch ein Apfel da. Ist unsere Großzügigkeit von Weisheit durchtränkt, dem Wissen über die wahre Natur der drei Sphären, wird sie zur Vollkommenheit der Großzügigkeit. Zu wissen, dass unser Handeln zum Wohl anderer jeder inhärenten Existenz entbehrt, und trotzdem zu handeln ist die Essenz der Übung der sechs Vollkommenheiten und des Bodhisattva-Pfades.

Das Handeln zum Wohl anderer Wesen wird *Ansammeln von Ver-*

dienst genannt, und es beinhaltet das mit Mühe verbundene Sammeln von Tugend. Wir nutzen die Dualität des Geistes, indem wir Methoden wie die ersten fünf oder alle sechs Vollkommenheiten in einem konzeptuellen Rahmen verwenden, der anstrebt, im Bereich der traumähnlichen Erfahrung das Wohl aller Wesen zu fördern. Die *mühelose* Übung des Gewahrseins innerhalb eines nicht an Vorstellungen gebundenen Rahmens wird *Ansammeln von Weisheit* genannt. »Gewahrsein« bezeichnet hier das nicht an Vorstellungen gebundene Erkennen der wahren Natur der drei Sphären. Wir verfallen nicht in das Extrem zu behaupten, dass alles so existiert, wie es erscheint, und ebenso wenig verfallen wir in das andere Extrem, nämlich zu leugnen, dass irgendetwas geschieht.

Weil der Grund unserer Erfahrung aus der relativen und der absoluten Wahrheit besteht, sind die beiden Ansammlungen für unsere Übung unverzichtbar; beide sind unabdingbar, wenn wir Erleuchtung erlangen wollen. Im Vajrayana-Buddhismus *ist* die Einheit oder Untrennbarkeit der beiden Ansammlungen von Verdienst und Weisheit der Pfad. Wir üben, die Sicht inmitten unseres alltäglichen Lebens aufrechtzuerhalten, auf der konventionellen Ebene adäquat zu handeln, ohne jemals das Gewahrsein der essentiellen Natur unserer Aktivität zu verlieren. Dieses Gewahrsein ist der höchste Aspekt von Bodhicitta, wohingegen das mitfühlende Streben, dem Wohl aller Wesen zu dienen, der relative Aspekt ist.

Die Übung der beiden Ansammlungen führt zur Realisation der beiden Kayas: des formlosen Aspekts des erleuchteten Geistes, Dharmakaya, und des Ausdrucks jener höchsten Realisation zum Wohl anderer, des Formkörpers. Somit ist die Grundlage unserer Erfahrung die Einheit der beiden Wahrheiten, und unser Pfad ist die Vereinigung der beiden Ansammlungen; und dies führt schließlich zur Frucht: der Vereinigung der beiden Kayas, des Formaspekts und des formlosen Aspekts erleuchteten Seins.

Das Verdienst, das wir durch unsere Übung erzeugen, können wir dem Wohl aller Wesen widmen. Wenn Sie sich in einem dunklen Haus befinden, kann das Licht einer Butterlampe einen ganzen Raum erhellen, und alle, die sich darin befinden, profitieren davon. Ist das Öl verbrannt, verlischt die Lampe. Würde das Öl in der Lampe nachgefüllt, würde das Licht länger leuchten, und alle Anwesenden würden davon profitieren. Ebenso ist eine glückliche Situation in dieser Welt das Resultat kollektiven Verdienstes. Wenn wir Tugend ansammeln und sie allen Wesen widmen, tragen wir dadurch zur Vergrößerung des kollektiven Verdienstes bei.

Shantideva hat gesagt, so wie ein Haufen trockenen Grases von der Größe des Berges Meru durch einen einzigen Funken in Asche verwandelt werden könne, könne das Verdienst ganzer Äonen, wenn man es nicht widme, durch einen einzigen Augenblick des Zorns vernichtet werden. Wenn wir mit Bodhicitta-Motivation Tugend üben und das dadurch entstehende Verdienst dem Wohl aller Wesen widmen, kann dieses Verdienst nicht zerstört werden. Um die Kraft unserer Widmung zu vergrößern, können wir darum beten, dass sie derjenigen aller Buddhas und Bodhisattvas gleichen möge, die ihre Tugend immer und zu allen Zeiten dem Wohl anderer gewidmet haben.

Wollen wir unseren Geist auf die Selbstlosigkeit hin orientieren, müssen wir uns immer wieder der Bodhicitta-Kontemplation zuwenden, ebenso wie wir es mit den vier Gedanken tun. Widmen Sie sich der Kontemplation über Mitgefühl, stellen Sie sich vor, Sie würden das Leiden eines anderen Menschen erleben, und lassen Sie anschließend den Geist ruhen. Erneuern Sie Ihre Verpflichtung, alles in Ihrer Macht Stehende zu tun, um das Leiden aller Wesen zu verringern und ihnen zu helfen, Befreiung zu erlangen, auf dass sie aus dem Traum des Leidens erwachen. Beten Sie darum, dass durch den Segen aller Quellen der Zuflucht Ihre Bestrebungen in Erfüllung gehen mögen. Widmen Sie sich anschließend der Kontemplation über Gleichmut, die Gleichheit des Leidens aller Wesen – jener, die im Augenblick leiden, und jener, die leiden werden, wenn ihr negatives Karma gereift ist. Vergegenwärtigen Sie sich die Güte, die diese Wesen Ihnen erwiesen haben, die Güte einer Mutter. Lassen Sie anschließend zu, dass sich Ihr Geist entspannt, erneuern Sie Ihre Verpflichtung, beten Sie, und so weiter.

Wenn Sie dies den ganzen Tag über tun, indem Sie sich jeweils für kurze Zeit all diesen Arten der Meditation widmen, wird sich Ihr Geist verändern. Man könnte die Erfahrung in Samsara damit vergleichen, dass Sie in eine Tasche eingesperrt sind. Jedes Mal wenn Sie Ihren Geist wieder der Meditation zuwenden, bohren Sie ein kleines Loch in die Tasche. Geschieht dies sehr oft, reißt die Tasche allmählich auf, und Sie können sich schließlich daraus befreien. Wenn wir an alles, was wir tun, mit reiner Motivation herangehen, werden alle unsere Aktivitäten zu einem Teil unserer Übung.

Frage: Sollten wir nicht, damit unser Mitgefühl eine Wirkung hat, in die Welt gehen und beispielsweise den Obdachlosen helfen?

Antwort: Es ist gut, auf sehr konkrete Weise helfen zu wollen, aber wir müssen dabei vorsichtig sein, weil die Geistesgifte unser Handeln verunreinigen können. Beispielsweise könnten Sie denken: »Wenn ich den Obdachlosen helfe, bin ich ein guter Mensch.« Oder Sie könnten denken: »Ich bin ein wenig besser als die Obdachlosen, weil ich mich um sie kümmere.« Oder Sie könnten zu sich selbst sagen: »Ich sollte den Obdachlosen helfen, damit niemand denkt, dass ich Menschen auf der Straße schlafen lasse.« Wenn ein Mensch, dem Sie ein Stück Brot geben, Ihnen in die Hand beißt, und Sie dann wütend werden, oder wenn Sie, weil der Betreffende Ihnen zulächelt, glücklich sind, dann ist das, was Sie tun, durch Stolz, Anhaftung oder Abneigung verunreinigt. Damit haben viele Menschen Probleme.

Vielleicht können Sie tausend Menschen helfen, vielleicht sogar zehntausend, doch die Betreffenden hassen Sie, oder Ihre Bemühungen bewirken nichts Gutes, und diejenigen, die in den Genuss Ihrer Hilfe kommen, fühlen sich genauso schlecht wie eh und je, oder sie fühlen sich nicht freier, weil sie jetzt in einem Bett schlafen können, statt wie bisher auf dem Gehsteig.

Dies sollte jedoch nicht als Aufforderung zur Gleichgültigkeit missverstanden werden. Wir müssen alles in unserer Macht Stehende tun, um das Leiden anderer im Augenblick zu lindern. Doch gleichzeitig müssen wir daran arbeiten, dass unsere Motivation umfassender wird, und das höchste Wohl aller Wesen im Auge behalten. Wir dürfen uns nicht allzu kurzsichtig auf die menschliche Situation im Sinne der relativen Wirklichkeit konzentrieren und darüber die anderen Bereiche zu vergessen. Obdachlose leiden zweifellos schrecklich, doch ist ihr Leiden nicht mit dem der Wesen in den Höllenbereichen vergleichbar. Zwischen unmittelbaren Bedürfnissen und solchen, die sich auf die absolute Wirklichkeit beziehen, besteht ein gravierender Unterschied. Wir können dies nicht naiv abtun.

Um anderen wirklich effektiv zu helfen, müssen wir unsere positiven Qualitäten entwickeln und verstärken. Wenn wir dies tun, reagieren wir auf Zorn nicht mit Zorn, sondern mit Mitgefühl. Um jemanden zu retten, der zu ertrinken droht, müssen wir schwimmen können. Andernfalls kann unser Versuch zu helfen dazu führen, dass wir ebenfalls ertrinken.

Kurz gesagt, wir müssen uns in der Meditation üben, weil uns dies die Möglichkeit eröffnet, wesentlich mehr für andere zu tun. Irgendwann können wir ihnen dann sowohl auf der unmittelbaren als auch auf der höchsten Ebene helfen. Es wäre verfehlt zu denken: »Ich habe keine Zeit zum Meditieren, weil ich in der Suppenküche helfen muss.« Wir sollten beides gleichzeitig tun.

Wir müssen persönlich erfahren, was es bedeutet zu leiden, denn nur dann können wir verstehen, was Leiden für andere bedeutet. Andernfalls ist das Wirken zum Wohl anderer zu theoretisch. Wenn

Ihr Kind in ein tiefes Loch fiele und sich in großer Gefahr befände, würden Sie alles in Ihrer Macht Stehende tun, um es zu retten. Sie würden nicht ruhen, bis Sie es wieder in Ihren Armen hielten. Ebenso sollten Sie auch gegenüber allen anderen Wesen empfinden, die einmal Ihre Kinder und Ihre Eltern gewesen sind.

Doch Mitgefühl reicht nicht aus. Wenn Sie glauben, Sie würden Menschen helfen, indem Sie sie von der Straße auflesen und ihnen ein Bett geben, ist Ihr Verständnis begrenzt. Sie müssen zur Wurzel des Problems vordringen und nach einer Möglichkeit suchen, um sowohl das zeitweilige als auch das höchste Wohl aller Wesen zu fördern. Andernfalls könnten Sie Ihr ganzes Leben lang versuchen, anderen Menschen zu helfen, ohne dass sich irgendein Erfolg einstellt. Weder Sie selbst noch die Menschen, denen Sie zu helfen versucht haben, werden dann Befreiung finden. Doch je nachdem, was in Ihrem Geist vor sich geht, während Sie handeln, sind Sie möglicherweise nicht einmal zu einem solchen Versuch in der Lage.

Wenn Sie hingegen ein reines Herz haben und Ihre Motivation selbstlos, allumfassend und nicht durch Geistesgifte verunreinigt ist, kann sogar durch eine scheinbar völlig unbedeutende Handlung ein großes Maß an Verdienst entstehen, wesentlich mehr als Aktivitäten, die äußerlich als tugendhaft erscheinen mögen.

Die Motivation entscheidet darüber, ob eine Handlung Tugendhaftigkeit oder Untugendhaftigkeit erzeugt. Wenn Sie beispielsweise etwas opfern, hat das Verdienst, dass Sie dadurch ansammeln, weniger damit zu tun, *was* Sie opfern, als mit Ihrer Motivation. Falls Sie Ihren wertvollsten Besitz aus egoistischen Motiven opfern, entsteht dadurch nur sehr wenig Verdienst. Doch wenn Sie mit reiner Motivation opfern, selbst wenn es nur sehr wenig ist, erwächst daraus ein ungeheures Maß an Verdienst.

Ein großer Meditierender befand sich einmal im Retreat und widmete sich Tag und Nacht der Übung. Da er wusste, dass der Wohltäter, der sein Retreat ermöglicht hatte, ihn an einem bestimmten

Tag besuchen wollte, reinigte er an jenem Tag sorgsam seinen Altar, die Wasserbehälter und den Meditationsraum. Als er sich anschließend zur Ruhe setzte, fragte er sich: »Warum habe ich das getan? Meine Motivation war nicht rein.« Also stand er wieder auf und verstreute Asche auf dem Altar und im ganzen Raum.

Es mag als untugendhaft oder beschämend erscheinen, wenn Sie Ihr Kind schlagen. Doch wenn dies die einzige Möglichkeit ist, es davon abzuhalten, etwas Schädliches zu tun, kann eine Tracht Prügel sehr wohltätig wirken.

Ehrlichkeit ist ganz sicher eine Tugend, und es ist wichtig, die Wahrheit zu sagen. Doch sollten Sie dies mit der richtigen Motivation tun. Sagen Sie die Wahrheit, weil Sie das Gefühl haben, im Recht zu sein, oder weil Sie sehen, dass dies einer Situation zugute kommt? Wenn Sie die Wahrheit sagen, um zu beweisen, dass Sie im Recht sind, handeln Sie einfach aus Stolz.

Angenommen, auf der Straße läuft plötzlich ein verzweifelt wirkender Mann an Ihnen vorbei und verbirgt sich in einem Toreingang. Ein paar Minuten später rennt eine zweite Gestalt mit einem Messer auf Sie zu und fragt Sie: »Wo ist er hingelaufen?« Werden Sie diesem Mann die Wahrheit sagen, oder werden Sie behaupten, Sie hätten den Gesuchten nie gesehen? Eine Handlung, die normalerweise als negativ angesehen wird, kann tugendhaft sein, wenn sie aus den richtigen Gründen ausgeführt wird.

Ein Bodhisattva würde sich in einer solchen Situation dafür entscheiden zu lügen, und er wäre bereit, die Folgen dieser Handlung auf sich zu nehmen. Er würde verhindern wollen, dass jener Mensch getötet würde und der Mörder das negative Karma des Tötens auf sich lüde.

Frage: Manchmal versuche ich mit aller Kraft, das Beste zu tun, was ich tun kann, und trotzdem habe ich nicht das Gefühl, dass mein Tun eine nennenswerte Wirkung hat.

Antwort: Es gibt eine Geschichte über eine Frau, die einen wunderschönen Tempel in Lhasa aufsuchte, um einer heiligen Buddha-Statue, die angeblich vom Buddha selbst gesegnet worden war, Respekt zu erweisen. Da die Frau sehr arm war, besaß sie nichts weiter als eine Schale Rübensuppe. Sie sagte zu der Buddha-Statue: »Vielleicht magst du Rübensuppe nicht, aber ich habe sonst nichts; deshalb opfere ich sie dir.« So ähnlich ergeht es uns allen. Uns mag nicht gefallen, was wir opfern können, doch wenn wir das Beste tun, was wir tun können, dann ist es eben das, was uns möglich ist.

Auch hier geht es letztendlich um die Motivation. Es war einmal ein Mann, der viel Verdienst erzeugte, indem er *Tsa-tsas* schuf, kleine Gussformen oder Skulpturen, die den erleuchteten Geist symbolisieren. Eines Tages legte dieser Mann eine der Skulpturen sorgsam an den Straßenrand und ging weg.

Später kam ein anderer Mann des Wegs, sah, dass Regen auf die Skulptur fiel und dachte: »Wie traurig. Sie wird zerstört werden.« Das einzige, was er fand, um die Skulptur zu schützen, war eine weggeworfene Schuhsohle. Er legte sie darüber und ging weiter.

Dann kam ein dritter Mann des Wegs, sah die Schuhsohle auf der *Tsa-tsa* und dachte: »Das ist ja schrecklich. Jemand war so respektlos, eine Schuhsohle auf diese Darstellung des erleuchteten Geistes zu legen.« Er warf die Sohle weg.

Jeder dieser Männer hatte tugendhafte Absichten, und die Aktivitäten von ihnen allen trugen zu ihrer Realisation des erleuchteten Geistes bei.

Frage: Kann durch die gleiche Handlung unter verschiedenen Umständen ein unterschiedliches Maß an Verdienst entstehen?

Antwort: Das hängt davon ab, auf wen sich Ihre Handlung bezieht. Wenn Sie beispielsweise gegenüber einem Hungernden, einem Armen oder einem Verzweifelten großzügig sind, entsteht dadurch erheblich mehr Verdienst, als wenn Sie einem gewöhnlichen Menschen gegenüber großzügig sind. Das ist so, weil die Dankbarkeit und die Freude bedürftiger Menschen wesentlich größer sind. Es entsteht mehr Verdienst, wenn von einer Opfergabe ein spirituell Übender profitiert, als wenn es sich um einen Nicht-Übenden handelt, weil der Übende das Verdienst seinerseits widmet. Wird die gleiche Opfergabe einem Übenden zuteil, der einen hohen Grad der Realisation erreicht hat, entsteht noch mehr Verdienst, weil die Kraft seiner Realisation die Freude und die Widmung des Verdienstes all jener, zu denen der Übende eine Verbindung hat, verstärkt.

Frage: Könnten Sie noch etwas mehr zur Erfahrung der Wiederverbindung mit unserer wahren Natur sagen?

Antwort: Es ist nicht besonders hilfreich, viel darüber zu reden. Besser ist es, einfach Hoffnung und Angst loszulassen, den Geist zur Ruhe zu bringen und zu erfahren, was jenseits der sich unabhängig manifestierenden Konzepte liegt. Dies ist kein dumpfer oder schläfriger Zustand, nicht so, als befände man sich in einem Koma.

Der Buddha hat gesagt, dass unsere wahre Natur einfach ist; es gibt keine Worte, die sie zu beschreiben vermögen. Wenn Sie sie mit Worten zu erklären versuchen, verlassen Sie sich auf Vorstellungen, und damit haben Sie sie schon verloren. Die Wahrheit ist so nah, und doch erkennen wir sie nicht.

Es ist so wie bei dem Pferd in dem tibetischen Haus: Wir suchen überall, folgen seinen Hufspuren, fragen uns, ob es hier oder dort sein mag, denken, dass es dies oder vielleicht auch jenes sei. Doch ist es nie anderswo und nie etwas anderes gewesen, nur hindern unsere Vorstellungen und Geistesgifte uns daran, dies zu erkennen. Sind diese gereinigt, können wir unsere wahre Natur ganz einfach und direkt so erkennen, wie sie ist.

Ein Mensch, der noch nie Zucker gekostet hat, wird vielleicht fragen, wie dieser schmeckt. Wahrscheinlich würde er die Antwort hören: »Er ist sehr süß.« Aber was ist »süß«? Im Grunde lässt sich dies nicht erklären – man muss es selbst schmecken. Ebenso lässt sich die direkte Erfahrung unserer wahren Natur nicht mit Worten erklären.

Frage: Ist *ein* Pferd im Haus, oder sind es viele?

Antwort: Ich würde sagen »viele«, weil das der Wahrheit näher kommt. Wenn es nur ein Pferd gäbe und nur ein Mensch es hätte, würde dies bedeuten, dass andere es nicht haben. Alle Wesen haben die Buddha-Natur. Doch wenn ein Mensch seine wahre Natur vollständig realisiert hat, sind damit alle anderen noch nicht ebenfalls erleuchtet. Ebenso gilt: Wenn die Existenz *eines* Wesens schrecklich ist, trifft das nicht auch auf alle anderen Wesen zu. Wir können also im Grunde nicht sagen, dass es sich nur um ein Pferd handelt.

Doch wenn wir von vielen Pferden sprechen, fangen wir sofort an, Unterschiede zu sehen, beispielsweise große oder kleine Pferde, kräftige und zierliche und so weiter. Es ist jedoch nicht möglich, die wahre Beschaffenheit unserer Wesensnatur zu messen, denn Leerheit hat keine Grenzen. In diesem Sinne müsste man von *einem* Pferd sprechen.

Grundsätzlich kann man weder sagen, dass es sich nur um ein Pferd handelt, noch, dass es viele sind. Sie haben die Frage auf der relativen Ebene gestellt, und ich beantworte sie auf der relativen Ebene. Doch die Wahrheit liegt jenseits von »eins« und »viele«.

Frage: Sie haben so viele verschiedene Methoden erwähnt. Wie können wir entscheiden, welche davon wir wann benutzen sollten?

Antwort: Unsere kleingeistige Perspektive umgibt uns mit Mauern. Die Wände in diesem Raum bilden eine Grenze, die den äußeren Himmel als vom inneren Raum verschieden erscheinen lässt. Doch besteht im Grunde kein Unterschied zwischen beiden. Ebenso besteht grundsätzlich kein Unterschied zwischen der wahren

Natur unseres Körpers, unserer Sprache und unseres Geistes und derjenigen erleuchteter Wesen. Jene höchste Natur ist ungeboren und unvergänglich wie der Himmel.

Wie können wir solche Mauern auflösen? Zuerst betrachten wir das Leiden anderer, erzeugen Mitgefühl und lassen den Geist zur Ruhe kommen. Dann stellen wir uns vor, dass wir unser eigenes Glück gegen das Unglück anderer eintauschen. Danach lassen wir den Geist erneut ruhen.

Zu Beginn der Meditationsübung widmen wir uns der Kontemplation über die vier Gedanken. Später können wir allmählich das Gewahrsein der illusionären Qualität unserer Erfahrung einbeziehen, wodurch Mitgefühl für jene, die nicht verstehen, entsteht. Wenn unsere Sicht und unsere Übung reifen, sehen wir allmählich die wahre Natur dieser zeitweiligen Erscheinungen. Die vielen Wellen, die sich manifestieren, sind nicht verschieden vom Meer, sondern dessen Ausdruck. Ohne das Meer gäbe es keine Wellen. Durch dieses Verständnis entsteht eine andere Perspektive. Weniger unsere äußere Erfahrung als vielmehr die Art, wie wir dieselbe sehen, verändert sich. Es ist, als würden wir eine Brille von anderer Stärke aufsetzen.

Wenn wir Fieber haben, nehmen wir ein bestimmtes Medikament dagegen ein. Hindert uns unser Anhaften an weltlichen Dingen daran, uns mit Eifer der Übung zu widmen, so vergegenwärtigen wir uns das Leiden und die Vergänglichkeit in Samsara, und dadurch wird uns der illusionäre Charakter unseres weltlichen Lebens klar. Sind wir auf egoistische Bedürfnisse und Wünsche konzentriert, so vergegenwärtigen wir uns das Leiden anderer und erzeugen dadurch Mitgefühl. Um der Dualität des Geistes entgegenzuwirken, lassen wir den Geist ruhen. Ganz gleich, welches Gift oder welches Problem im Geist auftaucht, wir wenden jeweils das entsprechende Gegengift an.

Buddha Shakyamuni hat 84 000 Methoden, die Täuschung des

Geistes zu durchschneiden, gelehrt. Dies bedeutet nicht, dass wir sie alle üben müssen. In einer Apotheke gibt es Hunderte oder Tausende von Medikamenten, doch jeder Kranke nimmt nur die Mittel ein, die er braucht. Kein Mittel vermag alle Krankheiten zu heilen, und nicht immer ist ein bestimmtes Medikament während des gesamten Verlaufs einer Krankheit wirksam. Klingt beispielsweise das Fieber ab, muss man möglicherweise ein anderes Mittel nehmen, um die Giftstoffe aus dem Körper zu entfernen.

Entscheidend ist, dass wir unsere Krankheit erkennen und dann mit der gebotenen Sorgfalt eine Behandlung durchführen. Wenn wir dies beherzigen, wird zwangsläufig eine Veränderung eintreten.

Teil IV
Einführung in das Vajrayana

Offenlegung unserer ursprünglichen Natur

Die 84 000 Methoden, die Buddha Shakyamuni gelehrt hat, werden in drei Hauptkategorien unterteilt. Die erste, der *Hinayana*-Pfad, basiert auf dem Verständnis, dass das Leben in Samsara von Leiden und Schwierigkeiten geprägt ist und dass alles Glück, das Menschen finden können, vergänglich ist. Diejenigen, die diesem Pfad folgen, fassen den festen Entschluss, sich der Übung zu widmen, um zur Freiheit von Leiden zu gelangen. Durch Anwendung der Methoden des Hinayana entwickelt der Übende die Fähigkeit, über den Kreislauf des Leidens hinaus zu einer Erfahrung der Freude und Glückseligkeit zu gelangen.

Im *Mahayana*, der zweiten Kategorie, finden wir das gleiche Verständnis des Leidens und darüber hinaus die Lehre, dass alles – Leiden und Freude, Unglück und Glück, die allesamt als Spiel des Karma in Erscheinung treten – illusionär sind wie ein Traum, ein Trugbild oder die Spiegelung des Mondes auf dem Wasser. Die Grundlage dieses Pfades ist die Untrennbarkeit von relativer und absoluter Wahrheit und die Unverzichtbarkeit des Bestrebens, allen Wesen, also nicht nur sich selbst, zur Befreiung zu verhelfen. Indem wir erkennen, dass alle Wesen uns große Güte erwiesen haben, weil sie alle zu irgendeinem Zeitpunkt einmal unsere Mutter gewesen sind, streben wir Erleuchtung an, um ihnen allen zu helfen, zu ihrer wahren Natur zu erwachen. Und wir wünschen nicht einfach nur, dass dies geschieht, sondern wir wenden die Methoden, durch die Erleuchtung erlangt werden kann, sorgsam an. Durch die Übung der sechs Vollkommenheiten entwickeln wir die Fähigkeit, über Samsara und Nirvana hinaus zur völligen Befreiung zu gelangen. Dies ist der Weg des Bodhisattva.

Die dritte Kategorie der buddhistischen Übung wird *Vajrayana* genannt. Das, was »Vajra« genannt wird, hat sieben Qualitäten: Es kann nicht durch die *Maras* – die unsere Erleuchtung verhindern – abgeschnitten werden; ebenso wenig kann es durch Vorstellungen begriffen oder analysiert und in Bestandteile zerlegt werden; auch Konzepte, die Erscheinungen eine Wahrheit zuschreiben, die ihnen nicht eigen ist, können es nicht zerstören; es ist reine Wahrheit, da es nichts Falsches daran gibt; es besteht nicht aus Stoff, der zusammengesetzt ist und wieder zerfallen kann; es ist nicht vergänglich und somit stabil und unerschütterlich; es ist nicht aufzuhalten, weil es alles durchdringt; und es ist unbezwingbar, da es tiefgründiger ist als alles andere und deshalb furchtlos.

Dies sind die sieben Qualitäten unserer wahren Natur, der wahren Natur unseres Körpers, unserer Sprache und unseres Geistes. Um diese besser zu verstehen, können wir uns zunächst vergegenwärtigen, dass wir alle einen physischen Körper haben, durch den wir Himmel und Erde, Freunde und Feinde, Glück und Traurigkeit erfahren. Wenn dieser Körper nachts im Bett liegt und schläft, tauchen wir in eine völlig andere Art von Erfahrung des Körpers, des Himmels und der Erde, von Freunden und Feinden ein, obwohl wir uns nicht aus dem Bett erheben – wir erfahren dann einen Traumkörper, eine Traumsprache und einen Traumgeist. Wenn wir am nächsten Tag aufwachen, kehren wir zu unserer gewohnten Erfahrung von Körper, Sprache und Geist im Wachzustand zurück, die wir für die »wahre« halten. Zum Zeitpunkt unseres Todes, wenn unserer Körper zurückbleibt und begraben oder verbrannt wird, erfahren wir Körper, Sprache und Geist zwischen dem Ende dieses und dem Anfang unseres nächsten Lebens auf eine noch andere Weise – eine, die unserer Erfahrung im Traumzustand zwar ein wenig ähnelt, aber beängstigender und schwieriger für uns ist. Nach unserer Wiedergeburt in einem anderen Körper erfahren wir auch in diesem Sprache und Geist auf eine andere Weise. Falls es uns gelingt, den spirituellen Pfad bis zum Ende zu gehen, realisieren wir bei der Erleuchtung den Vajra- oder Weisheitskörper, die Weisheitssprache und den Weisheitsgeist.

Insofern gibt es eine Kontinuität der Prinzipien von Körper, Sprache und Geist. Doch wenn wir glauben, dies seien »Dinge«, und wir versuchen, sie zu finden, um ihre Größe und Form festzustellen, so werden wir nichts finden, worauf wir mit dem Finger deuten und was wir als die Natur von Körper, Sprache und Geist bezeichnen können, so intelligent wir auch sein mögen und so gut die verwendete Technologie auch sein mag. Und doch können wir unsere Erfahrung nicht leugnen. Diese Natur liegt jenseits aller Vorstellung, jenseits der Maßstäbe des gewöhnlichen Geistes: Sie ist das, was wir Leerheit nennen. Sie kann nicht zerstört oder verändert und ihr kann nicht Einhalt geboten werden – sie weist die sieben Vajra-Qualitäten auf. Dies ist die Bedeutung von *Vajra*. *Yana* bedeutet »Fahrzeug« und bezieht sich auf die Methoden, mit deren Hilfe wir die Vajra-Natur enthüllen können.

Die Vajrayana-Praxis umfasst sowohl das Hinayana als auch das Mahayana. Auf diesen Sutra-Pfaden – Sutras sind eine bestimmte Art buddhistischer Schriften – achten wir sorgsam auf unsere äußeren Handlungen – wir unterlassen schädliche und kultivieren nützliche –, während wir den Geist zähmen und seine inneren Qualitäten entwickeln und verstärken.

Beispielsweise ist in der Mahayana-Tradition die Übung der vier Unermesslichkeiten sehr wichtig. Auch die vier Tore der Mandala-Darstellungen des Vajrayana, die in die vier Richtungen weisen, symbolisieren die vier Unermesslichkeiten. In östlicher Richtung liegt das Tor des Mitgefühls, in südlicher Richtung das Tor der Liebe, in westlicher das Tor der Freude und in nördlicher das Tor des Gleichmuts. Im Vajrayana wird das Mandala als Ausdruck der wesenseigenen Reinheit des Geistes verstanden. Sind unsere Verdunkelungen gereinigt, treten reine Geistesqualitäten in der Form des Mandala und des Reinen Landes, der Gottheit und aller reinen Erfahrung in Erscheinung. Die vier Unermesslichkeiten sind Tore, durch die wir in die Wahrheit, die absolute Natur des Geistes eintreten können.

Und da es viele verschiedene Hindernisse gibt, die es schwierig machen, die Reinheit des Herzens, nach der wir streben, aufrechtzuerhalten, widmen wir uns der Kontemplation über die vier Gedanken – unsere kostbare Geburt als Mensch, Vergänglichkeit, Karma und Leiden –, der Grundlage jeder Form buddhistischer Übung.

Auf dem Vajrayana-Pfad, der auf der Sicht der absoluten Natur jenseits von Extremen basiert, üben wir tugendhaftes und nicht schädigendes Handeln. Obwohl unsere Wesensnatur der Vajra-Körper, die Vajra-Sprache und der Vajra-Geist sind, erfahren wir dies gegenwärtig nicht. Um diesen Zustand der Unwissenheit aufzulösen, hören wir die Vajrayana-Lehren, wir widmen uns der Kontemplation über sie, und schließlich üben wir uns sowohl in der Mühe erfordernden als auch in der mühelosen Meditation. Obwohl Letztere mühelos genannt wird, ist dieses einfache Ruhenlassen des Geistes in seiner wahren Natur für viele Menschen anfangs sehr schwierig. Doch werden zunächst durch die Mühe erfordernde Übung die Verdunkelungen des Geistes gereinigt, Unwissenheit wird in Wissen umgewandelt, und nachdem dies geschehen ist, entwickelt sich die mühelose Meditation spontan. Sobald wir die absolute Natur erkennen, besteht unsere Übung darin, dieses Gewahrsein aufrechtzuerhalten, die Untrennbarkeit von Form und Leere als Weisheitskörper, als den Körper der Gottheit, zu begreifen, Klang und Leere als Weisheitssprache, als die Sprache der Gottheit, und Denken und Leere als Weisheitsgeist, als den Geist der Gottheit. Mit Hilfe dieser Sicht und der Methoden des Vajrayana sind wir in der Lage, die angeborene Reinheit unserer Natur in relativ kurzer Zeit zu realisieren.

Ein anderer Name für das Vajrayana ist »geheimer Mantra-Pfad«. Da uns unsere Buddha-Natur verborgen ist – weil wir ihrer als nicht-erleuchtete Wesen nicht gewahr sind –, bezeichnen wir sie als »aus sich selbst heraus geheim«. Außerdem ist der Vajrayana-Pfad trotz seiner Effektivität naturgemäß sehr schwierig zu begehen und wird deshalb nicht oft gelehrt. Wir praktizieren eine gewisse Geheimhaltung, um die sehr persönliche Qualität der Arbeit mit einem Vajrayana-Lehrer und des Empfangens direkter Übermittlungen von ihm zu wahren. Deshalb erhalten Menschen, die sich der Vajrayana-Übung widmen wollen, tiefergehende und ausführlichere Unterweisungen nur, wenn sie eine definitive Verpflichtung eingehen.

Der Begriff »Mantra« im Ausdruck »geheimer Mantra-Pfad« bezeichnet etwas, das sehr schnell Schutz gewährt. Durch adäquate Anwendung der Vajrayana-Methoden schützen wir uns vor Verwirrung und dem negativen Karma, das durch Verwirrung entsteht, und wir können mit ihrer Hilfe innerhalb eines einzigen Lebens Erleuchtung erlangen.

In der Vajrayana-Tradition müssen wir zunächst eine Machtübertragung empfangen, die den Geist reifen lässt und ihn für die Lehren und Übungen empfänglich macht. Ohne diese sind wir nicht befugt, die Lehren zu hören oder die Übungen auszuführen, denn unsere Bemühungen würden dann ebenso wenig zu etwas führen wie der Versuch, durch Mahlen von Sand Öl zu gewinnen.

Die grundlegende Machtübertragung empfangen wir von einem Lama, der die Übermittlungslinie repräsentiert. Dies geschieht nicht nur durch Worte und die Erläuterung der Methoden, denn so wie nur ein König über die notwendige Macht verfügt, seinen Nachfolger zu inthronisieren, kann nur ein Lama, der selbst der Übermittlungslinie angehört, einem anderen Menschen die entsprechenden Lehren und Methoden vermitteln. Durch die Kraft der Meditation, der Mantra-Rezitation und des symbolischen Gebrauchs von Stoffen werden wir dazu befähigt, uns sowohl der Entwicklungs- als auch der Vollendungsstufe der Übung zu widmen und zur Erkenntnis des Körpers, der Sprache und des Geistes der Gottheit und unserer absoluten Natur zu gelangen.

Nachdem ein Lama uns die grundlegende Machtübertragung gegeben hat, empfangen wir durch unsere tägliche Übung die Machtübertragung des Pfades, die uns hilft, unablässig Verdunkelungen zu reinigen und die reinen Qualitäten des Geistes zu stärken, um die Sicht zu entwickeln und aufrechtzuerhalten, zu der wir durch die grundlegende Machtübertragung des Lama erstmals in Kontakt getreten sind.

Die Machtübertragung einfach nur zu empfangen reicht nicht aus. Deren Herz-Essenz ist *Samaya*, die Verpflichtung, uns täglich der Übung zu widmen und unsere Gelübde einzuhalten. Wenn wir diesen Verpflichtungen nicht gerecht werden, werden wir in diesem Leben mit unglücklichen Umständen und in zukünftigen Leben mit großen Schwierigkeiten konfrontiert werden. Halten wir uns jedoch an unsere Verpflichtung, gelangen wir schnell zur Befreiung

Die Grundlage unseres Seins ist die Buddha-Essenz, die Buddha-Natur. Allen Wesen, ob groß oder klein, ist diese Grundnatur, diese essentielle Reinheit eigen. Wie Gold, das in Erz eingebettet ist, ist uns die wahre Beschaffenheit unserer Natur, obwohl sie anfanglose und endlose Reinheit ist, nicht klar. Doch durch unsere Übung können wir diese Grundnatur enthüllen, so wie das im Erz enthaltene Gold durch Verfeinerungsprozesse zum Vorschein kommt.

Diese Essenz ist von anfangloser Zeit völlig ungreifbar und leer. Wir mögen versuchen, Charakteristika zu finden, mit deren Hilfe wir Leerheit definieren und verstehen können, doch lässt sich diese mit herkömmlichen Vorstellungen nicht erfassen. Sie ist frei von irgendwelchen Zeichen und Eigenschaften. Um die Frucht – die vollständigen Qualitäten, die völlige Realisation dieser angeborenen Reinheit – zu enthüllen, ist nichts weiter erforderlich als ein dauerhaftes Erkennen unserer Grundnatur. Was wir enthüllen, liegt nicht jenseits unserer Grundnatur, und in diesem Sinne liegt es jenseits des Wünschens. Es gibt nichts außerhalb davon, nichts anderswo, wonach wir streben, damit dies geschieht. Es ist frei von allem Streben.

Weil wir diese Natur nicht erkennen – uns ist nicht klar, dass trotz der unablässigen Manifestation von Erscheinungen nichts wirklich existiert –, schreiben wir der scheinbaren Wahrheit von Eigenem, Anderem und Aktivitäten zwischen uns selbst und anderen Festigkeit und Realität zu. Durch diese intellektuelle Verdunkelung entstehen Anhaftung und Abneigung, die wiederum Handlungen und Reaktionen nach sich ziehen, welche Karma erzeugen, sich zu Gewohnheiten verfestigen und den Kreislauf des Leidens perpetuieren. Dieser gesamte Prozess muss gereinigt werden.

In der ersten der drei aufeinander folgenden Phasen der Unterweisung, die als erste Drehung des Dharma-Rades bezeichnet wird, lehrte der Buddha die vier edlen Wahrheiten: die Wahrheit des Leidens, seines Ursprungs, seiner Aufhebung und des Pfades, der die Auflösung des Leidens ermöglicht. Bei der zweiten Drehung des Dharma-Rades lehrte er, dass die wahre Natur aller Phänomene leer ist, ohne jedes Zeichen und ohne jedes Streben; die Grundnatur ist Leerheit, der Pfad ist zeichenlos und die Frucht ist frei von Streben. Bei der dritten Drehung des Rades sprach er über die umfassenden, untrüglichen, leuchtenden Qualitäten der Natur des Geistes, über das Erscheinen des klaren Lichtes der Weisheit.

Die Vajrayana-Tradition lehrt, die Einheit jenseits von Worten der ungeborenen, absoluten Natur des Geistes und der reinen Qualitäten des klaren Lichtes der Weisheit. Diese sind von anfangloser Zeit untrennbar. Alles durchdringend, nicht zusammengesetzt, unveränderlich und rein – dies ist die Natur unseres Geistes. Im Vajrayana lernen wir diese Vajra-Qualitäten des Geistes kennen.

Alle Erscheinungen entstehen durch die dynamische Energie oder den Ausdruck unserer Grundnatur. Erfahrung kann auf zwei Arten entstehen. Die Spiegelung des Nichterkennens unserer Grundnatur manifestiert sich als unreine Erfahrung der drei Bereiche Samsaras. Wir mögen zwar verstehen, dass unsere Natur rein ist, doch entspricht dies nicht unserer gewöhnlichen Erfahrung. Wir sehen, fühlen oder denken nicht auf reine Weise über Dinge. Wenn wir uns auf den spirituellen Pfad begeben, wenn wir forschen und untersuchen, die Lehren hören, uns immer wieder der Kontemplation und Meditation über sie widmen, erfahren wir eine Mischung aus reinen und unreinen Wahrnehmungen. Durch die spirituelle Übung können wir Verdunkelungen reinigen und schließlich zur Frucht gelangen. Unsere Grundnatur, die ihrem Wesen gemäß rein ist, wird völlig sichtbar als reiner Weisheitskörper, als die vollständige Offenbarung unserer Weisheitsnatur und als der Ausdruck reiner Erscheinungen.

Warum entspricht dies nicht unserer gegenwärtigen Erfahrung? Alle gewöhnlichen Erscheinungen der Elemente – Erde, Feuer, Wasser, Wind, Fleisch und Knochen – sind in ihrer Essenz rein. Doch so wie jemand, der an Gelbsucht erkrankt ist, einen schneebedeckten Berg gelb wahrnimmt, sehen auch wir die Dinge aufgrund unserer Verdunkelungen nicht rein. Diese unreine Wahrnehmung ist für uns zu einer tief verwurzelten Gewohnheit geworden. Durch spirituelle Übung können wir unsere Wahrnehmung reinigen. Ist dies geschehen, erkennen wir wie jemand, der von Gelbsucht geheilt ist und nun die Schneeberge wieder weiß sieht, so wie die Buddhas den Ausdruck der Reinheit erkennen, wie er ist – als das reine, unermessliche Mandala der Gottheit. Alles ist von anfangloser Zeit so gewesen. Es ist nichts, das geschaffen werden muss, sondern das Strahlen der wesenseigenen Qualitäten unserer Grundnatur.

Diese Reinheit unserer Natur, die in den drei Zeiten (Vergangenheit, Gegenwart und Zukunft) unveränderlich bleibt, ist im Augenblick verdunkelt wie die Sonne, wenn sie hinter Wolken verschwindet. Aufgrund der Unfehlbarkeit von Ursache und Wirkung, Karma genannt, und der Spiegelungen des unter der Wirkung der Gifte stehenden Geistes entstehen unablässig äußere (der Umgebung) und innere Erscheinungen (des Körpers).

Durch die Visualisationspraxis in der Entwicklungsphase des Vajrayana üben wir, die reine Natur und die Qualitäten von Umgebung, Körper, Sprache und Geist als das Reine Land und als Körper, Sprache und Geist der Gottheit zu erkennen. Dadurch werden jene Verdunkelungen des Geistes gereinigt, welche die gröberen Spiegelungen des mangelnden Erkenntnisvermögens unseres Geistes erzeugen: die drei Bereiche der Erfahrung und die drei Tore Körper, Sprache und Geist. Auf diese Weise wird die Gewohnheit der gewöhnlichen Wahrnehmung transformiert.

Durch die Vollendungsstufe der Vajrayana-Praxis reinigen wir die subtileren Verdunkelungen. Die Visualisation, die wir aufbauen, wird vollständig in die Leere hinein aufgelöst, und wir ruhen mühelos im Gewahrsein der Natur des Geistes.

Auf dem Vajrayana-Pfad erkennen wir, dass alle Phänomene in Samsara und Nirvana seit anfangloser Zeit gleich sind in ihrer völlig reinen Buddha-Natur, ohne jede Aufspaltung oder Unterscheidung, so wie die Phänomene in nächtlichen Träumen sich in der absoluten Wahrheit des Traums manifestieren. Auf diese Sicht wenden wir Methode und Weisheit an, die Übung der Entwicklungs- und der Vollendungsstufe, die, wie Medikamente zur Behandlung einer Krankheit, die Gewohnheit reinigen, diese zeitweiligen, illusionären Spiegelungen für beständig zu halten, und unsere angeborene Reinheit offenbaren.

Durch wiederholte Anwendung dieser Methoden realisieren wir die Frucht vollständig: Wie sich der unveränderliche Himmel zeigt, wenn die Wolken weggeweht sind, lösen sich unsere Verdunkelungen auf, und anfanglose Reinheit wird offenbar. Unsere Grundnatur wird als die Untrennbarkeit der drei Kayas realisiert. Die strahlenden, voll entwickelten Qualitäten des Dharmakaya erscheinen als der Sambhogakaya der Bodhisattvas der zehnten Stufe und als der Nirmanakaya der gewöhnlichen Wesen und erzeugen unaufhörlich Wohltaten.

Weil unsere Natur anfanglose Reinheit, *Dharmata* ist, brauchen wir ihr nichts hinzuzufügen und auch nichts von ihr zu entfernen, und wir brauchen sie weder zu vergrößern noch zu verringern, um sie offenkundig zu machen. Vielmehr offenbaren wir sie einfach so, wie sie ist, indem wir die Methoden des Pfades anwenden. Dadurch werden unser Nichtverstehen dieser Natur und die Gewohnheiten und Täuschungen, die sich in der unreinen samsarischen Erfahrung spiegeln, welche wir Realität nennen, vollständig in die absolute Natur aufgelöst.

Im Vajrayana wird der Pfad nicht als der Anfang von etwas gesehen, dem wir allmählich bestimmte Ursachen und Bedingungen hinzufügen, um schließlich zu etwas anderem zu gelangen. Wir nutzen das Gewahrsein der Grundnatur, um sie als die Frucht des Pfades zu enthüllen. Dazu brauchen wir nur die zeitweiligen Verdunkelungen zu entfernen, die diese vollständige Realisation verhindern. Wenn wir uns immer wieder der Kontemplation über diese Sicht widmen, wird es uns leicht fallen, uns auf das Vajrayana zu verlassen, um zur Vollendung zu gelangen.

Die Vajrayana-Tradition umfasst äußere, innere und geheime Methoden der Übung. Wenn wir uns der äußeren Yidam-Praxis widmen, was ist dann tatsächlich die Gottheit? Im Grunde ist die Natur von Dharmata, die absolute Wahrheit unseres Geistes und aller Erfahrung, die absolute Gottheit. Wir denken uns die Gottheit nicht aus und erschaffen sie nicht – sie ist also nichts, das nicht bereits vorhanden wäre, sondern sie ist der spontane Ausdruck der absoluten Wahrheit, keine Manifestation von irgendetwas Gewöhnlichem, sondern die von Weisheit. Dies ist das Mandala des Erleuchtungsgeistes (Bodhicitta).

Die Natur aller Wesen, aller Phänomene, ist Dharmata. Innerhalb der absoluten Natur gibt es keine Unterscheidung oder Trennung zwischen Eigenem und Anderem. Alles ist von *einem* Geschmack. Alle Phänomene erscheinen von der absoluten Natur untrennbar und sind in dieser enthalten. Nichts von unserer Erfahrung – weder die Elemente noch die Phänomene, nicht ein einziges Molekül – liegt außerhalb der absoluten Natur oder jenseits dessen, was wir ursprünglichen Raum nennen. Die Grundnatur ist allgegenwärtig und wahr.

Wenn wir diese Natur nicht erkennen, erfahren wir uns selbst und alle Phänomene als verschieden von der Gottheit. Insofern der nächtliche Traum zum Beispiel die alles durchdringende leere Natur ist, besteht tatsächlich keine Trennung zwischen uns und dem Land, dem Himmel und dem Wasser. Wenn wir aufwachen, erkennen wir, dass all die Erfahrungen, die im Traum unablässig aufgetaucht sind, nur Manifestationen des Geistes waren, die leer sind und doch in Erscheinung treten. Ist uns jedoch nicht klar, dass wir träumen, erscheinen uns im Kontext des Traums alle Phänomene als eigenständig und als an und für sich wahr.

Ebenso nehmen wir aus der Perspektive des gewöhnlichen Geistes Unterschiede zwischen dem Körper des Wachzustandes und dem des nächtlichen Traums wahr, zwischen uns selbst und anderen, zwischen jemandem, der uns hilft, und jemandem, der uns Schwierigkeiten bereitet. Doch auf der Ebene der absoluten Wahrheit gibt es niemanden, der kommt oder geht. Alles ist Ausdruck des Geistes. Wenn wir das Wesen unserer Erfahrung nicht kennen, kennen wir die absolute Gottheit nicht. Wir erleben uns dann als von der Gottheit getrennt, und dieses Nichterkennen erhält unsere Gebundenheit an Karma und die Verdunkelungen. Wenn wir unsere Natur als die Gottheit erkennen, realisieren wir den Vajra-Körper. Gelingt es uns, im Erkennen der absoluten Natur zu verweilen, können wir unsere Natur als die Gottheit völlig realisieren und enthüllen.

Die Realisation des Dharmakaya fördert unser eigenes Wohl, und die unbegrenzte Fähigkeit, zum Wohl anderer zu wirken, manifestiert sich als der Formkörper. Durch die Qualitäten des großen Wissens, der liebevollen Güte und der spirituellen Energie sowie durch die Macht der großen Weisheit und der Gebete und Bestrebungen auf dem Pfad zur Erleuchtung wird den Wesen auf unbeschränkte Weise geholfen. Dieser Ausdruck zum Wohle der Wesen [*Rupakaya*, Anm. d. Übers.] manifestiert sich als die Erscheinungen der friedlichen und zornigen Gottheiten und ihres Gefolges – beispielsweise als die friedliche Form von Manjushri mit dem zornigen Aspekt Yamantaka oder als die friedliche Form von Vajrasattva mit dem zornigen Aspekt Vajrakumara. In diesem reinen Weisheitsausdruck der absoluten Natur des Geistes manifestieren sich als Körper Form und Farbe der Gottheit, als Sprache das Mantra der Gottheit und als großer Geist die Untrennbarkeit von Leerheit und Mitgefühl. Die Gottheit ist eine verlässliche Quelle von Wohltaten, die Wesen von Samsara zur Erleuchtung zu geleiten vermag.

Weil wir durch Verdunkelungen gebunden sind und unsere Natur nicht als die der Gottheit realisieren, üben wir dieses Erkennen, indem wir die Visualisation aufbauen und das Mantra der Gottheit rezitieren, Opfer darbringen und Gebete sprechen. Auf diese Weise empfangen wir den Segen jener, die zur Realisation der Erleuchtung gelangt sind. Dies ist die äußere Yidam-Praxis.

Bei der inneren Yidam-Praxis visualisieren wir in unserem eigenen Körper als der Gottheit den subtilen, reinen Zentralkanal, innerhalb dessen sich der Wind der Weisheit oder die subtile Energie bewegt und der jene noch subtileren Weisheitssphären enthält, die auf Sanskrit *Bindus* und auf Tibetisch *T'higles* genannt werden. Dies ist die innere Gottheit.

Obwohl unsere Erfahrung von Körper, Sprache und Geist in ihrer gewöhnlichen, unreinen Form sich als Ausdruck der karmischen Winde manifestiert, bleibt in den Kanälen unseres subtilen Körpers das Mandala der Gottheit erhalten. Indem wir dieses Mandala visualisieren, mit der Bewegung der subtilen Winde arbeiten und das Mantra rezitieren, offenbaren wir unsere eigene Natur als die Gottheit und als absolutes Bodhicitta jenseits von Extremen, die unveränderliche große Glückseligkeit, die ihren Sitz im Herzen hat.

Bei der geheimen Yidam-Praxis erkennen wir, dass Samsara und Nirvana im ursprünglichen Raum jenseits der Extreme immer gleich gewesen sind, dass es nichts gibt, was verbessert oder verschlechtert werden kann, und dass die reine Natur unseres Geistes immer ungeborene, spontane Weisheit gewesen ist. Wenn wir dieses Verständnis erreicht haben, brauchen wir unsere Hoffnungen nicht auf eine äußere Gottheit zu setzen, und es ist auch nicht erforderlich, Mühe aufzuwenden. Durch die tiefgründigste Methode buddhistischer Übung, die Große Vollkommenheit genannt wird, erlangen wir ohne Mühe und spontan die Befreiung, indem wir einfach in der Erkenntnis der absoluten Natur verweilen, in der alles enthalten ist und aus der alle Phänomene in Erscheinung treten, untrennbar von der Grundnatur wie Meer und Wellen oder wie Sonne und Strahlen.

Warum gibt es so viele verschiedene Pfade? Zunächst einmal hat der Buddha viele Methoden gelehrt. Außerdem haben verschiedene Lamas unterschiedliche Erfahrungen gemacht und dadurch spezielle Kenntnisse entwickelt; und Schüler haben verschiedenartige Fähigkeiten und müssen deshalb auf unterschiedliche Weisen behandelt werden. Manche haben die stärkste Verbindung zur äußeren Yidam-Praxis, andere zur inneren Yidam-Praxis und wieder andere zur geheimen Praxisebene.

Es mag einfach erscheinen, die absolute Gottheit oder unsere eigene Buddha-Essenz zu erkennen und in diesem Erkennen zu verweilen. Doch da wir so fest in Hoffnung und Angst, Anhaftung und Abneigung verwurzelt sind, ist dies tatsächlich sehr schwierig für uns. Wir hegen eine Vielzahl von Vorstellungen und Gewohnheiten, und wenn sich viele unterschiedliche Erfahrungen manifestieren, fällt es uns sehr schwer, die Erkenntnis ihrer absoluten Natur aufrechtzuerhalten. Deshalb konzentrieren wir uns zu Beginn der Vajrayana-Praxis auf das Entwickeln und Auflösen der Visualisation; erst später beginnen wir mit den inneren Übungen und den Yogas; und erst danach nähern wir uns allmählich der mühelosen Übung der Vollendungsstufe und der Praxis der Großen Vollkommenheit.

Die Lehren des Buddha-Dharma gleichen einem Garten, der von Blumen in vielen Farben und Formen nur so überquillt. Wir brauchen uns nicht auf eine einzige Methode zu beschränken, und ein einzelner Übender braucht auch nicht alle existierenden Methoden anzuwenden.

Wenn Sie leicht wütend werden, ist es sehr nützlich für Sie, bei der Visualisationsübung Zorn als Gegengift anzuwenden und damit die Wut in Ihrem Geist abzuschneiden. Bei der Meditation auf die zornigen Gottheiten visualisieren wir Wesen mit Zornenergie, Manifestationen der Weisheit mit zwei, vier oder vielen Beinen, die negative Wesenheiten vernichten, Funken sprühen und Waffen schwingen. Sie bezwingen keine äußeren Wesen, sondern unsere eigenen Gifte, unsere wahren Feinde und Dämonen. Selbstverhaftetheit wird durch Rudra verkörpert, ein sehr mächtiges Wesen, den »Besitzer« von Samsara, der durch Verkörperungen der Weisheit bezwungen wird. Darstellungen zorniger Gottheiten veranschaulichen Szenen eines inneren Kampfes: Weisheit zerstört Zorn, Anhaftung und Unwissenheit. Ein zorniger Mensch erobert und befreit seine zornigen Gedanken und seine Negativität mit Hilfe der Methoden des Mahayoga, die die Zorn-Energie nutzen.

Wenn Sie eine sehr starke Begierde haben, brauchen Sie diese nicht aufgeben, sondern können sie als Ihren Pfad nutzen, indem Sie an den Kanälen und Winden des subtilen Körpers arbeiten. Sie können Ihnen auch als Quelle innerer Hitze und von Glückseligkeit dienen, wobei Sie aus den Energien Ihres eigenen Körpers Nutzen ziehen. Gottheiten, die in Vereinigung mit ihren Gefährten oder

Gefährtinnen abgebildet werden, repräsentieren keine gewöhnlichen Begierden und keine gewöhnliche Beziehung zwischen Mann und Frau, sondern die Untrennbarkeit von Leerheit und großer Glückseligkeit. Auf der Ebene der inneren Vereinigung sind die subtilen Kanäle des Körpers männlich und die subtilen Winde oder Energien weiblich; innere Hitze ist weiblich und innere Glückseligkeit männlich. Durch die Vereinigung beider entsteht keine gewöhnliche, sondern unerschöpfliche Glückseligkeit. Durch die Begierde tritt der Übende des Anuyoga zur Glückseligkeit in Beziehung und realisiert die Untrennbarkeit von großer Glückseligkeit und Leerheit – Weisheit. Durch diese Übungen reinigen wir Karma, sammeln Verdienst und enthüllen Weisheit.

Die Pfade des Mahayoga und des Anuyoga erfordern Bemühung, Eifer und Beharrlichkeit. Diejenigen, deren vorherrschendes Geistesgift Unwissenheit ist und die faul sind, üben einen dritten Pfad, den der Großen Vollkommenheit oder des Atiyoga. Auf diesem Pfad verweilen wir mühelos im subtilen Erkennen der Natur des Geistes. Dies wird Pfad der Bemühung ohne Mühe genannt. Alle Lehren und Ebenen der Übung bis auf die der Großen Vollkommenheit beinhalten gewöhnliche Konzepte, gewöhnliche Intelligenz und gewöhnliche Bemühung. Im Fall der Großen Vollkommenheit hingegen ist das Gewahrsein selbst der Pfad. Übende der Großen Vollkommenheit benutzen die Methode der absoluten Gottheit, ihr wesenseigenes Gewahrsein.

Jeder dieser Ansätze reinigt Verdunkelungen. Welche davon wir benutzen, hängt von der Art des Giftes, das in unserem Geist vorherrscht, ab: Dieses ist das Tor der Übung, dem wir am nächsten stehen. Was uns am stärksten anzieht und uns am vertrautesten ist, wird zu dem Mittel, mit dem wir die Verdunkelungen des Geistes beseitigen.

Durch die verschiedenen Methoden des Vajrayana-Pfades bringen wir drei Elemente in unsere Übung: die Reinigung der Verdunkelungen, das Reifenlassen des Geistesstroms und die Erweiterung der positiven Qualitäten des Geistes. Mit Hilfe dieser Mittel können wir die samsarische Erfahrung schnell reinigen und die Frucht jenseits von Samsara und Nirvana realisieren: die drei Kayas, unsere alles vollendende Grundnatur. Durch diese Methoden entsteht die Weisheit nicht in uns, sondern sie wird sichtbar, unterstützt unsere Übung und lässt sie reifen.

Frage: Es fällt mir sehr schwer, vieles von dem, was Sie sagen, zu akzeptieren. Könnten Sie etwas dazu sagen? Ich bin mir sicher, dass ich nicht der einzige bin, dem es so geht.

Antwort: Es ist verständlich, dass man beim ersten Hören mancher Vajrayana-Lehren Schwierigkeiten hat.

Ich habe erst im Alter von 24 Jahren zum ersten Mal eine Uhr gesehen. Einer meiner Freunde, ein Lama, kaufte damals von einem Händler zu einem unvorstellbar hohen Preis eine nagelneue Uhr. Der Händler sagte: »Das Besondere an dieser Uhr ist: Wer sie trägt, weiß genau, wann er sterben wird. Sehen Sie diese Zeiger, die sich drehen? Sie zeigen ganz genau an, wie viel Zeit Ihnen noch bleibt.« Da der Lama noch nie eine Uhr gesehen hatte, zahlte er den Phantasiepreis. Später sagte er zu mir: »Weißt du, es scheint tatsächlich so zu sein. Siehst du diese kleinen Dinger, die sich im Kreis bewegen? Ich glaube, sie bewegen sich allmählich auf meinen Tod zu.«

Wie hätten wir wissen können, was eine Uhr wirklich kann? Weshalb hätten wir dem Händler nicht glauben sollen? Ich war zwar ein wenig skeptisch, aber auch ich hielt für möglich, was er gesagt hatte.

Als ich später zum ersten Mal vom Telefon hörte, mit dessen Hilfe sich Menschen über riesige Entfernungen und über Berge und Flüsse hinweg miteinander verständigen können sollten, sagte ich: »Das ist unmöglich! Niemand kann so etwas! Man kann über größere Entfernungen brüllen, aber niemand kann einen anderen Menschen hören, der Hunderte von Kilometern entfernt ist.« Ich hielt dies alles für Unsinn. Doch irgendwann sah ich zum ersten Mal mit eigenen Augen ein Telefon.

Noch später erzählte ein Freund mir und einigen anderen Leuten: »Es gibt einen kleinen Kasten, in den man hineinschauen und andere Menschen beim Tanzen und Reden beobachten kann. Alles ist genauso wie im richtigen Leben!« Da hätten Sie unsere Augen sehen müssen! Ich war mir absolut sicher, dass dies eine Lüge war.

Doch all dies ist wahr. Es gibt tatsächlich Kästen, in denen man diese Dinge sehen kann. Und man kann heute wirklich über viele Kilometer hinweg mit anderen Menschen reden.

Menschen glauben gewöhnlich nur an das, was ihnen vertraut ist, und sie halten für unmöglich, was sie nicht kennen. Viele Menschen des Westens bezweifeln, dass es frühere und zukünftige Existenzen gibt, einfach weil sie dies nicht durch ihre eigene Erfahrung bestätigen können. Weil sie sich nicht daran erinnern, dass sie gestorben und später wiedergeboren worden sind, behaupten sie, dies sei unmöglich. Ebenso wie die feste Überzeugung von Menschen, die behaupten, dass ein Fernseher unmöglich existieren könne, basiert die Meinung jener Menschen des Westens, die den Existenzkreislauf abstreiten, auf Unwissenheit.

Die produktivste Art, die Lehren zu hören, besteht darin, ihnen mit geistiger Offenheit zu begegnen und sich zunächst eines Urteils über sie zu enthalten. Die spirituelle Übung entfernt immer subtilere Schichten der Verdunkelung. Je häufiger wir uns ihr widmen, um so stärker realisieren wir unmittelbar und durch eigene Erfahrung, was wahr und möglich ist.

Frage: Habe ich richtig verstanden, dass Samsara das Reine Land und das Reine Land Samsara ist? Sind sie ein und dasselbe?

Antwort: Ja und nein. Wenn wir das, worum es hier geht, mit Eis vergleichen, können wir sagen, dass Eis Wasser ist; die Natur von Eis unterscheidet sich nicht von der des Wassers. Und doch hat Eis eigene Charakteristika: Da es fest ist, unterscheidet es sich in seiner Erscheinungsform von Wasser. Ebenso verhält es sich auch mit Samsara: Es unterscheidet sich *letztendlich* nicht vom reinen Bereich der Erfahrung, doch hat es eigene Charakteristika. Und wenn wir die Täuschungen des Geistes nicht beseitigen, sehen wir nur jene Charakteristika.

Im Allgemeinen nehmen wir Phänomene auf gewöhnliche Weise wahr. Wir sehen sie unrein – wir fokussieren immer auf das Negative, auf das, was nicht in Ordnung ist. Dies entspricht ganz einfach unserer Gewohnheit. Durch die Vajrayana-Praxis erkennen wir, dass die wahre Natur von Samsara das Reine Land, die reine Existenz ist. Wir tun nicht so, als ob etwas der Fall sei, was nicht der Fall ist. Wir sehen die Dinge nur nicht so, wie sie tatsächlich sind – und deshalb widmen wir uns der Übung. Indem wir die Erkenntnis unserer wahren Natur aufrechterhalten, erhöhen wir die Temperatur und beseitigen wir die Kälte. Dadurch nehmen scheinbar feste relative Erscheinungen wie Eis wieder ihre natürliche Form an. Im Grunde sind wir nie etwas anderes als die Gottheit, und die Umgebung, in der wir leben, ist nie etwas anderes als das Reine Land, obwohl wir dies so lange nicht erkennen, wie wir der Kälte der Täuschungen des Geistes unterworfen bleiben.

Wenn uns die wahre Natur von Samsara völlig bewusst wäre, wären wir erleuchtet – wir müssten uns dann nicht der Übung widmen. Erst wenn unsere zeitweiligen Verdunkelungen durch die Übung entfernt sind, wird unsere Grundnatur offenbart.

Frage: Weshalb sind wir so verwirrt? War das immer so? War unsere Grundnatur immer verdunkelt?

Antwort: Man könnte sagen, dass das Nicht-Erkennen unserer wahren Natur das Grundproblem ist. Das bestätigen alle Lehren. Doch wird Ihnen die Situation klarer werden, wenn Sie tiefgründigere Lehren wie die der Großen Vollkommenheit empfangen. So wie jemand, der mit einem Seil gefesselt ist, befreit werden kann, indem zuerst der letzte Knoten gelöst wird, dann der folgende und so weiter, entwickeln Sie durch die Übung allmählich ein tieferes Verständnis, erhalten tiefgründigere Unterweisungen und nähern sich so allmählich dem Verständnis des grundlegenden Problems.

Frage: Warum werden Mantras als so machtvoll angesehen?

Antwort: »Mantra« (tibetisch *ngag*) bedeutet »rühmenswert«, denn das wiederholte Rezitieren eines Mantra ermöglicht uns, das leichte und schnelle Erreichen unseres Ziels. Die Wirksamkeit von Mantras basiert auf vier Faktoren: Erstens auf ihrer Wesensnatur, welche die Natur der Wirklichkeit ist, weil sie sich nicht von der Leerheit, dem Dharmakaya, unterscheiden; zweitens ihrer inhärenten Natur auf der Ebene der Phänomene – sie bestehen aus Klängen und Silben, die sich spontan aus dem Gleichmut und dem Mitgefühl von Buddhas, Bodhisattvas, Haltern des angeborenen Gewahrseins und weit fortgeschrittenen spirituellen Adepten manifestieren; drittens dem Segen realisierter Wesen, die Mantras durch ihre Motivation und ihre authentischen Wunschgebete geweiht und dadurch ihre Realisation der Untrennbarkeit der Gottheit und des Mantras in die spirituelle Übung eingebracht haben; und viertens ihrer Energie und Macht, insofern Mantras in den Geistesstrom eines Menschen, der sie immer wieder gläubig rezitiert, spirituellen Erfolg und Segen übertragen.

Frage: Welcher Unterschied besteht zwischen den Gottheiten, zu denen wir in der Übung in Kontakt treten, und den Göttern und Göttinnen der Götterbereiche?

Antwort: Im Tibetischen werden beide mit dem gleichen Wort bezeichnet: *Lha.* Doch die Götter und Göttinnen im Existenzkreislauf und die Meditationsgottheiten sind so verschieden wie Gold und Messing.

Meditationsgottheiten sind Spiegelungen der wahren Natur des Geistes, die sich zum Wohl aller Wesen in unterschiedlichen Formen manifestieren. In samsarischem Sinne verstanden bezeichnet das Wort *Lha* Wesen, die aufgrund ihres positiven Karma und ihres Verdienstes zu einer Wiedergeburt in den höheren Daseinsbereichen des Verlangens oder der Form und der Formlosigkeit gelangen – immer subtileren, verfeinerteren Arten samsarischer Existenz. Obgleich manche Wesen im Götterbereich aufgrund ihres positiven Karma über Äonen in einem Zustand der Glückseligkeit verweilen können – und manchmal wirken solche Götter sogar zeitweilig in anderen Bereichen wohltätig –, endet die Wirkung ihres positiven Karmas irgendwann, und diese Wesen gelangen dann aufgrund anderer vorherrschender karmischer Muster zu einer Wiedergeburt in einem der niederen Daseinsbereiche.

Frage: Ist es wichtig, in welcher Haltung wir beim Meditieren sitzen?

Antwort: Sowohl die Übung der Entwicklungs- als auch die der Vollendungsstufe wird durch eine korrekte Körperhaltung unterstützt. Wenn die Wirbelsäule sich in aufrechter Haltung befindet, sind auch die subtilen Kanäle des Körpers in der Vertikalen, und die subtilen Energien können sich ungehindert in ihnen bewegen. Dies hilft, den Geist zu klären, und hält ihn davon ab, unentwegt von einem äußeren oder inneren Objekt der Aufmerksamkeit zum nächsten zu springen, statt im Gewahrsein zu ruhen. Indem wir in korrekter Haltung sitzen, statt auf unsere gewohnte Weise, erzeugen wir Tugend und reinigen die Verdunkelungen des Körpers. Das Rezitieren von Mantras und Gebeten reinigt untugendhafte Sprache und verstärkt die Qualitäten der reinen Sprache. Durch Kontemplation und andere Methoden der relativen Ebene sowie durch Aufrechterhalten des Gewahrseins unserer absoluten Natur reinigen wir die Verdunkelungen des Geistes und stärken unsere Weisheitsqualitäten. Wenn wir die drei Tore des Körpers, der Sprache und des Geistes gleichzeitig nutzen, während wir die Lehren hören und uns der Übung widmen, wird das Karma schnell gereinigt, und wir sammeln sowohl Verdienst als auch Weisheit an.

Frage: Im Vajrayana-Buddhismus gibt es so vieles zu lernen und zu verstehen und so vieles, womit wir uns in der Kontemplation beschäftigen müssen. Warum ist dies alles so kompliziert? Ist es wirklich notwendig, all diese komplizierten Dinge zu tun?

Antwort: Als Gegengift gegen unseren komplizierten Geist mit seinen zahlreichen Vorstellungen und Zweifeln brauchen wir eine komplizierte Methode. Anders ausgedrückt: Wir brauchen eine Medizin, die so kompliziert ist wie unsere Krankheit. Mit Hilfe der Vajrayana-Methoden durchschneiden wir unsere Gewohnheiten, reinigen wir unsere Verdunkelungen und sammeln wir außerdem auch noch Verdienst an.

Die Art Ihrer Übung hängt davon ab, wie Sie auf dem spirituellen Pfad reisen wollen. Falls Sie in Kalifornien leben und nach New York wollen, können Sie durchaus mit dem Fahrrad reisen. Dieses Verkehrsmittel ist einfach zu bauen, einfach zu betätigen und einfach zu reparieren. Wollen Sie schneller ans Ziel kommen, können Sie mit dem Auto fahren. Zwar ist ein Auto komplizierter zu bauen, zu benutzen und zu reparieren, aber dafür bringt es Sie auch schneller ans Ziel. Natürlich können Sie auch mit einem Flugzeug reisen, das zwar *noch* viel komplizierter zu bauen, zu benutzen und zu reparieren ist, Sie aber dafür auch noch schneller ans Ziel bringt.

Das Vajrayana ist ein komplexer Pfad mit vielen Methoden zur Auflösung von Verwirrung und Täuschung, doch wird es auch als Blitzpfad bezeichnet, weil diese Methode schnell wirkt und direkt ist. Wenn Sie diesem Pfad eifrig folgen, können Sie Erleuchtung innerhalb eines Lebens oder sogar in noch kürzerer Zeit erlangen.

Es war einmal ein alter Mann, ein Hirte, der stieg jeden Sommer mit seiner Familie auf einen bestimmten Berggipfel, um dort seine Schafe und Yaks grasen zu lassen. Oft zogen Reisende am Zelt der Familie vorüber, und der Hirte fragte sie stets, wohin ihre Reise ginge. Sie antworteten immer: »Wir sind auf dem Weg zu Dodrup Chen Rinpoche, um von ihm die direkte Übermittlung der drei Verse zu erhalten.«

Irgendwann nach etlichen Jahren beschloss der alte Mann, den Lama selbst aufzusuchen. Er fragte eine der vorüberziehenden Familien, ob er sich ihr anschließen könne, und die Reisenden waren bereit, ihn mitzunehmen. Er machte sich also mit ihnen auf den Weg und ließ seine Schafe und Yaks zurück.

Als die Reisegruppe das Haus des Lama erreichte, ging der alte Mann, der nicht wusste, was er dort tun sollte, und der auch keine speziellen Fragen an den Lama hatte, in die Küche, wo er etwas zu essen bekam und anschließend wartete. Inzwischen hatte die Familie den Lama um eine kurze Audienz gebeten und machte sich anschließend wieder auf den Heimweg.

Der Alte hingegen blieb ein Jahr, dann noch eins, und schließlich wurden es insgesamt drei Jahre. In dieser ganzen Zeit half er in der Küche und wurde dafür beköstigt; das Küchenpersonal sah ihn als eine Art Familienmitglied an. Den Lama sah der Hirte in dieser ganzen Zeit kein einziges Mal.

Als eines Tages wieder einmal Besucher ankamen, forderten die Köche den alten Mann auf, dem Lama Tee zu bringen. Zum ersten Mal betrat er den Raum des Meisters. Als der Lama ihn sah, rief er aus: »*Atsi! Atsi! Na Kha ru rakshai treng wa dra shig yin!*« Das bedeutet: »O je! O je! Deine Nase ist wie eine Rudraksha-Perle!« Die Nase des alten Hirten war tatsächlich sehr groß und grob.

Der alte Mann dachte: »Das war es! Endlich habe auch ich von dem Lama die Übermittlung der drei Verse erhalten!« Daraufhin kehrte er in sein Dorf zurück und rezitierte Tag und Nacht: »*Atsi! Atsi! Na Kha ru rakshai treng wa dra shig yin*«, wobei er die Zahl der Wiederholungen mit Hilfe seiner Gebetskette zählte. Die anderen Dorfbewohner hatten große Ehrfurcht vor ihm, denn schließlich hatte er doch drei Jahre lang bei dem Lama gelebt. Sie glaubten, er müsse mittlerweile außergewöhnliche Qualitäten entwickelt haben. Jedes Mal wenn jemand von ihnen krank wurde, irgendeine Schwellung oder Schmerzen hatte, ging er zu dem alten Mann, und dieser blies auf den erkrankten Körperbereich, der daraufhin geheilt wurde. So wurde der alte Hirte in der ganzen Gegend sehr bekannt.

Eines Tages erkrankte Dodrup Chen Rinpoche an einem Furunkel im Hals, das so groß wurde, dass er fast daran erstickte. Viele Ärzte versuchten, ihm zu helfen, doch erwiesen sich alle ihre Bemühungen als vergeblich. Jemand aus der Gegend des alten Hirten war gerade zufällig zu Besuch und berichtete dem Lama: »Einer deiner Schüler lebt bei uns in der Nähe. Er kann dich heilen.«

»Wer ist es?« fragte der Lama.

»Ein alter Mann, der drei Jahre bei dir gelebt hat.«

»Ich kann mich nicht an ihn erinnern, aber sag ihm, er soll kommen und mir helfen.«

Sofort wurde jemand losgeschickt, um den alten Mann herbeizuholen. »Du musst sofort kommen. Der Lama braucht deine Hilfe.«

Daraufhin antwortete der Alte: »Der Lama hat mir die Übermittlung der drei Verse gegeben. Ich werde versuchen, ihm zu helfen.«

Bevor der alte Hirte eintraf, wurde zum Zeichen des Respekts ein sehr gutes Kissen bereitgelegt, auf dem der Gast sitzen sollte. Als der Alte den Raum betrat, sah der Lama seine Nase und erinnerte sich. Er dachte: »Wie soll dieser Kerl mich jemals heilen können?«

Langsam, mit äußerster Konzentration, begann der Hirte zu rezi-

179

tieren: »*Atsi, atsi* …« Der Lama prustete los vor Lachen, das Furunkel brach auf, und er war geheilt.

Aus der Perspektive des Vajrayana umfasst wahrer und dauerhafter Glaube drei Elemente: Das erste können wir »spirituelle Ehrfurcht« nennen. Diese erleben wir, wenn das Hören des Dharma uns auf natürliche Weise inspiriert. Irgendetwas daran bewirkt, dass uns die Haare zu Berge stehen. Oder wir haben diese Empfindung bei Begegnungen mit einem bestimmten Lehrer, beim Eintritt in einen Tempel, beim Anblick eines Buddha-Bildes oder wenn wir etwas über das Leben des Buddha hören. Wir erleben dann einen Geisteszustand, der sich deutlich von unseren gewöhnlichen Gefühlen der Freude oder des Glücks unterscheidet.

Es gab einmal einen großen indischen Gelehrten der shaivitischen Tradition, dessen Intellekt sehr scharf war und der viele philosophische Abhandlungen geschrieben hatte. Dieser Mann begab sich einmal in den Himalaja, wo ihm in einer Vision der Hindu-Gott Shiva erschien und den Buddha verehrte. Dies beeindruckte ihn sehr. Später trat er zur buddhistischen Lehre über und schrieb eines der berühmtesten Gebete, die die tibetische Tradition aus Indien erhalten hat, in dem er die Tugenden der Erleuchtung preist, die Buddha Shakyamuni verkörpert. Bis zu jener Vision hatte der Gelehrte kein Vertrauen zum Buddhismus gehabt. Um dieses zu entwickeln, musste er etwas erfahren, das tiefer reichte als der Intellekt.

Ein solches gläubiges Vertrauen können wir uns selbst – und anderen – nicht einreden. Ob wir es haben, hängt nicht von unseren intellektuellen Fähigkeiten, sondern von unserem Karma ab. Wir können niemanden dazu bringen, auf die buddhistischen Lehren zu vertrauen, sofern bei dem Betreffenden keine karmische Grundlage dafür besteht. Ein Aspekt der kostbaren menschlichen Geburt besteht darin, dass Menschen durch diese in den Genuss der karmischen Voraussetzungen für die Entwicklung von Glauben und Vertrauen zum Dharma gelangen.

Obwohl dieses erste Element des Glaubens nicht unerschütterlich ist, inspiriert es uns zumindest, die Erfahrung des Leidens, ihre Ursachen und wie man beides beseitigen kann, zu erforschen, und das Gleiche gilt für die Erfahrung des Glücks, seiner Ursachen und dessen, wie wir dieselben zum Nutzen der Befreiung kultivieren können. Je häufiger wir die Lehren hören und je mehr wir sie umsetzen, um so stärker schwingen sie in unserer Erfahrung mit, umso mehr können wir die in ihnen enthaltene Wahrheit würdigen, und umso stärker werden wir inspiriert, uns intensiver um einen Lehrer zu bemühen und dem spirituellen Pfad zu folgen. Dies ist das zweite Element des gläubigen Vertrauens, die mit ihm verbundene Sehnsucht, das Verlangen danach, dem höchsten Ziel näher zu kommen.

Wenn unser Geist sich allmählich öffnet, erscheinen uns die Lehren immer sinnvoller, und wir spüren, dass wir eine Verbindung zur Meditation entwickeln. Wir müssen genügend Vertrauen haben, um in unserer Übung Beharrlichkeit zu entwickeln; wenn sie anfängt, in uns Veränderungen hervorzurufen, wird unser Vertrauen allmählich tiefer. Der Geist entspannt sich, und wir entwickeln Glauben an einen Sinn jenseits der sich ständig verändernden, alles zermalmenden Realität und verspüren ein Gefühl der Verpflichtung diesem Sinn gegenüber. Entfaltet sich dieser Glaube, wird unser Enthusiasmus noch stärker. Und mit zunehmender Übung entdecken wir unermüdlichen Eifer. Die Übung enthüllt die Wahrheit, die Wahrheit befreit die Geistesgifte, und dadurch wird uns ein immer größeres Maß an Weisheit zugänglich. Jeder Schritt ist mit dem nächsten verbunden. Schließlich entwickeln wir unbezwingbares Vertrauen. Was immer uns widerfahren mag, so hoffnungslos unsere Lage auch sein mag, unser unerschütterliches Vertrauen gibt uns die Kraft, mit unserer Übung fortzufahren, bis wir zur vollkommenen Freiheit, zur Erleuchtung gelangt sind. Dies ist der dritte Aspekt des Glaubens: die Überzeugung, dass wir eine untrügliche Wahrheit zutiefst verstanden haben.

Das erste Element gläubigen Vertrauens, Ehrfurcht, ist uns allen in mehr oder minder starkem Maße angeboren. Entweder empfinden wir Ehrfurcht oder nicht. Die beiden anderen – Sehnsucht und Überzeugung – entwickeln sich durch die Übung und können durch bewusste Bemühung verstärkt werden. Man erwartet von uns in der Vajrayana-Tradition also nicht, dass wir blind glauben und vertrauen, und ganz sicher ermutigt man uns nicht dazu. Wahrer Glaube entsteht, wenn wir die Lehren gehört, angewendet und so assimiliert haben, dass wir zur Erfahrung der untrüglichen Wahrheit gelangen.

Im Augenblick vertrauen wir auf Samsara – auf alles, was wir mit Hilfe unserer Sinne von der Welt erfahren. Doch auf lange Sicht hilft uns dieses Vertrauen nicht, weil alle Dinge vergänglich sind. Wir verlassen uns beispielsweise auf unseren Körper, obwohl er irgendwann sterben wird. Wir verlassen uns auf äußere Umstände, die sich ständig verändern. Wir haben Vertrauen zu Freunden, doch Freundschaften können zerbrechen, oder man lebt sich auseinander. Sobald es uns gelingt, unsere unveränderliche Natur zu enthüllen, wird diese für uns zu etwas, worauf wir wahrhaft vertrauen können.

Angenommen, Sie haben ein paar neue Freunde, die Sie vom ersten Augenblick an für die wundervollsten Menschen auf der ganzen Welt halten. Solche Freunde bleiben Ihnen eine Woche erhalten. Oder sie wollen etwas von Ihnen, und dann sind sie keine Freunde, sondern Schauspieler. Es kann auch sein, dass sich Ihre Freunde nicht so schnell gewinnen lassen. Sie überhäufen Sie nicht mit Freundlichkeiten und lächeln Sie auch nicht gleich mit ihrem besten Festtagslächeln an. Doch wenn Sie sie allmählich kennen lernen, merken Sie, dass dies wirklich gute und echte Freunde sind, mit denen Sie durch dick und dünn gehen können.

Auf Samsara zu vertrauen ist so, als würde man auf eine oberflächliche Freundschaft vertrauen, die zwar rasch aufblüht, aber auch schnell wieder vergeht. Vertrauen wir hingegen auf die höchste Wahrheit, erscheint uns diese zwar zunächst ganz und gar nicht offensichtlich, sehr schwer fassbar, ungreifbar und unzugänglich, doch auf lange Sicht ist dies das echte und stärkste Objekt des Vertrauens. Es ist nicht leicht, den spirituellen Pfad zu beschreiten, denn er zwingt uns, praktisch alles in Frage zu stellen, was wir jemals für wahr oder real gehalten haben. Doch wenn wir ihm unerschütterlich folgen, wird er sich als ein äußerst zuverlässiger Freund erweisen.

Gebet

Warum beten wir? Vielleicht glauben wir, dass der Buddha oder Gott oder die Gottheit uns dann freundlich gesinnt ist, uns ihren Segen schenkt und uns schützt. Vielleicht glauben wir auch, dass die Gottheit uns nicht schützt oder uns sogar bestraft, wenn wir nicht beten. Doch der Zweck des Betens ist nicht, uns das Wohlgefallen eines äußeren Gottes zu sichern oder seinen Zorn abzuwenden.

In dem Maße, wie wir Buddha, Gott oder die Gottheit als einen Ausdruck der höchsten Wirklichkeit verstehen, empfangen wir beim Beten Segen. In dem Maße, wie wir auf die grenzenlosen Qualitäten der Liebe und des Mitgefühls der Gottheit vertrauen, empfangen wir den Segen dieser Qualitäten.

Manchmal projizieren wir menschliche Charakteristika auf andere Wesen. Wenn Sie beispielsweise sentimental denken: »Mein Hund meditiert mit mir«, dann schreiben Sie dem Hund dieses Verhalten lediglich zu; Sie entwickeln eine Vorstellung darüber, was der Hund tut. Wenn wir Gott menschliche Eigenschaften zuschreiben, projizieren wir unsere eigenen Mängel und Grenzen auf Gott. Deshalb glauben viele Menschen, dass Gott sie – jeweils ihrem eigenen Verhalten entsprechend – entweder liebt oder nicht liebt. »Ich werde dies oder jenes nicht erreichen können, weil Gott mich nicht liebt – ich habe vergessen zu beten.« Oder noch schlimmer: »Wenn Gott mich nicht liebt, werde ich in der Hölle enden.«

Wenn Gott glücklich oder traurig ist, weil wir zu ihm beten oder dies nicht tun, dann ist Gott nicht makellos, also keine Verkörperung vollkommenen Mitgefühls und vollkommener Liebe. Eine Manifestation der absoluten Wahrheit zeigt unseren Gebeten oder unserem Nichtbeten gegenüber weder Anhaftung noch Abneigung. Solche Eigenschaften sind Projektionen unseres eigenen Geistes.

Die Wirkung der Gebete gleicht dem Wirken der Sonne, die ohne jedes Zögern und ohne jedes Zurückhalten überall scheint. Wie Gott oder der Buddha strahlt auch sie unablässig und ohne jede Einschränkung ihre Kraft, ihre Wärme und ihr Licht aus. Dreht sich die Erde, entsteht der Anschein, als ob die Sonne nicht mehr schiene. Doch hat dies nichts mit der Sonne zu tun, sondern es hängt mit unserer eigenen Position auf der Schattenseite der Erde zusammen. Wenn wir in einem tiefen, dunklen Bergwerksschacht leben, ist nicht die Sonne daran schuld, dass uns kalt ist. Und wenn wir auf der Erdoberfläche leben, jedoch die Augen geschlossen halten, ist nicht die Sonne daran schuld, dass wir kein Licht sehen. Der Segen der Sonne schließt alles ein, ob wir nun für ihn offen sind oder nicht. Gebet bewirkt, dass wir unseren Schacht verlassen, unsere Augen öffnen und für die erleuchtete Gegenwart empfänglich werden – für die allgegenwärtige Kraft der Liebe und des Mitgefühls, die für alle Wesen da ist.

Selbst Menschen, denen die Idee des Betens zu einer Gottheit nicht vertraut ist, spüren oft die Gegenwart eines höheren Prinzips der Wahrheit – einer Quelle der Weisheit, des Mitgefühls und der Kraft, die wohltuend wirken kann. Zu diesem höheren Prinzip zu beten hat zweifellos eine positive Wirkung.

Allerdings sollte man nicht aus einer kleingeistigen Haltung heraus beten. Vielleicht möchten Sie für ein neues Auto beten, doch woher wollen Sie wissen, dass ein neues Auto das ist, was Sie wirklich brauchen? Besser beten Sie einfach um das, was für Sie am besten wäre, denn auf diese Weise beziehen Sie die Möglichkeit ein, dass

Sie vielleicht nicht wissen, was das Beste ist. Vor einigen Jahren flog einmal eine Tibeterin nach Übersee. Bei einer Zwischenlandung stieg sie aus, um sich ein wenig die Beine zu vertreten. Da sie den Flughafen nicht kannte und auch weder mit der Landessprache noch mit den Gepflogenheiten des Flugbetriebs vertraut war, verstand sie die Ansage, dass der Flug fortgesetzt würde, nicht und verpasste so ihr Flugzeug. Dies muss ihr zunächst wie eine Katastrophe erschienen sein, doch kurz nach dem Abflug stürzte das Flugzeug, das sie verpasst hatte, ab, und die meisten Passagiere kamen ums Leben.

Wir beten um das, was nicht nur für uns selbst, sondern für alle Wesen am besten ist. Wenn wir mit der Übung beginnen, nehmen wir uns selbst oft so wichtig, dass unsere Gebete sehr egoistisch sind und unsere egoistischen Tendenzen noch verstärken, statt sie zu transformieren. Deshalb kann es vorteilhaft sein, mehr Zeit auf das Entwickeln liebevoller Güte als auf das Beten zu verwenden, bis unsere Motivation reiner geworden ist.

Wenn wir beim Beten die richtige Motivation haben, wird es zu einem wichtigen Teil unserer Übung, weil es hilft, Hindernisse zu beseitigen – kontraproduktive Umstände, Störungen der feinen Energien im Körper, Verwirrung und Unwissenheit des Geistes. Selbst die Lehren, die wir hören, können wir mental verfälschen, indem wir mehr in sie hineindeuten, als sie tatsächlich beinhalten, oder indem wir bestimmte Aspekte von ihnen ignorieren. Gebete beseitigen solche Hindernisse.

Der Geist gleicht einem Spiegel. Obwohl unsere wahre Natur die Gottheit ist, erleben wir im Augenblick Spiegelungen des gewöhnlichen Geistes. Wenn Sie Ihr eigenes Bild noch nie gesehen hätten, würden Sie bei einem Blick in den Spiegel vermutlich glauben, Sie starrten durch ein Fenster und sähen eine andere Person. Sie würden meinen, Ihr Spiegelbild hätte nicht das Geringste mit Ihnen zu tun. Falls Sie einen Menschen mit fürchterlichem Äußerem, schmutzigem Gesicht und wild zerzaustem Haar vor sich sähen, würden Sie möglicherweise Abneigung empfinden. Vielleicht würden Sie sogar den Spiegel reinigen, um das Bild zu säubern. Doch ein Spiegel hat ebenso wie unser Geist die Eigenschaft zu spiegeln – was er Ihnen zeigt, sind Sie selbst. Um das, was Sie sehen, zu verändern, müssten Sie Ihr Haar kämmen und sich das Gesicht waschen. Sie müssten sich selbst verändern, denn den Spiegel zu verändern führt zu nichts. Gebete helfen, die Gewohnheiten des alltäglichen, kleinen Geistes und unsere Unwissenheit bezüglich unserer wahren Natur als der Gottheit zu verändern.

Wenn wir im Kontext der Meditation zur Gottheit beten, visualisieren wir sie manchmal als vor uns im Raum stehend oder sitzend, eine Verkörperung der Vollkommenheit, die in krassem Gegensatz zu uns selbst mit unseren zahlreichen Verdunkelungen steht. Doch unser Gebet zur Gottheit zielt nicht darauf, dass diese uns etwas gewährt, das von uns getrennt ist. Vielmehr geht es bei der Anwendung einer dualistischen Methode, bei der wir die Gottheit außerhalb von uns visualisieren, letztendlich darum, die Dualität zu überwinden.

Im Gebet visualisieren wir unsere wesenseigene Reinheit, die sich in der Gottheit spiegelt, und unsere positiven Eigenschaften als Form, Farbe und Merkmale der Gottheit. Dies hilft uns, uns wieder auf das zu besinnen, was ursprünglich ohnehin existiert: unsere vollkommene Natur. Wenn wir uns als die Gottheit visualisieren, vertiefen wir dadurch die Erfahrung unserer wesenseigenen Reinheit. In der Vollendungsphase der Praxis schließlich, wenn die Form der Gottheit aufgelöst wird, lassen wir den Geist ruhen, ohne Mühe und Anwendung besonderer Kunstfertigkeit, in seiner eigenen Natur, der höchsten Gottheit.

Wir entwickeln also zunächst die Vorstellung, dass die Reinheit außen ist, verinnerlichen sie später und überwinden schließlich die Vorstellungen von einem Innen und Außen völlig. Dieses Gewahrsein der Natur der Gottheit stärkt die Kraft, den Segen und die positiven Auswirkungen unseres Gebets.

Wenn die Natur der Gottheit Leerheit ist, könnten Sie sich fragen, warum wir überhaupt beten. Dies erscheint auf den ersten Blick wie ein Widerspruch. Wie können wir einerseits sagen, dass keine Gottheit da ist, es sich vielmehr nur die Spiegelung unserer wesenseigenen Natur handelt, und andererseits, dass wir zur Gottheit beten sollen? Dies ergibt nur einen Sinn, wenn wir die Untrennbarkeit von absoluter und relativer Wahrheit verstehen.

Auf der absoluten Ebene ist unsere Natur der Buddha; wir sind die Gottheit. Doch weil uns dies nicht bewusst ist, sind wir an die relative Wahrheit gebunden. Um zur Realisation unserer absoluten Natur zu gelangen, müssen wir auf unseren relativen Füßen gehen, auf einem relativen Pfad. Weil die absolute Wahrheit für unseren gewöhnlichen, linearen Geist so schwer zu begreifen ist, verlassen wir uns bei der Arbeit an der Dualität des Geistes auf einen allmählich immer subtiler werdenden Prozess, bis wir schließlich zur Erkenntnis der höchsten Wirklichkeit gelangen. Gebet ist ein wichtiger Teil dieses Prozesses.

Gespräch mit einem Schüler

Schüler: Wenn die letztendliche Natur der Erfahrung Leerheit ist, was ist dann Karma wirklich? Nur eine Vorstellung, die ebenso illusionär ist wie alle anderen?

Rinpoche: Es geht hier um den Unterschied zwischen der absoluten und der relativen Wahrheit. Wenn Sie nicht schlafen, fehlt es dem Traum an jeglicher Wahrheit. Gut oder schlecht, Mögen oder Nicht-Mögen, Traurigkeit oder Glücklichsein – nichts von alldem hat dann Gültigkeit. Auch Karma existiert nicht, weil der Traum nicht da ist.

Doch wenn Sie träumen, gibt es gut und schlecht, Mögen und Nicht-Mögen, Traurigkeit und Glücklichsein, und sie alle erzeugen Karma. Wenn sich der Geist in einem Zustand der Täuschung befindet, in der Traumerfahrung der relativen Wirklichkeit, dann ist Karma real und macht den Traum besser oder schlechter. Doch wenn Sie zur höchsten Wirklichkeit erwachen, entbehrt Karma jeder Realität, und ebenso verhält es sich auch mit dem Verdienst und allem anderen. Nachdem wir erwacht sind, ist all dies nicht realer als ein Traum.

Im Wachzustand verfügen wir über die *Fähigkeit* zu träumen, doch wir träumen nicht. Ebenso verhält es sich mit der absoluten Wahrheit. Die relative Wahrheit ist die Erfahrung der absoluten Wahrheit unter dem Einfluss der Täuschung, und in ihr ist Karma sehr mächtig, gnadenlos, zielsicher und total. Karma entscheidet darüber, ob unsere Existenz angenehm oder unangenehm ist, ob unsere Wiedergeburten glücklich oder unglücklich sind und ob sie in den höheren oder in den niederen Bereichen erfolgen.

Schüler: Verhält es sich mit dem Konzept des Verdienstes ebenso?

Rinpoche: Verdienst basiert auf dem gleichen Prozess wie Karma, nur arbeiten wir in diesem Fall aktiv daran, im Traum des Lebens die Voraussetzungen für Glück zu schaffen, und zwar nicht nur für uns selbst, sondern auch für andere.

Schüler: Für Karma und Verdienst scheint das gleiche Prinzip zu gelten: Was wir in die Welt setzen, kommt wieder zu uns zurück. Dem entspricht offenbar eine ichzentrierte Motivation, also das Gegenteil der Bodhicitta-Intention. Doch ist es nicht Ausdruck einer reinen Motivation, wenn ein Übender einfach mitfühlend bleibt, ohne sich um das dadurch entstehende gute Karma zu kümmern – oder anders ausgedrückt: ohne sich um seinen letztendlichen »Lohn« zu scheren?

Rinpoche: Sie haben Recht, wenn Sie meinen, dass es besser sei, mitfühlend zu sein, als sich zum Ziel zu setzen, gutes Karma zu produzieren, um später nicht zu leiden. Letzteres geschieht zwar, gehört aber dem Bereich des Relativen an. Die Lehren umfassen verschiedene Ebenen, und die Empfänglichkeit oder Wahrnehmungsfähigkeit der einzelnen Menschen entscheidet darüber, welche Ebene für sie jeweils am besten geeignet ist. Im Geiste einiger wird ein subtiler Same gesät. Bei anderen muss zunächst ein etwas gröberer Same gesät werden, um sie auf den subtileren Samen vorzubereiten.

Was also den Unterschied zwischen einer ichzentrierten Motivation und der Entscheidung, ganz einfach mitfühlend zu sein, angeht, ist Letzteres tatsächlich vozuziehen.

Schüler: Könnte man also, was die Praxis anbetrifft, sagen, dass Verdienst letztendlich Mitgefühl allen Dingen gegenüber ist? Ist das die Essenz der Bodhicitta-Absicht?

Rinpoche: Mitgefühl ist nur ein Teil von Bodhicitta. Der Unterschied zwischen Bodhicitta und dem Fehlen von Bodhicitta ist, ob man zum Wohle anderer Erleuchtung anstrebt. Selbst wenn Sie so tun, als ob Sie anderen helfen, selbst wenn Sie äußerlich einen guten Eindruck erwecken, Ihr Bestreben, zum Wohle anderer Erleuchtung zu erlangen, jedoch nicht aus Ihrem Herzen kommt, ist das kein Bodhicitta. Mitgefühl ist der Impuls, und aufgrund dieses Impulses tun Sie, was getan werden muss. Sie streben Erleuchtung an, weil Ihnen klar geworden ist, dass Sie die Möglichkeit haben, viel Gutes zu tun.

Das Leiden der Wesen in Samsara zu erkennen, reine Gedanken und Mitgefühl zu erzeugen, Sehnsucht nach Erleuchtung zu entwickeln, um alle Wesen zu befreien, und alles zu tun, um das zeitliche und höchste Wohl anderer zu fördern – all dies ist relatives Bodhicitta. All dies ist Aktivität innerhalb des Traums, die zum Erwachen aus dem Traumzustand führt. Absolutes Bodhicitta bedeutet, die absolute Wahrheit jenseits der Extreme zu erkennen und so lange in diesem Erkennen zu verweilen, bis es völlig offensichtlich geworden ist. Ist dies eingetreten, erwachen wir aus dem Traum.

Schüler: Wenn die höchste Natur der Wirklichkeit Buddhaschaft ist, die allen Wesen gemeinsam ist, warum ist dies dann nicht schon allen klar? Was hat den Sturz in den Zustand der Unwissenheit und der Verdunkelung verursacht? Ist dabei ein evolutionäres Prinzip im Spiel, das eine Entwicklung von der Unwissenheit zu einem Zustand höheren Bewusstseins erforderlich macht?

Rinpoche: Es ist nicht so, dass wir uns einmal in diesem Zustand befanden und ihn dann vergessen haben. Im rohen Erz ist Gold enthalten, obwohl man dies nicht erkennen kann, weil das Gold in das Erz eingebettet ist. Um das Gold aus dem Erz zu befreien, muss man es schmelzen. Die Unreinheiten werden so lange herausgefiltert, bis nur noch das Gold, die Essenz, übrig ist. Genau dies tun wir im Grunde als Übende. Wir entfernen alle Unreinheiten, auf dass schließlich die Essenz enthüllt wird. Diese Essenz ist nicht früher einmal realisiert und später vergessen worden. Sie war immer da, ist aber nie realisiert worden.

Der Unterschied zwischen Buddhaschaft und vorgetäuschter samsarischer Kontinuität besteht im Erkennen oder Nichterkennen der eigenen wahren Natur. Die Essenz ist entweder gekannt oder nicht gekannt. Das ist der einzige Unterschied. Es geht dabei nicht um eine Entwicklung. Samsara ist kein Entwicklungsprozess. Täuschung ist keine Entwicklungsstufe. Die Realisation tritt ein durch die Offenbarung von etwas uns Wesenseigenem.

Schüler: Ist dann die Vorstellung, dass sich das Bewusstsein eines Menschen über viele Leben entwickelt, eine Illusion?

Rinpoche: Ja. Das Bewusstsein entwickelt sich nicht im Laufe vieler Leben. Wir befinden uns mitten im Fluss des samsarischen Kontinuums. Doch als Menschen haben wir eine außergewöhnliche Chance, Buddhaschaft zu erlangen.

Schüler: Warum ist das so?

Rinpoche: Weil es im Daseinsbereich der Menschen einerseits nicht so viel falsche Zufriedenheit gibt wie in den Bereichen der

Götter und auch nicht so viel Leiden wie in den niederen Bereichen. Dass unsere Lebensbedingungen weder zu gut noch zu schlecht sind, ist eine sehr günstige Voraussetzung für die Befreiung. Aber Samsara ist keine Entwicklungsstufe und das Erreichen der Erleuchtung auch nicht. Sobald es einem Menschen gelungen ist, Samsara zu durchschauen, kann er diese Realisation nie mehr verlieren. Auf dieser Grundlage beschreiten wir den Bodhisattva-Pfad.

In einem gewissen Sinne könnten Sie den Bodhisattva-Pfad als Entwicklungsprozess verstehen, weil er ein allmähliches Fortschreiten zur Buddhaschaft beinhaltet. Es ist aber eher so, dass man sich innerlich auf die Realisation der eigenen wahren Natur hinentwickelt, nachdem man sich so weit in die Täuschung hineinbegeben hat. Eine evolutionäre Betrachtungsweise vergisst, das Phänomen der Rückentwicklung zu berücksichtigen. Jedes fühlende Wesen entwickelt sich sowohl aufwärts als auch abwärts. Tatsächlich handelt es sich um einen zyklischen Prozess, nicht um eine lineare Entwicklung zu etwas hin. Die Evolutionstheorie enthält viel Hoffnung, doch in Samsara gibt es nicht viel Hoffnung.

Schüler: Ist dann letztendlich auch unsere Wahrnehmung der Zeit als linear eine Illusion?

Rinpoche: Noch einmal: Es ist wie in einem Traum. Wenn der Geist sich im traumähnlichen relativen Kontext befindet, existiert Zeit; erwacht er zur absoluten Wahrheit, existiert keine Zeit. Doch die samsarische Erfahrung bewegt sich unablässig im Kreis, Traum um Traum.

Schüler: Woran erkennt der Übende, ob eine bestimmte Visualisation nichts weiter ist als die immer gleiche geräuschvolle geistige Aktivität, oder ob sie mehr als das ist?

Es ist so, als ob die Übung darin besteht, dass man aus einem bis zum Boden reichenden Fenster schaut und das, was man sieht, auf eine Leinwand malt. Man gestatet die Szenerie nach, und wenn man das Abbild fertig gestellt hat, wischt man es wieder weg. Was ist der

Unterschied zwischen dem Blick aus dem Fenster, während man gleichzeitig das Gesehene auf der Leinwand nachbildet, und dem Öffnen des Fensters und Hinausgehen ins Freie? Mit anderen Worten: Wann wird die Übung zur Realisation?

Rinpoche: Angenommen, jemand sieht ein Seil auf dem Boden liegen, glaubt jedoch, es sei eine Schlange. Die Reaktion des Betreffenden basiert dann auf seiner Überzeugung, es handle sich um eine Schlange. Auch wenn das, was er glaubt, nicht wahr ist, kann seine Überzeugung sogar die Menschen in seiner Umgebung beeinflussen. Plötzlich denken sie alle das Gleiche. Das Seil wirkt auf sie derart echt wie eine Schlange, dass es auf dem Boden umherzugleiten scheint. Die Angst, die Reaktion, der gesamte Rahmen der Täuschung wird zu einem vollständigen Bild ergänzt. Doch wenn dann jemand kommt und sagt: »Das ist *keine* Schlange«, sind alle erleichtert, weil die Lüge aufgedeckt worden ist. Alle sehen das Seil wieder als das, was es ist und was es immer war. Die Täuschung hat die Wahrnehmung manipuliert. Menschen mit sehr eingefleischten Wahrnehmungsgewohnheiten werden vielleicht beim nächsten Mal, wenn sie das Seil sehen, wieder eine Schlange wahrnehmen, obwohl auch sie gehört haben, dass es sich um ein Seil handelt.

Weil wir die Tendenz haben, in alte Gewohnheiten zurückzufallen, arbeiten wir mit der Visualisation. Wir reinigen verzerrte Wahrnehmungen, indem wir Phänomene in reiner Form visualisieren, so wie die Gottheit und das Reine Land. Wir lernen, die Schlange anders zu sehen, bis wir schließlich erkennen, dass es sich in Wirklichkeit um ein Seil handelt. Einige besonders Glückliche mit sehr subtilen Fähigkeiten brauchen keine Visualisation zu üben. Sie werden augenblicklich befreit, sobald sie mit der Natur des Geistes bekannt gemacht werden. Es ist so, als würde ihre Täuschung wie eine Wolke vom Wind weggeblasen. Wenn sie fort ist, ist sie fort; sie manifestiert sich nicht erneut. Die Übung dieser Menschen besteht dann lediglich darin, in der Erkenntnis ihrer wahren Natur zu verweilen.

Wir bedienen uns zweier unterschiedlicher Ansatzpunkte, um zur Realisation zu gelangen. Der eine besteht in der Visualisationsübung, weil unsere Gewohnheiten sehr tiefe Wurzeln haben. Obwohl wir mit unserer höchsten Natur bekannt gemacht worden sind, bleibt unsere anfängliche Erkenntnis nicht erhalten. Die Visualisation ermöglicht uns, das, was wir gelernt haben, zu verlernen und die Knoten unserer Unwissenheit aufzulösen. Doch wenn dieser Prozess bei uns nicht erforderlich ist, setzen wir an einem anderen Punkt an und begeben uns direkt auf den höchsten Pfad, den der Großen Vollkommenheit, wobei wir einfach im nicht-dualen Gewahrsein ruhen, während alle Täuschung weggeblasen wird. Reine Phänomene treten als Ausdruck unserer absoluten Natur in Erscheinung. Ein Übender der Großen Vollkommenheit braucht nichts auf eine Leinwand zu zeichnen; er geht direkt aus dem Fenster.

Schüler: Leerheit strahlt also als die Erscheinungen der Gottheiten aus?

Rinpoche: Alle Form ist die Gottheit; alle Form ist in ihrem Wesen Leerheit, die sich als Erscheinung manifestiert. Die Gottheit ist nicht nur ein Wesen, das auf einem Lotos sitzt; die Gottheit ist Leerheit, die als Form in Erscheinung tritt. Das bedeutet, dass alles in der Welt, einschließlich unserer Feinde, die Gottheit ist. Wenn uns jemand verletzt, fällt es uns schwer, uns zu vergegenwärtigen, dass auch er die Gottheit ist, und deshalb verfallen wir in solchen Situationen leicht wieder in unsere alten Gewohnheiten. Deshalb benutzen wir die Visualisation. Dies ist eine relative Methode, die uns hilft, zur absoluten Wahrheit zu erwachen; die absolute Wahrheit tritt aber tatsächlich in Form dieser relativen Methode in Erscheinung.

Ein tieferes Verständnis des Unterschieds zwischen absoluter und relativer Wahrheit und des Wirkens von Karma im Bereich der relativen Wahrheit hilft uns, den Sinn des Visualisierens besser zu verstehen.

Schüler: Und aufgrund dessen auch die Bewegung hin zur Realisation?

Rinpoche: Realisation ist keine besonders großartige Angelegenheit. Es ist eher so, dass wir etwas durchdringen, um seine Essenz zu empfinden oder zu schmecken. Es ist so wie der Unterschied zwischen dem Darüber-Reden, was »süß« bedeutet, und der Erfahrung des Geschmacks von Zucker auf der eigenen Zunge. Realisation ist eine Art zu erfahren, zu schmecken. Meditation ist der Pfad der unablässigen, beharrlichen Bemühung um diese Erfahrung, des Zulassens der Wirkung einer transformierenden Alchemie.

Dieser Prozess umfasst vier Teile. Wenn Sie anfangen, die Wirklichkeit zu hinterfragen, in Frage zu stellen, was wahr ist und was nicht, wird Ihnen klar, dass viele Menschen die Phänomene für real halten. Nachdem Ihnen dies klar geworden ist, empfinden Sie Mitgefühl diesen Menschen gegenüber. Aus Mitgefühl beten Sie dann zum Lama. Der Lama ist die Quelle Ihrer Realisation, die Quelle Ihrer Übung. Da die Realisation keine Grenzen hat, besteht keine Trennung zwischen dem Lama und der Gottheit. Wenn Sie dann in Ihrer Übung reifen, werden Sie auch den Lama besser verstehen. Der Lama ist die Gottheit; der Lama ist die Wahrheit.

Sie beten zum Lama um Klarheit, Stärke in der Übung, Inspiration, Motivation – um alles, was Sie unter dem Segensschirm des Lama brauchen. Dann beginnen Sie mit der Visualisation. Wenn Ihnen dies schwer fällt, wenn es zu nichts führt oder wenn es Sie verdrießlich macht, dann hören Sie einfach wieder damit auf, und entspannen Sie sich. Lassen Sie den Geist so sein, wie er ist. Tauchen wieder Gedanken auf, dann versuchen Sie es erneut mit der Visualisation. Wenn Sie Schwierigkeiten haben, sich alle Details zu vergegenwärtigen, fokussieren Sie einfach auf einen Aspekt der Visualisation oder auf Ihre eigene Form als einen ungreifbaren, leuchtenden Lichtkörper. Oder stellen Sie sich einfach vor, dass die Gottheit vor Ihnen in ihrem Wesen die Verkörperung von Mitgefühl und Weisheit, die Verkörperung der absoluten Wahrheit ist.

Seien Sie sich selbst gegenüber nicht zu hart. Wenn Sie sich nicht in der Lage fühlen zu visualisieren, dann vergegenwärtigen Sie sich, dass Sie die Wirklichkeit so sehen, wie Sie sie sehen, weil Sie sehr starke Gewohnheiten haben. Akzeptieren Sie diese Schwierigkeiten, und setzen Sie die Arbeit einfach fort. Wenn Sie auf eine Grube stoßen, dann lassen Sie sich davon nicht aufhalten. Umgehen Sie sie einfach, oder springen Sie darüber. Ein guter Übender ist unbezwingbar. Sagen Sie sich: »Natürlich habe ich Mängel, natürlich habe ich Fehler, natürlich bin ich ungeduldig, natürlich bin ich faul.« Doch lassen Sie sich durch nichts darin beirren, weiterzugehen. Ob Sie kleine oder große Schritte tun, ist letztlich unwichtig, solange Sie weitergehen.

Vorbereitung auf den Tod

Der Tod erwartet uns alle, ob wir darauf vorbereitet sind oder nicht, ob wir daran denken oder nicht. Viele von uns fühlen sich beim Gedanken daran, sterben zu müssen, so unwohl, dass sie solche Gedanken völlig zu meiden versuchen. Vielleicht machen wir uns sogar vor, dass wir vor dem Tod keine Angst haben, dass das alles keine große Sache sei. Doch werden Menschen, die ohne jede Vorbereitung sterben, im entscheidenden Augenblick von einer ungeheuren Furcht erfasst, die mit nichts, was sie jemals erlebt haben, vergleichbar ist. Dass sie plötzlich keine Macht mehr über ihren Körper haben und dass sie alles, was ihnen vertraut ist, verlieren werden, versetzt sie nicht nur in Angst und Schrecken, sondern wirkt auch desorientierend und verwirrend. Manche Menschen empfinden angesichts des Todes ein starkes Bedauern; sie haben das Gefühl, ihr ganzes Leben, alle ihre Bemühungen seien ohne jeden Sinn gewesen. Beim Rückblick auf ihr Leben und in Anbetracht der Entdeckung, das Wichtigste von allem verfehlt zu haben, empfinden sie eine ungeheure Traurigkeit.

Auf den Augenblick, in dem Geist und Körper sich voneinander trennen, müssen wir uns vorbereiten. Dies können wir, indem wir uns so sehr an die spirituelle Übung gewöhnen, dass diese Gewohnheit sich im Augenblick des Todes nicht verflüchtigt. Ein tibetisches Sprichwort lautet: »Wenn du dringend musst, ist es zu spät, um eine Latrine zu bauen.« Wenn wir uns rechtzeitig mit dem Prozess des Sterbens vertraut machen, wird er uns nicht überraschen; wir werden dann in dieser Situation nicht von Angst gelähmt oder durch Verwirrung abgelenkt werden. Haben wir die erforderlichen meditativen Fähigkeiten entwickelt, kann der Tod für uns zu einem Tor werden, das uns in den todlosen Zustand der Erleuchtung führt, in dem wir ohne Unterlass zum Wohl aller Wesen wirken.

Solange sich die Elemente, aus denen der physische Körper besteht, im Gleichgewicht befinden, bleiben wir gesund. Das Element Erde steht in Beziehung zu Fleisch und Knochen, das Element Wasser zu Blut und anderen Körperflüssigkeiten, das Element Feuer zu Verdauung und Hitze, und die fünf Winde stehen in Beziehung zur Atmung, zur Zirkulation und zur Bindung des Geistes an den Körper. Wird das Gleichgewicht der Elemente jedoch gestört und dominiert eines von ihnen, werden wir krank. Zeichen für das Nahen des Todes können wir eventuell in unseren Träumen finden. Wenn wir beispielsweise träumen, dass wir nackt sind, uns in südliche Richtung bewegen, auf einem Ochsen oder einem Affen reiten, dass wir der untergehenden Sonne folgen, dass wir uns spiralförmig abwärts bewegen oder dass wir wiederholt mit Menschen zusammentreffen und sprechen, die bereits gestorben sind, so deutet all dies auf eine Schwächung unserer Lebenskraft hin.

Die Vajrayana-Praxis und insbesondere die Langlebensübung reinigt sehr wirksam das Karma, das Krankheiten verursacht, und fördert die Ansammlung von Verdienst, wodurch positive Voraussetzungen für ein längeres Leben geschaffen werden. Falls Sie mit dieser Art von Meditation nicht vertraut sind, können Sie großes Verdienst erzeugen, indem sie Tiere retten, die andernfalls getötet würden. Beispielsweise können Sie, motiviert von dem mitfühlenden Verständnis, dass kein Wesen sterben möchte, jedes Lebewesen an seinem Leben hängt und durch das Retten von Leben großes Verdienst entsteht, in einem Geschäft für Köder alle lebenden Fische und Würmer kaufen und sie freilassen. Widmen Sie die Tugend, die Sie erzeugen, allen, die mit Umständen zu kämpfen haben, welche ein langes Leben behindern, und beten Sie darum, dass diese Hindernisse beseitigt werden. Tun Sie dies immer wieder. Wenn die Zeichen in Ihren Träumen sich nicht verändern, so hat das Karma, das Ihr Leben erhält, sich allmählich erschöpft, und Ihr Tod ist nicht mehr fern.

Wenn Sie schwer krank sind, versagen Ihre Sinnesfähigkeiten allmählich. Falls Sie die wahre Natur Ihres Geistes nicht kennen, wird Ihnen dies als sehr beängstigend und verwirrend erscheinen, denn alles, woran Sie sich jemals orientiert haben, fällt von Ihnen ab. Ihre Sicht wird trübe, Erscheinungen wirken wie Luftspiegelungen und instabil, und manchmal manifestieren sich Visionen. Ihr Körper fühlt sich schwer an, so als würden Sie ins Bett sinken.

Im Augenblick des Todes verlieren die Elemente ihre Macht. Sie unterstützen einander dann nicht mehr, und der Geist trennt sich vom Körper. Wenn die Elemente sich voneinander zu lösen beginnen, verschwindet allmählich die Fähigkeit, Vorstellungen zu bilden, zwischen Eigenem und Anderem, zwischen Subjekt und Objekt zu unterscheiden. Die am obersten Punkt des Kopfes gespeicherte männliche Energie sinkt hinab, die im Nabel gespeicherte weibliche Energie steigt empor, und beide verbinden sich im Herzen miteinander. Sie verfallen dann in einen komaähnlichen Zustand, aus dem Sie nicht mehr zurückkehren werden. In diesem Augenblick fallen alle vergifteten Gedanken von Ihnen ab, und Ihr Geist öffnet sich einer Erfahrung des klaren Lichts. Dies ist die erste Phase des *Chhönyid-Bardo*, des Bardo der wahren Natur der Wirklichkeit.

Der Ausdruck »klares Licht« bezieht sich nicht auf ein großes Licht am Himmel oder auf das, was Menschen, die Nahtoderfahrungen gemacht haben, beschreiben: ein gleißendes Licht, zu dem sie immer näher hingezogen werden, und eine Stimme, die sagt: »Du musst jetzt zurückkehren.« Das klare Licht hat überhaupt nichts mit Licht im üblichen Sinne zu tun, sondern beinhaltet Klarheit als Fehlen von Täuschung, von Objekt-Subjekt-Dualität, von Dumpfheit und Vorstellungen. Es bezieht sich auf das offene Gewahrsein und wird auch *grundlegendes klares Licht* genannt, weil es die Grundnatur aller Wesen ist.

Haben wir uns in unserem Leben darin geübt, im Gewahrsein der Natur unseres Geistes zu ruhen, können wir im *Chhönyid-Bardo* Befreiung erlangen, indem wir das klare Licht als unsere Wesensnatur erkennen. Durch diese Verbindung des Gewahrseins mit dem klaren Licht entsteht die *Dharmakaya-Befreiung*.

Wenn wir in unserer meditativen Übung keine Resultate erzielt haben, taucht das klare Licht blitzartig auf und ist im nächsten Augenblick wieder verschwunden. Da uns die wahre Natur des Geistes nicht vertraut ist, können wir diesen kurzen Augenblick des Übergangs nicht nutzen, um Erleuchtung zu erlangen.

Die nächsten Spiegelungen des Geistes erscheinen als reine Schaubilder von Farben und Gottheiten; dies ist die zweite Phase des *Chhönyid-Bardo*. Wenn wir in den auftauchenden Phänomenen das Strahlen unseres wesenseigenen Gewahrseins erkennen, wird dieser Übergang für uns zu einer Chance, die Art der Befreiung zu erlangen, die *Sambhogakaya-Befreiung* genannt wird. Verstehen wir hingegen nicht, wie der Geist Erscheinungen projiziert, können wir diese Manifestationen nicht als das erkennen, was sie sind. Es ist dann so, als würden wir unseren Schatten kurz sehen, ihn jedoch nicht erkennen.

Wenn unsere Übung von *T'hregchhod* und *T'hodgal*, zur Großen Vollkommenheit (*Dzogchen*) zählenden Pfaden, sehr gut entwickelt war, können wir in einer der beiden Phasen des *Chhönyid-Bardo* Befreiung erlangen. Andernfalls entgehen uns diese Chancen, und die Dualität des Geistes nimmt als Erfahrung von Eigenem und Anderem Form an, als Prozess gewöhnlichen Empfindens in der samsarischen Wirklichkeit. Wir treten nun in den *Sidpa-Bardo* ein, den Bardo des Werdens, die 49 Tage dauernde Übergangszeit bis zu unserer nächsten Wiedergeburt. In dieser Zeit wird unser Bewusstsein, das nicht durch den physischen Körper behindert wird, umhergestoßen und mit Furcht erregenden Anblicken und schrecklichen Geräuschen konfrontiert. Jeder auftauchende Gedanke treibt uns augenblicklich zu seinem Objekt. Wenn wir in unserem Leben die starke Gewohnheit entwickelt haben, in Situationen, die uns als völlig hoffnungslos erschienen, zu beten, werden wir uns daran erinnern und auch in dieser Situation beten. Sobald wir dann an unsere Quelle der Zuflucht denken, werden wir im Reinen Land des betreffenden Weisheitswesens wiedergeboren. Dies wird *Nirmanakaya-Befreiung* genannt.

Geschieht dies nicht, stürzt sich der Geist in einen neuen Traum und wird in einem der sechs Daseinsbereiche wiedergeboren, und alle Chancen zu erwachen und eine Wiedergeburt jenseits des Leidens zu finden, sind damit vertan.

Mit Hilfe der *P'howa* genannten Methode können wir unser Bewusstsein im Augenblick des Todes in ein Reines Land befördern. Anders als ein Götterbereich ist ein Reines Land die Manifestation unserer eigenen angeborenen Reinheit, ein Bereich unendlicher Glückseligkeit jenseits von Samsara. Diejenigen, die eine solche Wiedergeburt erreichen, kennen kein Leiden und erlangen schließlich Erleuchtung.

P'howa wird auch die Meditation der Nicht-Meditation genannt, weil sie relativ leicht zu meistern ist, und man bringt sie in der

Vajrayana-Tradition auch Anfängern häufig bei, weil sie im Fall des Todes Sicherheit gibt. Schon nach kurzer Zeit der Übung treten Zeichen des Erfolgs auf, die zeigen, dass die Kanäle des feinstofflichen Körpers nicht mehr blockiert sind und das Bewusstsein sich zum Zeitpunkt des Todes leicht durch den obersten Punkt des Kopfes in ein Reines Land befördern lässt. Diese Übung gleicht einer Brücke, die das Dharma in diesem Leben und im nächsten miteinander verbindet.

Manche Vajrayana-Übende brauchen aufgrund der Stärke der Entwicklungs- und Vollendungsphase ihrer Meditation nicht auf die Praxis der Bewusstseinsübertragung zurückzugreifen. Während der Auflösung der Entwicklungsphase visualisieren wir, dass sich das gesamte Universum – alle Elemente – in die Keimsilbe der Gottheit hinein auflöst, die wiederum selbst in die Leerheit verschwindet. Danach verweilen wir in der Natur des Geistes. Dies ist die Vollendungsphase. Schließlich erkennen wir dann noch einmal alle Formen, Klänge und Gedanken als Körper, Sprache und Geist der Gottheit. Wenn wir uns darin üben, das Gewahrsein von Vajra-Körper, -Sprache und -Geist während all unserer Leben aufrechtzuerhalten, so kann dies zur Befreiung im Bardo führen.

Wenn Sie sterben und nicht mit dem Vajrayana vertraut sind oder wenn Sie kein Vertrauen in Ihre Übung haben, können Sie visualisieren, dass ein Wesen, dem Sie fest vertrauen – falls Sie ein Übender sind, ist dies Ihr Lama –, untrennbar mit Buddha Amitabha verbunden ist, umgeben von seinem Gefolge in seinem Reinen Land, und sich eine Unterarmlänge über Ihrem Kopf befindet. Bekennen Sie jeden Tag bis zu Ihrem Tod vor Buddha Amitabha als Ihrem Zeugen alle untugendhaften Handlungen, die Sie in diesem und in früheren Leben begangen haben, und reinigen Sie sie. Widmen Sie alles Verdienst, das Sie angesammelt haben, dem Wohl aller Wesen, und beten Sie darum, dass Sie und alle Wesen zum Zeitpunkt Ihres Todes ohne jede weitere Wiedergeburt in Amitabhas Reines Land, Dewachen, gelangen mögen. Empfangen Sie die Lehren direkt von Amitabha, üben Sie, und erlangen Sie Erleuchtung, die Fähigkeit, zum Wohle aller Wesen zu wirken. Normalerweise wird der reine Bereich der Erfahrung offenbart, nachdem alle Verdunkelungen, die unsere angeborene Reinheit überdecken, entfernt worden sind. Weil unreine Wahrnehmungen es erschweren, zum Zeitpunkt des Todes eine reine Erfahrung zu machen, fokussieren wir auf Buddha Amitabha als den Ausdruck makelloser Reinheit. Selbst wenn es uns schwer fällt zu visualisieren, sollte uns beruhigen, dass Amitabha sich dazu verpflichtet hat, jedem, der seinen Namen hört oder zu ihm betet, so untugendhaft der Betreffende auch sein mag, zur Wiedergeburt in seinem Reinen Land zu verhelfen.

Wenn Sie kein praktizierender Buddhist oder mit Buddha Amitabhas äußerer Erscheinung nicht vertraut sind, können Sie Ihre Konzentration auf den Raum oberhalb Ihres Kopfes richten. Dies hat zwei positive Wirkungen: Erstens lenkt es Sie von Schmerz und Angst ab. Zweitens verlässt Ihr Bewusstsein den physischen Körper durch eines der neun »Tore«, die jeweils zu einer anderen Art von Wiedergeburt führen. Acht Fingerbreit hinter dem ursprünglichen Haaransatz, am obersten Punkt des Kopfes, liegt das Tor zur Wiedergeburt in einem Reinen Land. Konzentrieren Sie sich in den Tagen vor Ihrem Tod und zum Zeitpunkt Ihres Todes auf diesen Punkt, und visualisieren Sie, dass Ihr Geist mit dem Raum verschmilzt. Selbst wenn Sie auf diese Weise keine Wiedergeburt in einem Reinen Land erreichen, werden Sie zumindest nicht in einem der niederen Daseinsbereiche wiedergeboren.

Falls Sie selbst einem Sterbenden helfen – einem Menschen anderen Glaubens –, können Sie dem Betreffenden diese Visualisationsübung erklären. Hingegen erzeugen Sie nur Verwirrung und machen die Situation noch schwieriger, wenn Sie in solch einer Situation anfangen, mit buddhistischen Begriffen um sich zu werfen. Stattdessen sollten Sie den Sterbenden besser unterstützen, indem

Sie ihm empfehlen, das Objekt seines Glaubens über seinem eigenen Kopf zu visualisieren, dafür zu beten, dass er sich im Himmel – oder was auch immer er als reinen Bereich ansieht – mit diesem Weisheitswesen vereinen wird. Berühren Sie den Sterbenden im Augenblick des Todes am obersten Punkt seines Kopfes. Dadurch wird das Bewusstsein zu dem Tor befördert, das zum Reinen Land führt. Berühren Sie jedoch keinen anderen Teil seines Körpers, denn dadurch würde das Bewusstsein zu einem der niederen Tore gelenkt, was eine Wiedergeburt in einem der niederen Daseinsbereiche zur Folge haben könnte.

Verwandte und Nahestehende sollten einen Sterbenden möglichst vor dem Augenblick des Todes verlassen. Sie sollten ihm sagen, was sie ihm wünschen, und dann von ihm Abschied nehmen. Andernfalls kann ihr Haften an dem Sterbenden oder dessen Haften an ihnen ablenkend wirken, und statt sich auf die Visualisation der Quelle der Zuflucht oder des Raumes über dem Kopf zu konzentrieren, konzentriert er sich dann auf die Anwesenden.

Wenn sich Menschen vor ihrem Tode nicht von ihren Anhaftungen und den Objekten, die sie besonders schätzen, lösen, hält ihr Geist diese Anhaftungen nach ihrem Tode möglicherweise weiter aufrecht, und dadurch können sie zu dem werden, was wir Geister nennen. Obwohl sie nicht die Absicht hegen, Schaden anzurichten, bleibt ihr Bewusstsein dann weiterhin im Daseinsbereich der Menschen, und die Hinterbliebenen spüren dies und empfinden deshalb möglicherweise Unbehagen oder werden krank. Die Konzentration auf das Licht, den Buddha Amitabha oder eine andere Quelle der Zuflucht über dem Kopf trägt dazu bei, die Aufmerksamkeit von derartigen Anhaftungen abzulenken.

Ganz gleich, wie alt Sie sein mögen, in jedem Fall ist es sehr wichtig, dass Sie ein Testament schreiben. Wenn Sie sterben, ohne dies getan zu haben, haften Sie möglicherweise noch im Augenblick Ihres Todes an Ihren Besitztümern, und dies kann eine Wiedergeburt als Hungergeist zur Folge haben. Außerdem wird Ihnen dann nicht das Verdienst zuteil, das entsteht, wenn Sie Ihren Besitz anderen geben; Sie mögen zum Zeitpunkt Ihres Todes zwar keine Untugend erzeugt haben, haben aber auch kein Verdienst geschaffen. Ihren Besitz zu verschenken ist ein Akt der Großzügigkeit, durch den Verdienst entsteht.

Abgesehen von Ihrer Familie und Ihren Kindern können Sie auch Hungernden, Kranken oder Übenden etwas vermachen. Im Buddhismus gibt es eine Tradition, die möglicherweise auch in anderen Religionen zu finden ist: dass man Klöstern etwas zugunsten von Kranken und Sterbenden spendet. Während der täglichen Andachten werden Gebete dem Wohl all jener gewidmet, die seit der Gründung des betreffenden Klosters durch ihren Glauben, ihre Gebete, materielle und physische Gaben oder durch finanzielle Unterstützung in einer Verbindung zu dem Kloster stehen. All dieses Verdienst wird unablässig gewidmet, wodurch es ungeheuer stark vermehrt wird und langfristig wirkt. Wenn Sie in Ihrem Testament einem Kloster oder einer Kirche ein Vermächtnis hinterlassen, dann widmen Sie vor dem Tode das durch Ihre Gabe entstandene Verdienst sowie das Gute, das es ermöglicht, allen Wesen.

Falls Sie kein Testament gemacht haben, können Sie, selbst wenn Sie nicht mehr in der Lage sind, zu sprechen oder zu schreiben, im Geiste die folgende Widmung formulieren: »Allen, die es brauchen oder wollen, gebe ich alles, was ich angesammelt habe, um das Wohl aller Wesen zu fördern.« Auch durch diesen Akt der Großzügigkeit entsteht Verdienst.

Es ist sehr wichtig, mit der Vorbereitung auf den Tod jetzt zu beginnen, ganz gleich, ob Sie jung oder alt, gesund oder krank sind. Reflektieren Sie zunächst über Vergänglichkeit. Denken Sie jeden Abend vor dem Zubettgehen daran, dass dieser Tag Ihr letzter gewesen sein könnte – dass Sie am nächsten Morgen vielleicht nicht mehr

aufwachen werden. Lassen Sie anschließend Ihr Leben an sich vorüberziehen, und denken Sie über seinen Zweck nach. Vergegenwärtigen Sie sich, dass der Tod der gewichtigste aller Übergänge ist.
Visualisieren Sie den Buddha Amitabha oder das Weisheitswesen,
dem Sie Ihr Vertrauen schenken, erinnern Sie sich an alles Untugendhafte, das Sie getan haben, und reinigen Sie dann diese Verfeh-
lungen, indem Sie die vier Kräfte zur Hilfe rufen: die Kräfte der
Unterstützung, der Reue, der Verpflichtung und des Segens. Reflektieren Sie auch über Ihre Übung und darüber, in welcher Weise Sie
von Nutzen waren, und widmen Sie das dadurch entstandene Verdienst allen Wesen. Wenn Sie Ihre weltlichen Besitztümer noch niemandem vermacht haben, dann geben Sie sie im Geiste denen, die
sie brauchen könnten. Haften Sie an nichts. Widmen Sie anschließend das durch die Gabe entstandene Verdienst allen Wesen, verbunden mit dem Wunsch, dass ihr Leiden in Samsara enden möge
und dass sie alle zu ihrer wahren Natur erwachen mögen. Beten Sie
darum, dass Sie und andere direkt in ein Reines Land eingehen
mögen, ohne zuvor ein weiteres Mal wiedergeboren zu werden. Und
wenn Sie kein Buddhist sind, dann beten Sie darum, dass Sie und alle
Wesen nach dem Tode den Zustand erreichen mögen, von dem Sie
glauben, dass er jenseits schmerzhafter Existenz liegt.

Stellen Sie sich danach Ihren eigenen Tod vor. Stellen Sie sich vor,
Sie würden bei einem Autounfall umkommen, einen Herzinfarkt
erleiden oder an Krebs sterben. Vergegenwärtigen Sie sich, wie es
wäre, in einem Unfallrettungswagen abtransportiert zu werden und
später den Arzt sagen zu hören: »Wir können jetzt nichts mehr tun.«
Angst und ein überwältigendes Gefühl der Hilflosigkeit wird Sie
dann überfallen. Sie werden sich nicht von Ihrer Familie trennen
wollen, Ihr Leben wird Ihnen sinnlos erscheinen, und Sie werden
wegen Ihres bevorstehenden Todes leiden. Sagen Sie sich dann: »Ich
sterbe. Weiter an meiner Familie oder an meinem Geld zu hängen
wird mein Leben nicht um eine einzige Sekunde verlängern. Aber

jedes Wesen stirbt. Von den größten spirituellen Meistern und den machtvollsten Wesen bis hin zu den winzigsten Insekten sind alle Lebewesen ins Leben getreten und wieder daraus fortgegangen. Der Tod ist ein Übergang, und mit dieser traumartigen Erfahrung, die Leben genannt wird, verhält es sich ebenso. Ich habe beides schon viele Male durchlebt. Nun verfüge ich zumindest über Methoden, die mir helfen. Die meisten anderen Wesen sind nicht so glücklich. Diesmal ist der Tod für mich eine Chance, zur Befreiung zu gelangen.« Wiederholte Kontemplation dieser Art kann sehr inspirierend wirken und große Freude erzeugen.

Vergegenwärtigen Sie sich unmittelbar vor dem Einschlafen das Objekt Ihres Glaubens klar über Ihrem Kopf. Beten Sie darum, dass Sie ebenso wie alle anderen Wesen durch die Kraft Ihres angesammelten Verdienstes und durch den Segen Ihrer Quelle der Zuflucht beim Tode zu einer Wiedergeburt in einem Reinen Land gelangen. Visualisieren Sie anschließend, dass Ihr Bewusstsein am Scheitel aus Ihrem Kopf austritt und sich dann untrennbar mit der Herzessenz des Weisheitswesens, das sich über Ihrem Kopf befindet, oder mit dem ursprünglichen Raum vereint.

Diese Vorbereitungen verringern nicht nur Furcht und Qual und machen Ihre Meditation zum Zeitpunkt Ihres Todes wirksamer, sondern sie intensivieren auch Ihr Bewusstsein der Kostbarkeit Ihrer derzeitigen menschlichen Existenz und Ihr Bestreben, die Ihnen noch verbleibende Zeit zu Ihrem eigenen Besten und zum Wohle anderer zu nutzen. Sie können diese allabendliche Kontemplation zum Abschluss bringen, indem Sie beten: »Wenn ich heute Nacht nicht sterbe, sondern morgen aufwache, verpflichte ich mich dazu, meinen Körper, meine Sprache und meinen Geist voll und ganz der Übung und dem Wohl aller Wesen zu widmen.« Selbst wenn schon die Hälfte oder drei Viertel Ihres Lebens vorüber sind und Sie noch nicht besonders viel Mühe auf die Erfüllung dieser Verpflichtung verwendet haben, können Sie dies auch jetzt noch tun.

Viele Menschen glauben, sie würden den Tod durch eine solche Art der Vorbereitung geradezu anziehen. Dem ist jedoch entgegenzuhalten, dass arme Menschen ständig davon träumen, reich zu werden, und dass Hungrige von Essen träumen, und durch diese Träume werden die Betreffenden weder reich, noch füllt sich ihr Magen. So sehr wir uns vorstellen mögen, dass uns ein langes Leben beschieden sein wird, können wir doch alle jung sterben. Es ist einfach nicht wahr, dass uns der Tod schneller ereilt, wenn wir ihn uns vergegenwärtigen.

Auch während des Tages sollten Sie immer wieder daran denken, dass der Tod nicht fern ist. Um ihn herbeizurufen, ist nichts weiter nötig als ein kleiner Blutklumpen im Gehirn oder ein Auto, das eine rote Ampel überfährt. Zwar mag es Ihnen als unangenehm erscheinen, über diese ständig drohenden Gefahren regelmäßig nachzusinnen, doch wird genau dies Ihre Angst vor dem Tod verringern.

Zum Zeitpunkt unseres Todes kehrt unser Bewusstsein an alle Orte zurück, an denen wir jemals gewesen sind. Wenn Sie daher zu Lebzeiten an allen Orten zum Lama, zur Gottheit oder zu irgendeiner anderen Quelle der Zuflucht darum beten, dass Ihnen selbst und allen Wesen eine Wiedergeburt in einem Reinen Land vergönnt sein möge, dann wird Ihre Erinnerung daran, wenn Ihr Bewusstsein im Augenblick des Todes an diese Orte zurückkehrt, Sie dazu veranlassen, auch wieder zu beten, und Sie werden sofort nach Ihrem Tod im Reinen Land erwachen.

Wo immer Sie hingehen mögen, was immer Sie tun mögen und was immer Ihnen widerfahren mag, erinnern Sie sich stets daran, dass all dies illusionär ist. Üben Sie zu erkennen: »Das ist ein Traum. An dieser Erfahrung ist nichts fest oder dauerhaft. Dies ist der Bardo.« Beten Sie zu den Objekten Ihres Vertrauens darum, befreit zu werden. Wenn Sie sich diese Gewohnheit vor Ihrem Tode fest zu Eigen machen, werden Sie sich im Bardo an diese Meditation und an das Gebet erinnern.

Wie stark Ihre Meditation zum Zeitpunkt Ihres Todes voraussichtlich sein wird, können Sie einschätzen, indem Sie Ihre Träume beobachten. Wenn Sie im klaren Licht des Geistes verweilen – wenn Sie nicht mehr in gewöhnliche Traumphänomene verstrickt sind, sondern im Gewahrsein der wahren Natur des Geistes ruhen –, ist Ihre Übung sehr weit entwickelt, und der Tod ist für Sie ein Tor zur Befreiung. Ist Ihnen im Traum gewöhnlich bewusst, dass Sie sich im Traumzustand befinden, werden Sie wahrscheinlich auch zum Zeitpunkt Ihres Todes eine gewisse Kontrolle über die Situation haben. Wenn Sie in Ihren Träumen gefangen sind und beispielsweise auf einen im Traum auftauchenden Feind wütend reagieren, statt ihm gegenüber Mitgefühl zu empfinden, werden Ihre Emotionen die Art Ihrer Erfahrung nach dem Tode beeinflussen. Falls Sie Zweifel an der Kraft Ihrer Meditationspraxis haben, ist nun der Zeitpunkt gekommen, Ihre spirituellen Fähigkeiten durch die Übung zu stärken.

Indem Sie sich während Ihres ganzen Lebens vorbereiten – durch Kontemplation über Vergänglichkeit und über die illusionäre, traumartige Natur der alltäglichen Erfahrung, durch Gebet, durch die Übung der Entwicklungs- und der Vollendungsstufe, durch *P'howa* und durch die Praxis der Großen Vollkommenheit (*Dzogchen*), des Ruhens im Gewahrsein der wahren Natur des Geistes –, können Sie die Angst und Qual des Todes und des Sterbens zu einer Gelegenheit für tiefgründige spirituelle Übung transformieren, die es Ihnen ermöglicht, die höchste Freiheit zu erreichen.

Teil V

Auf dem Vajrayana-Pfad

Guru-Yoga

Der Buddha hat gesagt: »Ohne die Lamas gäbe es keine Buddhas.« In vielen buddhistischen Schriften heißt es, vor dem Auftauchen des Lehrers im Leben eines Menschen existiere nicht einmal die Vorstellung der Erleuchtung, ganz zu schweigen von einem entschlossenen Streben danach. Bei allen spirituellen Methoden des Buddhismus, beginnend mit dem Zufluchtnehmen und dem Bodhisattvagelübde, spielt der Lama eine wichtige Rolle.

Wir können uns sehr glücklich schätzen, dass das Zeitalter, in dem wir leben, durch das Erscheinen von tausend Buddhas gesegnet ist, unter denen Buddha Shakyamuni der vierte war. In anderer Hinsicht jedoch sind wir weniger glücklich, da keiner dieser Buddhas sich zu unseren Lebzeiten manifestiert hat. Doch als Buddha Shakyamuni ins Parinirvana einging und sein Gefolge ihn anflehte, zu bleiben, versprach er, sich in Zeiten spirituellen Verfalls als Lehrer zu manifestieren. Er erklärte, die Auflösung seiner Nirmanakaya-Form werde seine Aktivität in keiner Weise behindern; sein Wirken werde danach genauso fruchtbar sein.

Sich auf einen Lehrer zu stützen, um Befreiung zu erlangen, ist die Essenz jener Praxis, die Guru-Yoga genannt wird. Das tibetische Wort für Yoga ist *Naljor*. *Nalba* bedeutet »reine Natur«, und *jor* bedeutet »finden« oder »sichtbar machen«. Durch Guru-Yoga geht die Realisation der reinen Natur des Geistes, zu welcher der Lama gelangt ist, in unseren eigenen Geistesstrom ein.

Das mit dem Guru-Yoga verbundene Verständnis, dass der Lama die Vereinigung aller Quellen der Zuflucht ist, beschleunigt unseren Fortschritt auf dem Pfad. Wenn wir uns beispielsweise nur auf den Yidam verließen, würden wir unser Ziel wesentlich langsamer erreichen. Die Meditationsgottheit ist nur eine der äußeren, inneren und geheimen Quellen der Zuflucht, die allesamt in Körper, Sprache und Geist des Lamas enthalten sind.

Der Lama verkörpert die Drei Juwelen – Buddha, Dharma und Sangha –, die Drei Wurzeln – Lama, Yidam und Dakini –, sowie den Reichtumsgott, die Dharmabeschützer und die drei Kayas.

Der Geist des Lama, des Lamas Realisation der absoluten Wahrheit, wird mit dem Buddha-Prinzip der Drei Juwelen gleichgesetzt. Die Sprache des Lama verkörpert das Dharma-Prinzip, die mündliche Übermittlung der Lehren, von denen alle profitieren, die sie hören. Der Körper des Lama ist das Prinzip der Sangha und der Ausführung tugendhafter Handlungen, die Wesen zur Befreiung führen.

Außerdem verkörpert die physische Form des Lehrers die erste der Drei Wurzeln, den Lama als Quelle des Segens. Obwohl wir nicht das Karma haben, die Lehren direkt von Buddha Shakyamuni zu empfangen, spricht der Lama so, wie der Buddha gesprochen hätte, und er wendet, um uns zu führen, die gleichen Mittel an, die auch der Buddha benutzt hätte.

Wir empfangen den Segen des Lama direkt durch Machtübertragungen, Unterweisungen und Anleitungen bei unserer Übung. Der Lama bringt uns zu Bewusstsein, dass der Existenzkreislauf ein Zustand des Leidens ist, und er weist uns auf die Notwendigkeit hin, Befreiung von jenem Leiden zu suchen.

Nachdem wir die Unterweisungen des Lama gehört und angewendet haben, beginnen wir, uns von Gedanken und Handlungen abzuwenden, die für unsere spirituelle Entwicklung schädlich sind, und kultivieren stattdessen nutzbringende. Wo vorher Unwissenheit war, entwickeln wir nun Verständnis. Wo zuvor nur der gewöhnliche, Vorstellungen bildende Geist war, kosten wir nun Gewahrsein. Unser unablässiges Streben nach Eigennutz und unsere Geistesgifte nehmen allmählich ab, und unsere Fähigkeit, mit ihnen fertig zu werden, nimmt zu. Unsere Wahrnehmung der Welt verändert sich. All diese Segnungen werden uns durch den Lama zuteil.

Ebenso wie die physische Form des Lama die Wurzel seines Segens verkörpert, verkörpert die Sprache des Lama das Prinzip des Yidam als die Wurzel der Vollendung. Der Sanskrit-Begriff für »Vollendung« ist *Siddhi*, das tibetische Wort ist *Ngodrup*, was »Realisation der wahren Natur des Geistes« bedeutet. Bisher erschöpft sich unsere »Realisation« darin, dass wir diese Natur nicht erkennen und wir den samsarischen Kreislauf perpetuieren.

Der Lama lehrt uns, dass das wahre Wesen dessen, was wir erreicht haben, jenseits der konventionellen Realität liegt. Indem er uns durch die Machtübertragung zu reifen hilft, uns durch seine Unterweisungen befreit und unsere Übung durch seinen Segen und seine Inspiration stärkt, ermöglicht er uns, die wahre Natur des Geistes direkt zu erfahren. Die Realisation dieser Natur, nicht Samsara, ist das Ziel, das wir mit Recht anstreben. Yidam bedeutet wörtlich »geistige Verbindung« oder »geistige Verpflichtung« – die Verpflichtung, dem Lama unbeirrt zuzuhören und die Methoden, die er uns gegeben hat, anzuwenden. Indem wir uns an diese Verpflichtung halten, gelangen wir zur höchsten Vollendung. Deshalb sagen wir, dass die Sprache des Lama, die Lehren, die er verkündet, untrennbar mit dem Yidam verbunden sind.

Der Geist des Lama verkörpert die dritte der Drei Wurzeln, die Dakini, das weibliche Weisheitsprinzip und die Wurzel Glück verheißender Umstände und erleuchteter Aktivität. Wenn wir das Gewahrsein der wahren Natur der Phänomene unablässig aufrechterhalten können, manifestieren sich erleuchtete Aktivitäten mühelos wie ein natürliches Fließen.

Gewöhnlich unterscheiden wir vier Arten erleuchteter Aktivität: Befriedung, Vermehrung, die Anwendung von Macht (Bezwingung) und direktes Eingreifen mit Zornenergie. Auf der relativen Ebene beinhaltet Befriedung, die eigenen Ängste und das eigene Leiden zu mildern. Vermehrung bedeutet, dass man das eigene Verdienst vermehrt, die Dauer des eigenen Lebens verlängert und die Gesundheit in diesem Leben verbessert. Anwendung von Macht bedeutet, dass man die zur Förderung der spirituellen Entwicklung erforderlichen Umstände schafft. Direktes Eingreifen mit Zornenergie bedeutet, dass man Hindernisse auf dem Pfad schnell beseitigt.

Jede dieser Aktivitäten hat auch noch eine tiefgründigere Funktion. Die Aktivität des Befriedens im höchsten Sinne löst die Geistesgifte einschließlich der Unwissenheit hinsichtlich der Natur der Wirklichkeit auf ihrem eigenen Grund auf. Die höchste Form der Vermehrung verhilft den Ansammlungen von Verdienst und Weisheit zu größtmöglicher Entfaltung. Die höchste Form der Anwendung von Macht beinhaltet die Überwindung aller verwirrten und oberflächlichen Denkmuster durch das Gewahrsein ihrer wahren Natur. Und die höchste Form direkten Eingreifens mit Zornenergie vernichtet all die Weisen, auf die wir Dingen eine Eigennatur und Beständigkeit zusprechen, die sie in Wahrheit nicht haben; das Schwert der transzendenten Weisheit durchschneidet und befreit die Unwissenheit.

Das Spiel oder der Ausdruck der Leerheit als Form wird im Tibetischen *Tendrel*, »Glück verheißende Umstände«, genannt. Erleuchtete Aktivitäten manifestieren sich als Glück verheißende Umstände der Realisation der Dakini, der wahren Natur des Geistes, verkörpert durch den Geist des Lama.

Der Lehrer verkörpert noch ein weiteres Prinzip: das der Reichtumsgottheit. Im Vajrayana-Buddhismus gibt es sowohl Reichtumsgottheiten als auch reichtumsfördernde Übungen. Viele glauben, durch die Ausführung solcher Übungen würden sie reich. Tatsächlich wird durch sie jedoch eine andere Art von Reichtum gefördert: der des Verdienstes, des Strebens und der spirituellen Qualitäten im alltäglichen Leben. Diese Art der Übung kann durchaus materiellen Wohlstand fördern, doch ist dies nur eine Nebenwirkung, denn in erster Linie zielt sie darauf, den Geist von Geiz und Gier zu befreien. Der Lama ist die Quelle der Methoden, durch die wir Verdienst ansammeln und die Fesseln des egoistischen Verlangens und der Unersättlichkeit sprengen. Dies befreit uns sowohl von materieller als auch von spiritueller Armut. Auf diese Weise ist der Lama, so heißt es, untrennbar mit der Reichtumsgottheit verbunden.

Der Lama verkörpert darüber hinaus auch das Prinzip der Dharmabeschützer oder (in Sanskrit) *Dharmapalas*. Der tibetische Begriff für Beschützer ist *Gonpo*, was wörtlich übersetzt »Freund«, »Verbündeter«, »jemand, der hilft oder fördert« heißt. Obwohl traditionelle Darstellungen der Dharmabeschützer als zornige, wilde Wesen mit riesigen Mäulern, Köpfen und Augen eine symbolische Bedeutung haben, ist ihre grundlegende Funktion die von Verbündeten, die außerdem den unterstützenden Einfluss des Lehrers und der Lehren symbolisieren. Letztlich schützt uns unsere eigene Tugendhaftigkeit vor dem Leiden, das wir aufgrund untugendhaften Verhaltens erfahren würden. Doch ist es der Lehrer, der uns über die Folgen untugendhaften Verhaltens und die positiven Auswirkungen von Tugenhaftigkeit aufklärt. Und der Lama schützt unsere Dharma-Übung, indem er uns davor bewahrt, die Lehren falsch zu verstehen und anzuwenden.

Schließlich verkörpert der Lama auch die Drei Kayas. Der Geist des Lama ist der *Dharmakaya*, ursprüngliche Reinheit jenseits von Verwirrung und Täuschung. Seine Realisation der formlosen, nicht-stofflichen Natur jenseits der Worte übermittelt er von Geist zu Geist. Die Sprache des Lama ist der *Sambhogakaya*, das, was, teilweise sichtbar, ungreifbar ist, und hilft den Wesen durch verbale Kommunikation. Der physische Körper des Lama ist der *Nirmana-*

kaya-Ausdruck des erleuchteten Geistes, der sich in greifbarer Form manifestiert, um uns den Pfad zu weisen und uns zur Befreiung zu geleiten.

Wir können nicht völlig auf uns gestellt unfehlbare spirituelle Methoden entwickeln. Das Leben ist sehr kurz; wir haben darin mit vielen Krankheiten und Hindernissen zu kämpfen und nicht genügend Zeit, das Rad neu zu erfinden. Ebenso wenig können wir die erforderlichen Methoden nur aus Büchern erlernen, denn was wir beim Lesen verstehen, ist sehr subjektiv, weil wir das Gelesene sofort interpretieren. Ein Buch kann uns nicht auf die gleiche Weise Feedback geben wie jemand, der zu uns sagt: »Halt, Augenblick mal, so habe ich das nicht gemeint.« Beim Lesen hingegen haben wir keine Möglichkeit zu überprüfen, ob wir das Gelesene richtig verstanden haben.

Worte und Vorstellungen können uns nicht befreien, denn sie sind Teil des dualistischen Geistes. Sie können uns keinen Geschmack von der Essenz des Geistes vermitteln und uns auch nicht zu deren Realisation geleiten. Der erleuchtete Buddha sagte: »Selbst wenn ich es ausdrücken *wollte*, gäbe es keine Worte, die mir dies ermöglichen würden.« Aufgrund der Begrenztheit menschlicher Intelligenz und des an Vorstellungen gebundenen Denkens ist es unmöglich, die höchste Wahrheit durch Worte zu vermitteln. Der auf Vorstellungen fixierte Geist ist an die Objekt-Subjekt-Dualität gebunden. Doch die wahre Natur des Geistes lässt sich auf diese dualistische Weise nicht erfassen.

Doch auch wenn Worte die absolute Wahrheit nicht zu erfassen vermögen, können auf dieselbe weisen. Wie ein Finger, der auf den Mond deutet, können die Worte des Lama in die richtige Richtung weisen. Letztendlich bewirkt die Realisation des Lehrers, dass wir zu unserem wesenseigenen Gewahrsein erwachen.

Zu einem Lehrer in Beziehung zu treten ist so, als würde man sich an eine Stromquelle anschließen. Wenn die Elektrizität fließt, erreicht sie uns direkt. Fließt jedoch kein Strom durch die Leitung, geschieht auch nichts. Dies ist vielleicht kein besonders treffendes Beispiel, aber es eignet sich insofern doch, als wir nicht genau wissen, was Elektrizität tatsächlich ist; wir wissen nur, was sie bewirken kann. Indem wir zu jemandem in Beziehung treten, der die absolute Wahrheit selbst direkt erfahren hat, können auch wir eine Verbindung zu jener Wahrheit entwickeln. Dass wir den Lehrer ehren, ihn akzeptieren, ihm vertrauen und ihm gegenüber offen sind, soll uns selbst zur Realisation dieser Wahrheit verhelfen – es geht also nicht nur um die Würdigung der Realisation eines anderen Menschen.

Wenn unser Geist sich durch die Methoden, die der Lama uns vermittelt hat, verändert, erkennen wir in zunehmendem Maße die edlen Qualitäten des Lama, und unser Vertrauen zu ihm wächst. Trifft unser Vertrauen dann auf die Realisation des Lama, gelangen wir zur Realisation der absoluten Natur des Geistes. Um Befreiung zu erlangen, benötigen wir die Qualitäten des Lehrers in Verbindung mit unserem eigenen gläubigen Vertrauen, unserem Gebet und unserer Übung.

Da die Methoden, die wir benutzen, keine räumliche Nähe zum Lama erfordern, können wir Guru-Yoga überall üben, sogar wenn der Lama nicht mehr lebt. Ist unser Glaube stark, können wir, wenn wir etwas nicht verstehen, am Morgen zum Lama beten, und die Lösung des Problems wird uns dann schon am Nachmittag klar sein. Dies ist möglich, weil die Essenz des Lama die Weisheitsrealisation ist. Weisheit ist wie das Sonnenlicht allgegenwärtig, nah wie fern völlig gleich. Obwohl die Sonne untergeht, hört sie doch nicht auf zu scheinen.

Durch unsere dualistische Wahrnehmung errichten wir im ursprünglichen Raum Mauern und schaffen dadurch künstliche Grenzen. Doch auf der Ebene der absoluten Wirklichkeit gibt es keine Trennung, kein Nah oder Fern: Die Weisheit des Lama unterscheidet sich nicht von derjenigen aller übrigen erleuchteten Wesen. Diese allgegenwärtige Weisheit, die jenseits von »eins oder viele«, »getrennt oder zusammen« liegt, ist der absolute Lama. Durch den Segen des Lama und durch sorgsame Übung des Guru-Yoga wächst unsere Realisation, und ein tiefes Vertrauen entsteht, das uns die Tränen in die Augen treibt und die Haare zu Berge stehen lässt. Unser Geist öffnet sich dieser Weisheit und verbindet sich im grenzenlosen Raum mit dem Geist des Lama. Dies ist die Geist-zu-Geist-Übermittlung.

Es ist schwierig, einen perfekten Lehrer zu finden, doch sollte die Person, die wir als unseren Führer auf dem spirituellen Pfad wählen, zumindest über gewisse grundlegende Qualitäten verfügen. Sie sollte nicht nur die buchstäbliche Bedeutung der Lehren kennen, sondern diese auch selbst realisiert haben. Sie sollte über die innere Wärme meditativer Einsicht verfügen, eine Energie, die zum Herzen der Worte vordringt. Ihre spirituelle Übung sollte so weit entwickelt sein, dass sie sich ein Vertrauen in die tiefere Bedeutung der Lehren und in die dynamische Energie der Realisation zu Eigen gemacht hat. Der Geistesstrom eines solchen Lehrers ist von einer spontanen, ungekünstelten Liebe und ebensolchem Mitgefühl allen Wesen gegenüber erfüllt. Ihn zu sehen oder zu hören, an ihn zu denken oder ihn zu berühren, hat eine positive Wirkung. Seine Erfahrung ist so unermesslich, dass sie auf andere überfließt. Solch ein Lehrer ist es wert, »Lama« genannt zu werden.

Das tibetische Wort *Lama* verweist auf zwei wichtige Eigenschaften, die Lehrer haben sollten: La bedeutet »hoch« im Sinne der erhabensten Realisation der Natur des Geistes; und *ma* bedeutet »mütterlich«, was sich auf das bedingungslose Mitgefühl bezieht, das aus der Realisation erwächst. Obwohl ein qualifizierter Lehrer insgesamt dreißig Attribute aufweisen muss, wirkt ein Lama schon allein dann positiv, wenn er ein entscheidendes Kriterium erfüllt: Er

215

muss über mütterliches Mitgefühl verfügen und stets völlig dem Interesse seiner Schülerinnen und Schüler verpflichtet sein. Ein Lama sollte keinerlei Verlangen nach Ruhm oder einem großen Anhängerkreis haben, sondern nur den aufrichtigen Wunsch, jene Veränderungen im Geiste der Schüler hervorzurufen, die zur Befreiung führen.

Der Buddha sprach von 84 000 möglichen Täuschungen und von 84 000 Methoden, die als Gegengifte fungieren. Spirituelle Lehrer müssen mit diesem gewaltigen System so vertraut sein, dass sie für jeden einzelnen Schüler die am besten geeignete Methode zu finden vermögen. Außerdem sollten Lehrer mit Menschen unterschiedlichster Veranlagung arbeiten können.

Zumindest sollten Lehrer die Funktion eines Arztes erfüllen. Sie brauchen nicht unbedingt die besten Ärzte der Welt zu sein, aber gute sollten sie zumindest sein. Ebenso wie Spezialisten, die nur eine bestimmte Art von Krankheiten behandeln, nur jenen helfen können, die an den betreffenden Krankheiten leiden, können Lehrer, deren Wissen und Erfahrung begrenzt sind, dennoch von Nutzen sein.

Hinsichtlich ihrer Grenzen sollten Lehrer ehrlich sein. Wenn sie etwas nicht wissen, sollten sie dies zugeben. Sie sollten nicht so tun, als ob sie etwas verstehen würden, und dadurch ihre Schüler dazu verleiten, an sie zu glauben. Lehrer machen einen großen Fehler, wenn sie Schüler nicht zu jemand anderem schicken, der ihnen in einer bestimmten Hinsicht besser helfen kann oder der ihren Bedürfnissen besser gerecht zu werden vermag als sie selbst.

Lehrer mit reiner Intention tun alles, was notwendig ist – Sie nähren ihre Schüler und schützen sie oder schicken sie zu anderen Lehrern, wenn sie dies für besser halten; sie wenden friedliche Mittel oder Zornenergie an – und all dies ohne jede egoistische Motivation. Lehrer mit altruistischer Motivation, die nur über Dinge sprechen, die sie verstehen, und die sich würdig, integer und ethisch einwandfrei verhalten, sind für ihre Schüler selbst dann von Nutzen, wenn sie nicht über alle idealen Eigenschaften eines Lama verfügen. Mangelt es einem Lehrer jedoch an der reinen Bodhicitta-Intention, wird früher oder später irgendjemand merken, dass etwas nicht stimmt. Die Tibeter sagen, man könne einen Hundehaufen in wundervollen Brokat hüllen, und eine Zeit lang sehe er dann wunderschön aus, doch früher oder später werde irgendjemand riechen, um was es sich tatsächlich handelt. Ohne reine Absicht kann ein Mensch sich wie ein spiritueller Lehrer benehmen und vielleicht auch kurzfristig einigen Menschen von Nutzen sein, doch früher oder später wird deutlich werden, dass es dem Betreffenden an den erforderlichen Qualitäten mangelt. Dann werden Probleme und Schwierigkeiten auftreten, die offensichtlich machen, dass irgendetwas nicht in Ordnung ist. Ein anderes tibetisches Sprichwort besagt, dass Falschheit nur so weit reicht wie der Schwanz eines Meerschweinchens – also nicht besonders weit. Wahrheit hingegen ist so dauerhaft wie ein Tal, das man tagelang durchwandern kann, ohne sein Ende zu erreichen. Ist das Leben eines Menschen in Harmonie mit der Wahrheit, überdauern die positiven Qualitäten. Jene, die vorgeben, Lehrer zu sein, halten sich selbst und andere zum Narren, und schon nach kurzer Zeit werden sie niemanden mehr überzeugen.

Bevor wir jemanden als unseren Lehrer oder unsere Lehrerin akzeptieren, müssen wir die Qualitäten und Fähigkeiten dieses Menschen sorgsam prüfen. Selbst wenn ein falscher Lehrer keine negativen Absichten hegt, ist es, als würde man Gift trinken, wenn man einen solchen Menschen als Lehrer akzeptiert. Andererseits ist es für einen Lehrer so, als würde er von einer Klippe springen, wenn er einen Schüler annimmt, ohne ihn zuvor zu prüfen. Er muss feststellen, ob der Schüler die richtige Motivation hat und ob er beabsichtigt, die Lehren so anzuwenden, wie sie gemeint sind, ohne sie zu verzerren oder aus egoistischen Gründen zu verfälschen. Sobald wir bei einem qualifizierten Lehrer studieren, wird dieser für uns wichtiger als Buddha Shakyamuni selbst, auch wenn seine Qualitäten diejenigen des Buddha niemals übertreffen können. Das ist so, weil dieser Lehrer oder diese Lehrerin ein lebendes Wesen ist, jemand, durch den wir direkten Kontakt zum Dharma haben. Die Begründer unserer heutigen Heiltradition haben uns große Güte erwiesen, doch sind sie schon lange tot. Wir erhalten medizinische Hilfe von Menschen, die der langen Tradition der Heiler früherer Zeiten folgen und sie weiterentwickeln. Da uns auch der Lama auf eine direktere, persönlichere Weise zu helfen vermag als der Buddha selbst, wird er als noch gütiger als der Buddha bezeichnet.

Der Titel *Rinpoche*, der tibetische Ausdruck für »kostbar« oder »von unschätzbarem Wert« wird manchmal auf Lehrer angewendet wegen der Rolle, die sie im Leben ihrer Schüler spielen. Der Begriff entstammt der indischen und tibetischen Mythologie des wunscherfüllenden Juwels, eines Edelsteins, der sich aufgrund des kollektiven Strebens einer ganzen Gruppe und des daraus resultierenden Verdienstes manifestiert, um dem Wohl der Betreffenden zu dienen. Er hat eine so starke magische Kraft, dass jeder Wunsch, der in seiner Gegenwart formuliert wird, in Erfüllung geht. Der Lama wird also durch die Bezeichnung *Rinpoche* mit einem solchen Edelstein verglichen.

Wenn wir jemanden als Lehrer oder Lehrerin bewundern und respektieren, möchten wir diesem Menschen gleich sein; wir möchten über die gleichen wundervollen Eigenschaften verfügen. Dies inspiriert uns dazu, die Lehren anzuwenden, weil wir darauf vertrauen, dass sie uns dem Zustand näher bringen, den der Lehrer verkörpert. In den Tantras heißt es, sich auf den Lama zu verlassen sei, als verlasse man sich auf alle Buddhas. Das Gesicht des Lama anzuschauen sei, als würde man in die Gesichter von tausend Buddhas schauen. Es heißt, wenn wir den Lama als Buddha sehen, empfangen wir den Segen eines Buddha. Denn wenn wir davon ausgehen, dass der Lehrer alle Qualitäten eines Buddha hat, folgen wir seiner Anleitung mit ganzem Herzen, bis wir Erleuchtung erlangen. Vertrauen wir ihm hingegen nicht oder empfinden wir ihm gegenüber keine Hingabe und sind wir ihm gegenüber zynisch oder skeptisch eingestellt, dann können wir unsere Übung nicht mit dem erforderlichen Eifer betreiben und werden nie Fortschritte erzielen.

Hingabe dem Lama gegenüber sollte jedoch nicht als exzessive, geistlose Überantwortung an jemanden verstanden werden, der möglicherweise fragwürdige Absichten verfolgt. Dies wird nicht von uns erwartet. Vielmehr empfinden wir körperlich, verbal und geistig Hingabe dem Lama gegenüber, nicht um seinetwillen, nicht um ihm zu gefallen oder ihn reich zu machen, sondern weil wir dadurch empfänglicher werden und weil dadurch Wellen des Segens und des Verdienstes in unseren Geistesstrom einfließen.

Was wir empfinden, gründet auf einer tiefen Wertschätzung dessen, was der Lehrer oder die Lehrerin uns gibt. Wir gehen davon aus, dass wir durch das Mitgefühl, die Realisation und den Segen des Lama in Verbindung mit unserem eigenen Vertrauen, unserer Hingabe und unserem Streben danach, selbst jene Qualitäten entwickeln, die Untrennbarkeit unseres Geistes vom Geist des Lama erfahren werden.

Sobald wir mit der Praxis des Guru-Yoga beginnen, werden wir Veränderungen bemerken. Wir werden feststellen, dass unsere negativen Emotionen und unsere Verwirrung abnehmen und unsere positiven Qualitäten und unsere Realisation zunehmen. Unsere Beziehungen entwickeln sich positiv; wir sind ruhiger und entspannter, regen uns nicht mehr so schnell auf und streiten weniger. All diese greifbaren positiven Entwicklungen stärken unser Vertrauen zum Lama und zu seinen Lehren. Je stärker unser Vertrauen ist, um so stärker spüren wir den Segen des Lama. Dadurch wiederum nimmt unser Vertrauen weiter zu, was den Segen erneut verstärkt. Dieser Prozess setzt sich so lange fort, bis wir eine Ebene unveränderlichen, über jeden Zweifel erhabenen Vertrauens erreichen. Nachdem dies eingetreten ist, ist unser Vertrauen unerschütterlich.

Es ist wichtig, die Beziehung zwischen Schüler und Lehrer als Grundlage des Pfades richtig zu verstehen. Zwar ist diese Beziehung häufig falsch interpretiert worden, doch ist sie innerhalb des Buddhismus keineswegs neu; es handelt sich nicht um eine erst kürzlich neu erfundene Strategie, deren Zweck es ist, Schüler anzulocken, sondern um eine erprobte Übungsmethode, die vielen realisierten Übenden und Meistern über Tausende von Jahren von Nutzen gewesen ist. Dass es heute noch lebendige Übermittlungslinien authentischer spiritueller Lehren gibt, hat seinen Grund darin, dass sich Übende Generation um Generation der Mühe unterzogen haben, echte Lehrer zu suchen, zu diesen mit Hingabe und Respekt in Beziehung zu treten, von ihnen spirituelle Übermittlung zu empfangen, zur Realisation zu gelangen und sich dann der nächsten Generation jener anzuschließen, die ihre Schüler zu Respekt und Hingabe inspirieren. So war es in der Vergangenheit, und genauso geschieht es offensichtlich auch heute. Solange es Menschen gibt, die bereit sind, sich dem Wohle anderer zu widmen, und solange es Lehrer gibt, die jenen Strebenden Rat zu geben vermögen, was die für ihr Vorhaben tauglichen Mittel betrifft, wird dies alles auch in Zukunft fortgesetzt werden.

Frage: Wie stark sollten wir uns auf uns selbst verlassen, um Erleuchtung zu erlangen, und wie sehr auf den Lama oder auf irgendeine andere äußere Kraft?

Antwort: Wir brauchen beides: Wir müssen uns sowohl auf etwas Äußeres als auch auf unsere eigenen Bemühungen verlassen. Obwohl wir die Realisation durch unsere eigene Bemühung erlangen, wird diese Transformation durch eine Beziehung zu einem geeigneten Lehrer und durch die Anwendung der authentischen Lehren eingeleitet.

Wenn wir mit der Übung beginnen, halten wir außerhalb unserer eigenen begrenzten Erfahrung nach Möglichkeiten Ausschau, zur Befreiung zu gelangen. Es reicht nicht, dass wir uns nur auf uns selbst verlassen. Offensichtlich hat dies in der Vergangenheit nicht zum Erfolg geführt, denn sonst würden wir nicht mehr in Samsara umherwandern. Keiner von uns möchte leiden, und doch leiden wir alle ungeachtet all unserer gegenteiligen Bemühungen. Wir müssen uns also nach etwas oder jemandem umsehen, der oder das uns den Weg aus dem Leiden weisen kann.

Andererseits verlassen wir uns auf unsere eigenen Bemühungen, indem wir sorgsam die Lehren hören, uns tief in ihren Sinn versenken und sie schließlich durch Meditation verinnerlichen. Somit erreichen wir unser Ziel in erster Linie durch unsere eigene Übung. Unser Erfolg hängt in einem gewissen Sinne von uns selbst ab.

Frage: Sie haben den Geist des Lama als die Dakini bezeichnet. Ich habe die Dakini bisher für eine weibliche Gottheit gehalten.

Antwort: Dakini bezieht sich auf das weibliche Weisheitsprinzip, das sich für fühlende Wesen in weiblicher Form manifestiert. Wir bezeichnen den Geist des Lama als die Dakini, weil er die Untrennbarkeit von Leerheit und Weisheit, die absolute Dakini, verkörpert. Diese absolute Natur, Dharmakaya, manifestiert sich als subtiler Ausdruck der Sambhogakaya-Dakini und als die physische Nirmanakaya-Form großer Wissenshalterinnen, zum Wohle fühlender Wesen.

Frage: Ist es besser, bei einem Lama oder bei vielen zu studieren?

Antwort: Der Lehrer gleicht einem Arzt, und die Übung ist wie Medizin. Wir suchen einen Arzt nicht auf, damit es *ihm* gut geht, sondern damit es uns selbst wieder besser geht. Zwar gibt es viele gute Ärzte, doch ist es kaum sinnvoll, sie alle aufzusuchen und dann alle Medikamente, die sie verschreiben, zusammen einzunehmen.

Ebenso sinnlos ist es, sich mit unzähligen spirituellen Unterweisungen voll zu stopfen, ohne auch nur eine einzige davon vollständig umzusetzen.

Wenn Sie die Anweisungen eines Arztes genau befolgt haben und aufgrund dessen eine gewisse Besserung feststellen, können Sie diese Behandlung eventuell durch Empfehlungen eines Spezialisten ergänzen. Ebenso können Sie, nachdem Sie einen zuverlässigen Lehrer gewählt haben, dessen Unterweisungen durch die eines anderen Lama ergänzen.

Ist jedoch der zweite Arzt, den Sie aufsuchen, nicht so sachkundig wie der erste, kann seine Diagnose der des ersten widersprechen, was zur Folge hat, dass die Empfehlungen des zweiten das bereits Erreichte wieder zunichte machen und Ihre Gesundheit sich wieder verschlechtert. Erhalten Sie beispielsweise von einem Lama Unterweisungen über Mitgefühl und die vier Gedanken und gehen dann zu einem anderen Lehrer, der Ihnen sagt, Sie bräuchten die vorbereitenden Übungen nicht, so wird der gute Rat Ihres ersten Lehrers unterminiert. Sogar innerhalb der Traditionen authentischer Linienhalter gibt es Lehrer unterschiedlicher Güte. Eine Lehrer-Schüler-Beziehung ist wie eine Gussform: Die Realisation, die Sie als Schüler erreichen können, kann die Ihres Lehrers niemals übertreffen. Bevor Sie sich auf eine Beziehung zu einem Lehrer einlassen, sollten Sie unbedingt feststellen, ob dessen Qualitäten die sind, die Sie selbst gern haben möchten.

Von einem Lehrer zum nächsten zu ziehen ist so, als würden Sie einen Keimling nach dem anderen aus dem Boden reißen und anschließend jedes Mal wieder einen neuen einpflanzen. Wenn Sie sich so verhalten, wird Ihre Übung nie reifen können, denn Sie unterbrechen immer wieder jene Kontinuität, die erforderlich ist, damit Ihre Bemühungen Früchte tragen. Werden Sie hingegen beim Üben stets Ihrer Verpflichtung gerecht – und diese besteht im Wesentlichen darin, die Geistesgifte zu verringern und Liebe und Mitgefühl zu stärken –, dann wirkt das Empfangen zusätzlicher Unterweisungen von anderen Lamas so, als würden Sie den Keimling wässern und düngen. Er wird dann eines Tages Früchte tragen.

Falls Ihre Arbeit mit einem bestimmten Lehrer Ihrer spirituellen Entwicklung nicht förderlich ist, besteht kein Grund, sie fortzusetzen. Ebenso wenig wie ein Arzt darauf bestehen sollte, einen Patienten weiterzubehandeln, dem er nicht helfen kann, sollte ein Lehrer versuchen, einen Schüler festzuhalten. Ein solcher Schüler sollte sich besser einen anderen Lehrer suchen. Unser Leben als Menschen ist einfach zu kurz, als dass wir es uns leisten könnten, uns damit aufzuhalten, dass wir in eine Richtung gehen, die zu verfolgen nicht produktiv ist.

Frage: Können Sie noch etwas mehr über das Gebet zum Lama im Rahmen der Übung sagen?

Antwort: Indem wir zum Lama beten und alle Aspekte der Übung – die Visualisation, das Rezitieren von Mantras und die Auflösung der Visualisation in die Leerheit – als Ausdruck von Körper, Sprache und Geist des Lama erkennen, wird uns auf natürliche Weise Segen zuteil, und unsere Qualitäten werden wachsen wie der zunehmende Mond.

Einführung in die Große Vollkommenheit

Die Lehren der Großen Vollkommenheit, *Dzogchen*, des schnellsten und tiefgründigsten buddhistischen Pfades, werden traditionell geheim gehalten. Sie werden nicht offen verkündet, weil sie wie die Milch des Schneelöwen in einem speziellen Behälter aufbewahrt werden müssen. Traditionell wurde die Große Vollkommenheit nur Menschen mit höchsten Qualitäten übermittelt, den schon fast Erwachten. Doch solche Wesen sind sehr selten. Die meisten von uns müssen allmählich an diese Lehren herangeführt werden, denn selbst wenn uns das Glück beschieden sein mag, Zugang zu ihnen zu haben, verfügen wir nicht über die Qualitäten oder die Begabung, mühelos zur Natur des Geistes zu erwachen.

Damit die Frucht, der Zustand der Großen Vollkommenheit, durch die Übung offenbar wird, müssen wir unbeirrt und Schritt für Schritt einem umfassenden Pfad folgen. Wenn Sie ein Auto bauen, achten Sie äußerst sorgfältig darauf, dass jede Schraube und jedes Elektrokabel an genau der richtigen Stelle angebracht wird, weil das Auto sonst niemals fahren wird. Ebenso müssen Sie bei der Entwicklung Ihres spirituellen Fahrzeugs größte Sorgfalt walten lassen. Bloßer Kontakt mit diesen Lehren garantiert nicht die Erleuchtung. Ist der Geist nicht auf sie vorbereitet, kommt es nicht zu jener Transformation, die eine echte Übermittlung vom Dzogchen-Meister an den Schüler zu bewirken vermag. So wie ein Keimling nur wächst und gedeiht und schließlich Früchte trägt, wenn bestimmte Voraussetzungen erfüllt sind, müssen auch wir zunächst die Voraussetzungen schaffen, unter denen wir die Dzogchen-Lehren vollständig in uns aufnehmen können. Um dies zu erreichen und uns zu reineren Gefäßen zu machen, benutzen wir Methoden, die als *vorbereitende Übungen* oder *Ngondro* bezeichnet werden. Nur wenn dies geschehen ist, entfalten die Lehren der Großen Vollkommenheit in vollem Umfang ihre Wirkung.

Zum Empfang der Dzogchen-Lehren ist die vollständige Ausführung der vorbereitenden Übungen und der Empfang der Machtübertragung erforderlich. Die vorbereitenden Übungen gleichen einem Blasebalg, der die Flammen eines Feuers schürt und sie auflodern lässt. Dies sind keine »Anfängerübungen«, die wir nur zu Beginn unserer spirituellen Praxis ausführen. Vielmehr gleichen sie einem ABC, das wir in alle Aspekte unseres Studiums einbeziehen. Die vorbereitenden Übungen verbinden uns mit dem Dharma, so wie unsere Verdunkelungen uns mit Samsara verbinden; sie reinigen unsere Verdunkelungen und verstärken unser Verständnis auf dem ganzen Weg. Sie umfassen alle Methoden, die wir brauchen, um zur Realisation der Natur des Geistes zu brauchen.

Wir beginnen die vorbereitenden Übungen mit den vier Gedanken. Viele meinen:»Die vier Gedanken kenne ich doch nun wirklich bis zum Erbrechen.« Wenn das bei Ihnen so ist, haben Sie zugelassen, dass die vier Gedanken für Sie zu einer langweiligen Routine geworden sind; trotzdem sind Sie nicht zu ihrer tieferen Bedeutung vorgedrungen. Diese Kontemplationen sind für die Große Vollkommenheit ungeheuer wichtig, weil sie die Anhaftung an Samsara abschneiden und Enthusiasmus für die Übung erzeugen.

Zuerst widmen wir uns der Kontemplation über die außergewöhnlichen Lebensbedingungen, derer wir uns erfreuen. Dazu zählt, dass uns die heiligen spirituellen Methoden ebenso zur Verfügung stehen wie ein Lehrer, der uns dieselben übermittelt, außerdem unser menschlicher Körper mit seiner unvergleichlichen Fähigkeit zu spiritueller Entwicklung. Wir vergegenwärtigen uns, dass wir diese kostbare Chance nur für kurze Zeit haben. Wenn die Vergänglichkeit ihren Tribut fordert und wir dieses Leben verlieren, wird unser Karma nicht verschwinden. Ob es uns zur Befreiung oder zu weiterem Leiden in Samsara führt, hängt von unserer Übung ab.

Wir verpflichten uns deshalb, diese Chance nach besten Kräften zu nutzen, und wir beten darum, dass uns dies gelingen möge. Dann lassen wir alle Gedanken los und lassen den Geist ruhen, auf dass unser konzeptuelles Verständnis tief in uns einsinkt und unsere Übung in Richtung der Dzogchen-Meditation gelenkt wird.

Anfangs sollten wir 80 Prozent unserer Übung der Kontemplation und 20 Prozent der Entwicklung der Geistesruhe widmen. Merken wir dann, dass unsere Negativität allmählich abnimmt und wir mehr Enthusiasmus für die Meditation entwickeln, wissen wir, dass die Kontemplationen unser Bewusstsein durchdrungen haben. Wir können dann dazu übergehen, erst 30, dann 40 und schließlich

50 und noch mehr Prozent unserer Übungszeit der Entwicklung von Geistesruhe zu widmen.

Wir setzen unsere Vorbereitung durch die *außergewöhnlichen vorbereitenden Übungen* fort. Wir nehmen Zuflucht zum Lehrer, zu den Lehren und zur Linie der Lamas der kostbaren Großen Vollkommenheit, wobei wir unser Bodhisattva-Gelübde wiederholen, ihnen auf diesem äußerst kurzen Pfad zu folgen, auf dass alle Wesen schnell zum glorreichen Zustand der Großen Vollkommenheit gelangen. Außerdem reinigen wir Karma, sammeln Verdienst an, verstärken positive Eigenschaften und verlassen uns mit Vertrauen und Hingabe auf den vollkommenen Lehrer und die vollkommenen Lehren, um unser Gewahrsein zu vertiefen.

Meiner Erfahrung nach sind diejenigen, die die vorbereitenden Übungen abgeschlossen haben, wesentlich empfänglicher für die Dzogchen-Lehren als diejenigen, die dies versäumt haben. Außerdem besteht ein Unterschied zwischen jemandem, der sich diesen Übungen sorgsam, mit reiner Motivation und höchster Konzentration gewidmet hat, und jenen, die sich nicht völlig darauf konzentriert, sondern lediglich ohne besondere Konzentration Mantra-Wiederholungen gezählt und unterdessen ihren Geist schweifen lassen haben.

In der Region Tibets, aus der ich stamme, lebte ein Lama, der in allen Bereichen seiner Übung gute Resultate erzielt hatte. Als er jedoch die Große Vollkommenheit kennen lernte, vermochte er ihre Lehren einfach nicht zu verstehen, und seine Bemühungen, sich dieser Art der Meditation zu widmen, blieben ohne jeden Erfolg. Deshalb empfahl ihm sein Lehrer, zehn Millionen Mal das Hundertsilben-Mantra des Vajrasattva zu wiederholen. Er begab sich daraufhin ins Retreat und widmete sich neun Jahre lang Tag und Nacht dieser Übung. Danach manifestierte sich sein Verständnis der Großen Vollkommenheit ohne jede Mühe.

Was bedeutet nun aber der Begriff »Große Vollkommenheit« oder »Große Vollendung«, wie *Dzogchen* manchmal auch übersetzt wird? Was ist das, was wir vollkommen oder vollendet nennen? Die wahre Natur des Geistes ist ursprüngliche Reinheit, vollkommen an und für sich – es ist also nicht nötig, sie durch irgendetwas zu ergänzen. Wenn wir versuchen, den Geist anzuschauen, finden wir nichts. Jene, die nicht über die Sicht verfügen, werden ebenso wenig entdecken wie ein erleuchtetes Wesen. Dennoch ist alles, was in Erscheinung tritt, das Spiel des Geistes und in keiner Weise vom Geist getrennt, so wie die Wellen nicht vom Meer getrennt sind.

Innerhalb der Natur des Geistes sind Samsara und Nirvana vollkommen. Auch die Erleuchtung liegt nicht jenseits der Natur des Geistes. Diese Vollkommenheit – der Gesamtheit von Samsara, Nirvana und der Erleuchtung – ist der Bereich der Großen Vollkommenheit. Das *chen* im Wort *Dzogchen* bedeutet »groß«, was beinhaltet, dass allen Wesen im gesamten dreitausendfältigen Universum diese völlige, ursprüngliche Reinheit eigen ist.

Nun könnten wir uns fragen, warum wir denn überhaupt leiden, wenn die Natur des Geistes vollkommen oder perfekt ist. Warum müssen wir dann überhaupt meditieren? Wir folgen dem Pfad der Großen Vollkommenheit, weil wir unsere Vollkommenheit nicht sehen. So wie Hitze Eis schmelzen lässt, löst unsere Übung die verfestigten Erscheinungen der Realität auf, die unsere Wesensnatur verdunkeln, und dadurch werden die wahren Qualitäten des Geistes völlig sichtbar.

Die *Grundlage* der Großen Vollkommenheit ist also diese große Vollendung. Der *Pfad* ist der Prozess des Entfernens dessen, was die grundlegende Natur des Geistes verdunkelt. Und die *Frucht* ist die vollständige Realisation dieser Grundnatur, ihre völlige Offenbarung.

Weil der Pfad der Großen Vollkommenheit durch das Gewahrsein selbst geformt wird, müssen wir bei diesem Ansatz zwischen dem gewöhnlichen Geist und dem reinen Gewahrsein unterscheiden. Unser wesenseigenes Gewahrsein im gegenwärtigen Augenblick, frei von Erinnerung und gewöhnlichem Denken, von Künstlichkeit und Vorstellungen ist selbst der Dharmakaya, der erleuchtete Zustand ursprünglicher Reinheit. Dieser wirkt in der Unmittelbarkeit unserer eigenen wahren Natur als selbsterscheinendes ursprüngliches Gewahrsein oder als ursprüngliche Weisheit. Jenseits der drei Zeiten gelangen wir in der Unmittelbarkeit dieser Erfahrung zu Entschlossenheit. Aus sich selbst heraus in Erscheinung tretend und sich selbst befreiend wie Wellen, die sich wieder in das Meer auflösen, lösen sich Erinnerungen und Gedanken in den Grund des Seins auf und hinterlassen keine Spur. Wir erlangen ein inneres Vertrauen in die Unmittelbarkeit dieser Freiheit.

Nachdem wir in diesen unerschütterlichen Zustand eingetaucht sind, verstärken unsere Wertschätzung der Wirklichkeit der Phänomene und unsere Freude an derselben unsere Realisation, ein Prozess, der Verhalten genannt wird. Diese und andere Aspekte müssen in detaillierterer Form direkt von einem qualifizierten Lama übermittelt werden.

Ist die höchste Sicht mit makellosem Handeln verbunden, ist unsere Übung unfehlbar. Reden wir über Buddha-Natur und Leerheit, ohne beides realisiert zu haben, werden unsere Worte allein uns nicht zur Transformation verhelfen. Wir müssen bezüglich unserer Fähigkeiten sehr ehrlich sein. Ein Fuchs sollte nicht meinen, er könne so weit springen wie ein Löwe, selbst wenn sich sein Ziel in Sichtweite befindet. Wenn wir noch nicht zu einer tiefen Realisation der wahren Natur der Wirklichkeit gelangt sind, müssen wir in unserem Handeln äußerst vorsichtig sein. Wir müssen uns davor hüten, unsere relative Erfahrung herabzuwürdigen, weil wir der Meinung sind, sie sei ohnehin unwichtig, weil letztlich alles leer ist. Vielmehr müssen wir sie so lange ernst nehmen und als verbindlich ansehen, bis wir Erleuchtung erlangt haben.

Als Übende sind wir noch sehr jung, wie Kinder, die noch den Kindergarten besuchen. Wir sollten uns hüten, Gift zu trinken, ob die wahre Natur dieses Giftes nun leer sein mag oder nicht. Selbst wenn wir die Große Vollkommenheit studieren, unser Verständnis jedoch noch unvollkommen ist und unsere Gedanken, unsere Rede und unsere Handlungen negativ sind, erzeugen wir noch negatives Karma, und die Große Vollkommenheit wird uns in diesem Fall nicht befreien. Vielmehr verstricken wir uns dann nur noch stärker in Samsara. Bis wir zu einer stabilen Realisation gelangt sind, zählt alles, was wir tun, denken und sagen. Der große Meister Padmasambhava hat gesagt: »In meiner Tradition ist die Sicht so hoch wie der Himmel, und die Handlungen sind so fein wie Gerstenmehl.«

Wenn wir mit großer Sorgfalt handeln, meditieren und die Sicht aufrechterhalten, wird unsere Übung reifen, und wir werden rasche Fortschritte auf dem Pfad erzielen. Shantideva hat gesagt, wenn wir die wahre Natur des Geistes direkt kennen und wir dieses Wissen aufrechtzuerhalten vermögen, wird alle dualistische Erfahrung bezwungen, alle Geistesgifte werden gereinigt. Widmen Sie sich mit Inbrunst Ihrer Übung, werden Sie Tag für Tag Veränderungen bemerken. Ist Ihre Übung weniger wirksam, werden Sie nur von Woche zu Woche, von Monat zu Monat oder Jahr zu Jahr Veränderungen erkennen. Stellen Sie selbst nach langjähriger Meditation noch keinerlei Veränderungen fest, so liegt dies an der Qualität Ihrer Übung; Sie können nicht dem Dharma die Schuld daran geben.

Heutzutage reden zwar viele über die Große Vollkommenheit, doch steht es um den Grad der Realisation schlechter als in früheren Zeiten. Heute erreichen weniger Übende den Regenbogenkörper – die Auflösung der im Körper manifestierten Elemente in Licht bei Erreichen der Erleuchtung. Viele behaupten, sie würden sich der Praxis der Großen Vollkommenheit widmen, doch haben sie in Wahrheit nicht einmal durch Verringerung von Zorn, Anhaftung und Unwissenheit die Grundlagen dafür geschaffen.

Das Problem liegt nicht in den Lehren selbst. Ebenso wenig besteht es darin, dass die Übermittlung von Geist zu Geist unterbrochen worden wäre. Die Übenden entwickeln einfach nicht genug Eifer. Man kann nicht einfach eine Lehre auswählen, so viel davon üben, wie man möchte, und sich ansonsten um nichts kümmern. So funktioniert es nun einmal nicht. Es ist äußerst wichtig, von den Grundlagen bis zur Vollendung beharrlich zu bleiben.

Wenn wir wunderbare Lehren und Methoden empfangen, sie aber nicht anwenden, gleichen wir jemandem, der Geld hortet, das er ohnehin nicht über die Schwelle des Todes retten kann – wir vergeuden auf diese Weise einfach nur Zeit. Widmen wir uns mit großem Eifer der Übung der Großen Vollkommenheit, können wir innerhalb von sieben Jahren Erleuchtung erlangen, mit noch mehr Eifer, Reinheit und Offenheit sogar in drei Jahren oder gar in einem einzigen. Ohne diese Haltung können wir sechzehn oder dreiundzwanzig Jahre im Retreat sein, und in dieser ganzen langen Zeit jagt unser Geist wie eh und je umher, und wir erreichen gar nichts. Unser Aufenthalt in der Retreat-Hütte gleicht dann einem Gefängnisaufenthalt. Sind wir hingegen in der Lage, uns inmitten weltlicher Aktivitäten der Übung zu widmen, unseren Geist auf das Dharma zu konzentrieren und in jedem Augenblick des Tages im Gewahrsein zu ruhen, werden wir in diesem Leben Erleuchtung erlangen.

Der Bodhisattva widmet sich Mühe erfordernder Meditation und handelt zum Wohl aller Wesen, obwohl ihm klar ist, dass diese Aktivitäten illusorisch sind; er tut es jedoch um derer willen, die in ihrem Glauben an ihre scheinbar feste Realität gefangen sind. Dies führt zur Frucht des Pfades: zur vollständigen Realisation der eigenen Grundnatur, der alles vollendenden Großen Vollkommenheit. Durch vollständige Verwirklichung von Sicht, Meditation und Verhalten entsteht spontan wohltätige Aktivität.

Geist des Handelns, Natur des Geistes

In der buddhistischen Tradition unterscheiden wir zwischen intellektuellem Verstehen, instabiler Erfahrung und stabiler Realisation. Intellektuelles Verstehen gleicht einem schlecht angenähten Flicken, der irgendwann wieder abfällt – es ist vergänglich. Wenn wir in unserer Übung fortschreiten, kann uns ein kurzer Blick auf die wahre Natur des Geistes vergönnt sein, doch wird sich auch dieser Eindruck wie Nebel wieder auflösen und verschwinden. Worauf wir hinarbeiten, ist eine Realisation, die unveränderlich ist wie der Raum, dessen Wesensnatur ist, dass er sich niemals verändert.

Mit zunehmendem Verständnis der Vergänglichkeit und der illusionären Qualität der Existenz lernen wir, die Phänomene zu beobachten, ohne unsere falschen Annahmen auf sie zu projizieren; so gelangen wir schließlich zur Realisation des offenen, nackten Gewahrseins unserer wahren Natur und der Wesensnatur der Wirklichkeit.

Um zur Erfahrung des natürlichen Zustandes zu gelangen, vergegenwärtigen wir uns zunächst die Vergänglichkeit jedes Vorgangs in unserem Körper, jedes Wortes unserer Sprache und jeder Bewegung unseres Geistes. Wenn Sie Ihre Hand bewegen, so erkennen Sie in dieser Positionsveränderung eine Demonstration der Vergänglichkeit. Zuerst war sie links, dann ist sie rechts. Auch im Ein- und Ausströmen Ihres Atems erkennen Sie die Vergänglichkeit. Bei entsprechender Übung entwickelt sich der bewusste intellektuelle Prozess des Anschauens aller Dinge und Vorgänge, verbunden mit dem Gedanken: »Das ist vergänglich«, zu einem natürlichen, vorstellungsfreien Wissen um den unablässigen Ausdruck der Veränderung. Dies macht unsere Einstellung zur Realität sanfter; wir würdigen die Wahrheit jener Metaphern, mit denen der Buddha die Phänomene als Illusionen, Traumbilder, Halluzinationen, Echos oder Regenbögen charakterisiert – sichtbar, aber nicht greifbar –

wie Spiegelungen des Mondes im Wasser, leuchtend, aber nicht fest.

Unser gewöhnliches Verstehen basiert auf Annahmen, die wir von anderen übernommen haben, Annahmen, die auf bestimmten Wahrnehmungsgewohnheiten basieren. Man hat uns beigebracht, Dingen Namen zu geben, ihnen eine Realität zuzuschreiben, die ihnen in Wirklichkeit nicht eigen ist. Der gewöhnliche Geist arbeitet sehr linear; er beschäftigt sich stets mit einem Gedanken nach dem anderen. Wir mögen glauben, dass wir sehr vielschichtig, mosaikartig denken, doch tatsächlich wechseln wir einfach nur sehr schnell von einem Gedanken zum anderen. Alle Konzepte und Gedanken, die im Geist erscheinen – im Grunde unsere gesamte Erfahrung der Realität –, unterscheiden sich nicht sonderlich von einer Zeichnung auf einer Wasseroberfläche. Wenn das Bild fertig ist, ist es schon nicht mehr vorhanden.

Der Glaube an die Beständigkeit von Erfahrungen erzeugt Anhaftung und Abneigung, die wiederum unablässig das Feuer von Samsara speisen, bis uns die Wirklichkeit schließlich wie ein tobendes Inferno erscheint. Die Wahrheit unserer Erfahrung zu verstehen ist, als würden wir kein Holz mehr in das Feuer werfen. Die Flammen verschwinden zwar nicht sofort, doch wenn das Feuer keine neue Nahrung erhält, erlischt es allmählich. Sind wir frei von Anhaftung und Abneigung, verwirrt uns die vermeintliche Anziehungskraft der Phänomene nicht mehr. In jener natürlichen Offenheit – im klaren Raum des Geistes am Ende eines Gedankens, bevor der nächste in Erscheinung tritt – liegt das Gewahrsein.

Große Übende haben Erleuchtung erlangt, indem sie ihr Gewahrsein unablässig auf ihre Arbeit richteten. Zwölf Jahre lang zerstieß Tilopa tagtäglich Sesamsaaten, um Öl zu gewinnen. Bei jeder Bewegung war sein Gewahrsein völlig präsent; es irrte weder in die Vergangenheit noch in die Zukunft ab, um sich Phantasievorstellungen hinzugeben. Ebenso war es bei Togtzepa, einem Übenden, der Gräben aushob. Auch er hielt bei jeder seiner Bewegungen sein Gewahrsein aufrecht.

Auch viele der 84 indischen Mahasiddhas, in hohem Maße verwirklichte Übende, gingen gewöhnlichen Berufen nach und meditierten, während sie arbeiteten. Es spielte keine Rolle, was sie taten. Indem sie inmitten ihrer Aktivitäten im Gewahrsein ruhten, entwickelten sie die Fähigkeit, Feuer in Wasser oder Wasser in Feuer umzuwandeln, durch Wände zu gehen und durch die Luft zu fliegen. Statt den Gesetzen der gewöhnlichen Wirklichkeit unterworfen zu bleiben, lernten sie, diese zu meistern. Natürlich ist es nicht Sinn und Zweck der Meditation, Wasser in Feuer zu verwandeln. Doch ist die Entwicklung derartiger Fähigkeiten eine natürliche Begleiterscheinung, wenn Menschen sich von ihrem Haften an den gewöhnlichen Wahrnehmungen der Realität lösen.

Der Sohn eines Königs suchte einmal einen Yogi auf, um von diesem Unterweisungen in der Meditation zu erhalten. Nachdem der Yogi ihm eine Methode erklärt hatte, sagte der Junge: »Das wird bei mir nicht funktionieren. Aber ich spiele gern auf einem Musikinstrument. Gibt es eine Meditation, die ich üben kann, während ich musiziere?«

Der Yogi antwortete: »Vergegenwärtige dir beim Spielen, dass Klang Leerheit ist und dass Leerheit Klang ist. Klang ist nicht jenseits von Leerheit, und Leerheit ist nicht jenseits von Klang.«

Auch wir können unseren Geist schnell verändern, indem wir das Gewahrsein auf alle unsere Aktivitäten richten. Wenn Sie handwerklich arbeiten, richten Sie Ihr Gewahrsein auf jede Bewegung Ihres Werkzeugs. Lassen Sie sich nicht durch Gedanken davon ablenken. Richten Sie beim Schreiben Ihren Geist auf jede Bewegung des Stifts oder auf jedes Berühren der Computertastatur. Lassen Sie nicht zu, dass er umherwandert. Bleiben Sie beim Holzhacken mit Ihrem Gewahrsein bei jedem Schlag der Axt. Was immer Sie tun, entspannen Sie den Geist. Es ist ein Prozess des sanften Ruhens in

Offenheit, versunken in das, was geschieht, völlig gegenwärtig, doch gleichzeitig auch des Ausdrucks der Phänomene bewusst. Ein Erwachsener, der Kinder im Park beobachtet, verliert niemals die Tatsache aus den Augen, dass die Kinder spielen. Der Erwachsene konzentriert sich nicht absichtlich auf ihre Aktivitäten, indem er sagt: »Sie spielen, sie spielen, sie spielen.« Vielmehr ist er sich dieser Tatsache bewusst – er weiß um sie.

Diese Entspannung des Geistes verlieren wir oft, wenn wir völlig in unserer Arbeit aufgehen, beispielsweise wenn wir so intensiv in das Schreiben eintauchen, dass wir uns fast in den Worten befinden. Doch wenn wir unseren Geist zur Ruhe bringen, ist ein wenig mehr Raum da. Es ist, als stünden wir ein wenig außerhalb des Geschehens, dessen bewusst, dass all dies eine Art Vorführung ist, jedoch ohne uns zu distanzieren und auf diese Weise eine Dualität zu schaffen.

Die Lebensgeschichten großer Übender zeigen immer wieder, dass man nicht der Welt zu entsagen braucht, um sich der Übung des Dharma zu widmen. Ebenso wenig braucht man dem Dharma zu entsagen, um sich weltlichen Dingen zu widmen. Es ist durchaus möglich, beides in ein und demselben Leben miteinander zu verbinden. Allmählich tauchen dann neue Prioritäten auf, und ein neues Gleichgewicht entsteht.

Ich habe selbst miterlebt, wie vier Menschen im Augenblick ihres Todes den Regenbogenkörper erlangten, Menschen, die nicht in einem Kloster sondern in einem normalen Haushalt lebten. Mit 22 Jahren habe ich miterlebt, wie jemand den Regenbogenkörper erlangte, obwohl kaum jemand wusste, dass der Betreffende sich einer spirituellen Übung gewidmet hatte. Man braucht nicht äußerlich zur Schau zu stellen, dass man sich der spirituellen Übung widmet, um auf dem Pfad erfolgreich zu sein. Wollen wir Erleuchtung erlangen, müssen wir nicht unseren Körper verändern; entscheidend ist, dass sich unser Geist verändert.

Sie können das Leben eines Einsiedlers führen, sich nicht mehr um Nahrung, Kleidung, Reichtum, Freunde, Ihre Familie, Ihr Zuhause kümmern, in die Berge ziehen und sich völlig der Meditation widmen. Es ist durchaus möglich, sich auf diese Weise der Übung zu widmen. Doch gibt es im Vajrayana noch eine andere Möglichkeit, bei der Ihr äußeres Leben so bleibt, als würden Sie nicht meditieren. Sie verlassen Ihr Zuhause nicht, kündigen nicht an, was Sie vorhaben, und sind doch nie von der Tugend, vom Dharma, von der Intention, anderen Wesen zu nutzen, und vom Gewahrsein getrennt.

Tilopa sagte zu seinem Schüler Naropa: »Du bist nicht durch die Erscheinungen gebunden, sondern durch dein Haften an den Erscheinungen; durchschneide deshalb das Haften, Naropa.« Wir sind nicht einfach deshalb an Samsara gebunden, weil wir Besitz, hohes Ansehen oder Freunde haben, sondern weil wir an all diesen Phänomenen haften.

Die Übung muss unablässig dort stattfinden, wo der Geist aktiv ist, unmittelbar in der Erfahrung von Verlangen, Zorn oder Glück, in jedem Augenblick. Dann verbinden sich Ihre Meditation und Ihre Arbeit miteinander – es ist eine Art Liebesbeziehung. Wenn Sie schnell zu Resultaten gelangen wollen, reicht es nicht aus, eine oder zwei Stunden am Tag zu meditieren. Denken Sie niemals: »Ich werde jetzt arbeiten und später meditieren.« Wer weiß, ob Sie so lange leben werden? Der Herr des Todes lässt sich nur schwer vertrösten. Kommt er zu Besuch, wird er Ihnen kein Gehör schenken, wenn Sie zu ihm sagen: »Tut mir leid, ich hatte so viel zu tun, und jetzt muss ich erst einmal meditieren. Gib mir noch eine Woche, einen Monat oder drei Jahre.«

Durch hingebungsvolle Übung entwickeln wir die Fähigkeit, negative Bedingungen in unterstützende umzuwandeln. Dies wird genannt: »Widriges auf den Pfad bringen«, und es bedeutet, dass wir uns von widrigen Umständen nicht hindern, beherrschen oder überwältigen lassen, sondern sie als Chance für die Übung begreifen.

Dann fungiert die ganze Welt der Phänomene als Lehrerin, die uns hilft, im alltäglichen Leben unsere Fähigkeiten weiterzuentwickeln. Wir können alles, was uns widerfährt, zu einem Teil des Pfades machen. Prüfungen werden so zu Chancen für die Übung, weil sie uns dazu zwingen, Geduld zu entwickeln. Wir lernen, widrige Umstände freudig zu akzeptieren, weil uns klar ist, dass wir durch unser Leiden Karma reinigen. Ein einziges Mal Kopfschmerzen kann dann Karma reinigen, das hundertjähriges Leiden in einem Höllenbereich nach sich ziehen würde. Dies bedeutet nicht, dass wir etwas gegen Glück haben; vielmehr genießen wir es und widmen unser Verdienst anderen, und wir beten darum, dass sie weiterhin glücklich sein mögen.

Manchmal sagen mir Menschen, die zu meditieren anfangen, es sei für sie völlig sinnlos, weil sie ihre Gedanken einfach nicht kontrollieren könnten. Ich versichere ihnen dann, dies sei ein Anzeichen für Fortschritt. Ihr Geist ist immer widerspenstig gewesen, doch bemerken sie dies nun endlich. In der Vergangenheit haben sie ihn frei schweifen und jedem beliebigen Gedankenstrang folgen lassen. Da ihnen nun bewusster ist, was in ihm vor sich geht, können sie sich verändern. Wenn Sie klagen, es sei nicht leicht, zu meditieren, sollten Sie bedenken, dass Sie Ihren Geist wie ein wildes Pferd in das Gehege des Gewahrseins führen. Ob Ihre Übung wirkt, erkennen Sie daran, dass Sie nicht mehr so stark von Ihren Emotionen und Ihrer Verwirrung beherrscht werden, wenn Sie allem, was Sie tun, wo Sie auch sein mögen, mit Offenheit, Entspannung und mitfühlender Intention begegnen und Sie des Spiels des Geistes und der Natur von allem, was in Ihrer Umgebung geschieht, gewahr bleiben.

Einst kam ein Schüler, der Probleme mit der Meditation hatte, zum Buddha. Als dieser ihn fragte, wie er seinen Lebensunterhalt verdiene, antwortete dieser Mann, er sei Lautenspieler. Der Buddha fragte weiter: »Wenn du die Saiten deiner Laute stimmst, spannst du sie dann sehr fest, oder lässt du sie sehr locker?« Der Mann antwortete: »Weder noch. Wenn ich sie zu stark spanne oder sie zu locker lasse, erzeuge ich den falschen Ton. Ich muss ein Mittelmaß zwischen beidem finden.« Damit hatte er seine Frage zur Meditation selbst beantwortet. Ob es sich um unsere Übung oder um unsere Arbeit handelt, wir müssen in jedem Fall ein Gleichgewicht oder einen Mittelweg finden – wir dürfen weder zu angespannt und verhaftet noch zu locker und nachlässig sein.

Ein sehr qualifizierter Lama hatte einen sehr schwerfälligen Schüler, der ständig völlig überflüssige Fragen stellte und die Antworten, die er erhielt, trotzdem nicht verstand. Eines Tages schaute der Lehrer ihn frustriert an und sagte: »Aber du hast doch keine Hörner« – womit er meinte: »Du bist doch keine Kuh; deshalb müsstest du eigentlich verstehen, was ich sage.«

Der Schüler, der immer noch nicht verstand, glaubte, der Lehrer meine, er *sollte* Hörner haben. Dies nahm er sich zu Herzen, ging ins Retreat und visualisierte jeden Tag, dass er Hörner hätte. Drei Jahre später fragte der Lehrer seinen Diener: »Was ist eigentlich aus diesem nicht besonders klugen Schüler geworden?« Als er hörte, dass dieser Schüler sich im Retreat der Meditation widmet, rief der Lama aus: »Wie kann er meditieren? Er hat doch nicht die geringste Ahnung. Bringt ihn zu mir!«

Also wurde ein Bote losgeschickt, um den Schüler zu holen. Der Bote erreichte die Höhle, in welcher der Schüler meditierte, spähte durch die Tür und sah den Gesuchten mit zwei wunderschönen Hörnern am Kopf darin sitzen. Der Bote rief: »Dein Lehrer möchte dich sprechen; bitte komm mit.«

Der Schüler erhob sich, konnte mit seinen riesigen Hörnern aber nicht durch die kleine Tür. Er sagte zu dem Boten: »Bitte überbringe meinem Lehrer meine aufrichtige Entschuldigung. Ich wäre wirklich gern zu ihm gekommen, aber ich kann wegen meiner Hörner nicht aus der Höhle.«

Als der Lehrer dies hörte, sagte er: »Das ist ja wunderbar! Sag ihm, er solle jetzt darüber meditieren, dass er keine Hörner hätte.«

Durch die Kraft seiner Konzentration gelang es dem Schüler tatsächlich, die Hörner innerhalb von sieben Tagen schwinden zu lassen. Daraufhin kehrte er zu seinem Lama zurück. Nachdem dieser ihm entsprechende Anweisungen für die Meditation gegeben hatte, gelangte er sehr schnell zur Realisation.

Menschen führen viele Gründe dafür an, weshalb sie sich nicht der spirituellen Übung widmen. Manche sagen, dass sie nicht an die Lehren glauben; andere fühlen sich nicht bereit oder glauben, sie seien nicht in der Lage zu meditieren. Doch das ist ein Fehler. Ob wir an Samsara glauben oder nicht, wir befinden uns darin. Ob wir an Karma glauben oder nicht, wir erzeugen es. Ob wir an die Geistesgifte glauben oder nicht, sie existieren. Was bringt es uns, nicht an eine Medizin zu glauben? Ob wir bereit sind, uns der Übung zu widmen, oder nicht, Tod und Krankheit werden nicht warten. Warum sollten wir uns nicht vorbereiten? Warum sollten wir nicht die Fähigkeit entwickeln, uns selbst und anderen helfen zu können? Wir sind zwar bereit, Gift zu trinken, aber nicht dazu, eine Medizin einzunehmen.

Nicht zu meditieren, nachdem wir die Lehren empfangen haben, ist so, als würden wir alle unsere Lieblingsspeisen einkaufen, sie in der Küche wunderschön arrangieren und sie dann nicht essen. Wir hungern uns so zu Tode. Meditieren ist wie Essen: Unsere Vorratskammer ist voll, und wir genießen, was wir zusammengetragen haben.

Statt uns zu sagen: »Ich habe heute keine Zeit; ich werde morgen meditieren. Ich habe diese Woche keine Zeit; ich werde es nächste Woche tun. Dieses Jahr ist sehr viel los; ich werde mich nächstes Jahr daran machen«, müssen wir das Gefühl entwickeln, dass es äußerst dringlich ist, sich der Übung zu widmen – jetzt sofort, nicht nur einfach heute, nicht nur in dieser Stunde, sondern jetzt, in diesem Augenblick.

Ich bete nun darum, dass die wahre Natur aller Wesen offenbart werden möge, dass wir alle klar unsere angeborene Wahrheit sehen und Befreiung von den Fesseln des Leidens und der Schwierigkeiten, denen wir aufgrund der Begrenztheit unseres Geistes unterliegen, finden mögen.

Deshalb wollen wir alles Verdienst, das durch diese Unterweisung sowie durch die Veränderungen, die durch unseren Kontakt mit diesen Wahrheiten eingetreten sind, allen Wesen widmen. Ebenso widmen wir auch das Verdienst, das durch die Veränderungen entsteht, die bei anderen in unserer Umgebung eintreten, weil sie sehen, wie wir das in die Tat umsetzen, was wir gelernt haben.

Auf diese Weise breitet sich das Verdienst wie Wellenringe in alle Richtungen aus.